中国社会科学院创新工程学术出版资助项

中国经济高质量发展
——基于产业的视角

史丹 等◎著

THE HI-QUALITY DEVELOPMENT OF CHINA ECONOMY
— BASED ON THE VIEW OF INDUSTRY

经济管理出版社
ECONOMY & MANAGEMENT PUBLISHING HOUSE

图书在版编目（CIP）数据

中国经济高质量发展——基于产业的视角/史丹等著. —北京：经济管理出版社，2019.8
（2021.2重印）
ISBN 978-7-5096-6801-6

Ⅰ.①中⋯　Ⅱ.①史⋯　Ⅲ.①中国经济—经济发展—研究　Ⅳ.①F124

中国版本图书馆 CIP 数据核字（2019）第 154324 号

组稿编辑：杜　菲
责任编辑：杜　菲
责任印制：黄章平
责任校对：王纪慧

出版发行：经济管理出版社
　　　　　（北京市海淀区北蜂窝 8 号中雅大厦 A 座 11 层　100038）
网　　址：www.E-mp.com.cn
电　　话：（010）51915602
印　　刷：唐山昊达印刷有限公司
经　　销：新华书店
开　　本：787mm×1092mm/16
印　　张：14.5
字　　数：337 千字
版　　次：2019 年 8 月第 1 版　2021 年 2 月第 3 次印刷
书　　号：ISBN 978-7-5096-6801-6
定　　价：88.00 元

·版权所有　翻印必究·

凡购本社图书，如有印装错误，由本社读者服务部负责调换。
联系地址：北京阜外月坛北小街 2 号
电话：（010）68022974　邮编：100836

课题组成员

课题组组长
史　丹　中国社会科学院工业经济研究所　研究员、博士生导师、所长

课题组成员（按姓氏笔画排序）
邓　洲　中国社会科学院工业经济研究所　副研究员
王海兵　中国社会科学院工业经济研究所　助理研究员
卢彬彬　北京建筑工程大学　教授
许　明　中国社会科学院工业经济研究所　副研究员
江　鸿　中国社会科学院工业经济研究所　副研究员
刘湘丽　中国社会科学院工业经济研究所　研究员
吴利学　中国社会科学院工业经济研究所　副研究员
邱　晔　北京师范大学　助理教授
李　鹏　中国社会科学院工业经济研究所　博士后
李鹏飞　中国社会科学院工业经济研究所　研究员
赵剑波　中国社会科学院工业经济研究所　副研究员
梁泳梅　中国社会科学院工业经济研究所　副研究员
袁惊柱　中国社会科学院工业经济研究所　助理研究员
姚　鹏　中国社会科学院工业经济研究所　助理研究员
黄娅娜　中国社会科学院工业经济研究所　助理研究员
彭树涛　上海交通大学马克思主义学院　教授
覃　毅　中国社会科学院工业经济研究所　助理研究员

目 录

第一章 总 论 ... 001
一、高质量发展的内涵 ... 001
二、中国经济发展质量的现状评估 ... 003
三、我国产业发展质量概况 ... 006
四、推进经济高质量发展的条件与环境 ... 008
五、实施高质量发展的措施 ... 011

第二章 高质量发展指标体系的构建与评估 ... 016
一、高质量发展的衡量维度 ... 016
二、发展质量的测量指标体系 ... 018
三、我国经济发展质量评估 ... 023
四、经济发展质量的国际比较 ... 034

第三章 高质量发展的政策环境与路径分析 ... 057
一、推动供给侧结构性改革 ... 057
二、持续促进经济转型升级 ... 062
三、提升企业的国际竞争力 ... 064
四、实施创新驱动发展战略 ... 066

第四章 制造业质量提升 ... 069
一、发展目标 ... 069
二、质量分析 ... 070
三、差距分析 ... 076
四、政策建议 ... 078

第五章 服务业质量提升 ... 082
一、发展现状与成就 ... 082
二、存在问题与差距 ... 086
三、质量提升的主要任务 ... 088

第六章 建筑业质量提升 ... 090
一、建设工程质量差距分析 ... 090

二、提升建设工程质量的对策建议 ·· 094

第七章　农业发展质量提升 ·· 099
　　一、提升我国农业及农产品质量的关键因素 ······································ 099
　　二、我国农业的质量现状及问题分析 ·· 100
　　三、提升我国农业质量的途径 ·· 109

第八章　企业质量管理的发展 ·· 111
　　一、企业质量概念演变 ·· 111
　　二、质量管理历程 ··· 112
　　三、发达国家质量管理的发展 ·· 113
　　四、质量管理的发展趋势 ·· 114

第九章　质量管理方法与工具 ·· 117
　　一、统计质量控制 ··· 117
　　二、全面质量管理 ··· 119
　　三、六西格玛管理 ··· 122
　　四、精益管理 ·· 123
　　五、质量管理的最新发展 ·· 125

第十章　品牌质量与管理 ·· 128
　　一、品牌质量的内涵与价值 ··· 128
　　二、品牌质量提升的战略意义 ·· 130
　　三、品牌质量提升的主体与途径 ·· 132
　　四、中国品牌质量提升的现状与问题 ·· 134
　　五、全面推动品牌质量提升的对策 ··· 138

第十一章　质量立法 ··· 141
　　一、质量立法的内涵特征 ·· 141
　　二、质量立法是推动经济发展之基 ··· 143
　　三、质量立法是引导结构转型之要 ··· 145
　　四、质量立法是保障企业立业之本 ··· 151
　　五、当前我国质量立法体系存在的问题 ·· 154
　　六、推动完善我国质量立法体系的途径 ·· 156
　　七、研究结论 ·· 158

第十二章　质量文化 ··· 160

一、质量文化的内涵 ·· 160

二、中国传统质量文化的特质与不足 ·· 164

三、质量文化建构的主要原则与提升建议 ····································· 167

第十三章　质量教育 ··· 171

一、质量教育的功能定位 ·· 171

二、构建新时代质量教育体系 ·· 174

三、推进质量教育发展的政策保障 ·· 179

第十四章　国家质量技术基础 ·· 181

一、国家质量技术基础的内涵与重要性 ·· 181

二、我国国家质量技术基础的发展现状与问题 ······························· 185

三、夯实我国质量技术基础的建议与措施 ····································· 187

第十五章　德国质量提升经验 ·· 189

一、德国产品"质"的飞跃 ·· 189

二、德国质量饮誉全球的原因 ·· 190

第十六章　美国质量提升经验 ·· 193

一、质量振兴重返世界霸主 ··· 193

二、美国质量提升的核心要素 ·· 194

第十七章　日本质量提升经验 ·· 197

一、企业的质量提升行动与作用 ··· 198

二、行业团体与企业、政府的互动 ·· 202

三、政府对国家质量提升的作用 ··· 204

四、日本提升质量的经验与启示 ··· 207

第十八章　韩国质量提升经验 ·· 211

一、韩国质量提升的进程 ·· 211

二、企业的质量提升 ·· 216

三、公共部门的质量提升 ·· 218

四、韩国质量提升的经验 ·· 220

后　记 ·· 222

第一章
总　论

改革开放40多年来，中国经济持续快速发展，取得了举世瞩目的成就。中共十九大报告提出，我国社会主要矛盾已经转化为人民日益增长的美好生活需要和不平衡不充分的发展之间的矛盾，中国经济已由高速增长阶段转向高质量发展阶段。这个判断反映了中国经济社会发展的实际状况，揭示了当前中国经济发展的主要矛盾，指明了中国经济的发展方向。然而，对于如何实现高质量发展，需要理论与实践的创新。本书从这一目的出发，从以下几个方面开展了研究：首先，阐述了高质量发展的内涵，从多个维度对中国经济发展质量进行了描述和评测；其次，分别就农业、工业、服务业和建筑业的发展质量问题和质量提升路径进行了研究，在产业分析的基础上，深入企业管理层面，分析质量管理的演变及其方法；再次，研究影响高质量发展的制度环境、社会环境、法律环境以及支撑高质量发展的基本要素，如品牌、教育、技术标准等；最后，总结了一些国家提高发展质量的成功经验。

一、高质量发展的内涵

本书从三个层面理解高质量发展的内涵，试图提出经济发展高质量的测量和评估指标体系。

（一）理解高质量发展的三个视角

实现高质量发展的基本前提是科学把握高质量发展的核心内涵。综合考虑现有文献，可以从系统平衡观、经济发展观、民生指向观三个视角来理解高质量发展的内涵。

1. 系统平衡观

由高速度发展转向高质量发展，涉及外部环境、经济新常态、社会主要矛盾、生产要素、资源环境等方面的一系列重大变化。高质量发展具有系统性和全面性。高质量发展的目标包括经济转型、结构调整、动力优化、风险可控、共同富裕及环境优化等。因此，高质量发展的内涵体现在多个维度，不是简单地指经济总量和物质财富数量层面的增长，而是在经济、政治、文化、社会、生态等方面的全面提升，着重解决经济社会环境发展中突出的不平衡、不充分问题。

2. 经济发展观

推动高质量发展，经济建设是重点领域，也是重要支撑，高质量发展离不开经济建设。在经济学研究领域，经济学家对质量问题的研究多从宏观经济发展的速度、效率、均衡等方面切入。本书对于经济发展质量的研究则是从宏观经济、产业发展和企业经营三个层面入手，从经济系统构成的单元、组织与结构逐一研究高质量的特征和实现条件。在发展观视角下，高质量发展涉及发展过程、方式、动力、效果的全面提升，要求转变增长方式、切换增长动力、提升发展效率、分享发展成果。

3. 民生指向观

经济高质量发展的微观基础是更高质量的产品和服务，这是经济发展质量高的直观体现。经济生产的最终目的是满足人们的实际生活需要，生产者提供使用价值，产品使用价值要体现质量的合意性。随着经济的发展，人民群众需求层次迅速上升，需求由"有没有"变为"好不好"。与此同时，质量理念也在不断演变，从符合性、适用性、满意性发展到卓越质量理念。从民生的视角看，高质量发展要提升质量的合意性，解决质量好坏和群众满意不满意的问题。高质量发展最根本的目标是更好地满足人民日益增长的美好生活需要。产品和服务的质量高低对人民美好生活满足程度的影响最为直接，能否提高中国制造、中国服务、中国建造的供给质量，直接决定了中国经济能否实现从高速增长转向高质量发展。

根据经济高质量发展的上述定义，从系统性角度看意味着物质文明、政治文明、精神文明、社会文明、生态文明等得到全面提升；从经济角度看涉及宏观经济的稳定、产业结构合理、企业产品和服务质量的提升；从民生角度看要充分满足人民日益增长的美好生活的需要，其中也包括生态环境、民主法制、公平正义、安全方便等非物质产品。

（二）经济发展质量的测量与指标体系

本书对国民经济发展质量的测量从以下三个方面展开：一是提升经济增长的效率和稳定性。经济增长质量包括增长的快与慢、波动的大与小、效率的高与低三方面的内容。高质量发展并不意味着放弃对经济增长速度的要求，而是要使实际经济增长速度与增长潜力相匹配，避免为追求高速度而过度投资和市场需求不足影响生产能力的实现。一般来说，实际增长率与潜在增长率相吻合就能保障增长的稳定性和效率最大化。因此，稳定经济增长速度的任何措施本质都要回归到围绕着经济增长潜力上来。提高经济增长效率就是提高经济增长潜力，否则，再高的增长速度都会回落，造成经济增长的剧烈波动。经济增长的效率和稳定性重点是强调经济增长的可持续性。

二是增强经济发展的均衡性与协调性。均衡性和协调性主要指区域之间、城乡之间、产业之间、国内外市场之间等一系列的比例关系，强调的是结构平衡。结构决定功能，合理的经济结构、产业结构、基础设施建设与投资结构等是推动经济高质量发展的基础和条件。改革开放40多年来，我国的经济总量已居世界前列，但是我国的经济结构依然有许多问题没有解决，在一定程度上影响了发展的质量。

三是促进经济发展的公平性和包容性。经济与政治、社会、环境具有紧密的联系，经济基础决定上层建筑，经济的高质量发展必然影响和带动政治、社会、环境等方面的发展。公平性与包容性是经济发展的目标，也是经济高质量发展的结果，经济发展的最终目标是要满足人民日益增长的美好生活的需要。美好生活不仅是物质消费，还包括社会的公平正义、生活环境的优美以及政治的民主等。

本书的测量指标根据数据的可获得性和代表性进行设计，主要从经济增长效率、创新能力、经济结构、增长稳定性、收入分配与人民生活、生态环境质量、基础建设及政府服务效率8个子项维度来计算综合指数（8个子项维度或一级指标又细分为83个具体指标），对我国经济发展质量进行量化评估。一级指标的数值越大，表明发展质量越好；具体指标的数值越大，表明这类指标所代表的经济活动对提升经济发展质量的贡献度越大（详见第二章的研究内容）。

二、中国经济发展质量的现状评估

本书根据指数的变动趋势和影响指数变动趋势的因素，采用2000~2017年公开发表数据研究我国经济发展的质量及其正反两方面的主要影响因素。

（一）经济发展质量的指标选择

经济发展质量综合指数由2000年的负值上升到2016年的1.705，总体上看，中国经济发展进入质量提升阶段，发展质量在不断改善，验证了中共十九大提出的中国经济已由高速增长阶段转向高质量发展阶段这一判断。在构成综合质量指数的8类指标中，只有经济增长效率和增长稳定性两项指标呈现较大波动，创新能力、经济结构、收入分配与人民生活、生态环境质量、基础建设及政府服务效率逐步提高。但2014年经济进入新常态以来，经济增长稳定性指标趋于平稳，表明我国经济发展质量总体向好。从8类指标对综合质量指数的贡献度来看，收入分配与人民生活指标对发展质量的影响最大，其次是经济结构指标，创新能力指标居第三位，增长稳定性指标最低。这个贡献顺序显示经济发展的结果比发展过程与能力重要，收入分配与人民生活水平指标是民生指向性指标，是高质量发展的目标与结果，而结构优化和创新水平是过程和能力。这提示我国提高经济发展质量更加注重民生保障，更加注重经济发展与人民收入水平同步增长。

影响我国经济发展质量的短板是经济效率、经济增长的稳定性。从宏观经济的角度来看，提高经济效率需要长期经济政策的调整，经济增长的稳定性则更多地涉及短期经济政策。提高经济发展质量既要建立长效机制，提高经济效率，又要采取短期措施，稳增长、防风险。经济增长速度与发展质量是辩证关系,适当的增长速度,为结构调整和体制改革创造有利条件,结构调整和体制改革则有利于提高经济发展质量,但发展与质量、速度与发展之间不存在必然的联系,调控经济增长速度,同时要注重解决短板问题,否则就有可能形成无效增长。

从子项指标来看,每类质量指标都存在一些正负两方面的影响因素:

1. 经济增长效率指标

虽然总体经济效率在不断地改进,但一些因素阻碍了经济增长效率改进的速度,其中资本生产率的提高幅度相对滞后,对经济增长效率的改善有较大的负面影响。按照不变价格计算,2000~2017年,我国的固定资产投资年均增速高达18.8%,高于20世纪90年代14%的增速,换言之,资本生产率低在一定程度上也导致我国投资效率下降和经济增长放缓。

2. 创新能力指标

创新能力指标对经济高质量发展具有重要影响,在8个子项指标中排名第三,对经济发展质量的改善还未发挥出首要作用。创新能力对经济发展的贡献不尽如人意,突出表现在高科技产品的附加值较低、高技术产品出口占比较低。换言之,我国高技术产业发展也需要提高发展质量。

3. 经济结构指标

经济结构一些指标的变化促进了经济结构优化,提升了经济质量,如产业结构高级化、城镇化率等;一些指标的变化趋势则不利于经济发展质量的提升,如制造业比重、区域发展差异、投资结构、消费结构、股票交易总额占GDP比重等。这表明中国经济发展的结构性问题比较突出。需要指出的是,制造业比重的变化对经济发展质量的影响是负向的,说明"脱实向虚"不利于经济质量的改进,制造业不强并且呈现退坡,使得经济效率改进和技术进步失去了载体,最终导致经济增长潜力的下降。

4. 增长稳定性指标

石油对外依存度等指标对经济发展质量的提升有正向作用,主要是改善了我国能源结构,促进了绿色生产率的提高。需要注意的是,政府外债负债率对安全保障指标的贡献是负向的,政府外债负债率是外债余额与出口收入的比重,该值在2000~2017年保持在15%以下,但大体上经历了先下降后上升的过程。2015年以来,政府外债负债率的提高对我国经济稳定与安全指标的提高造成了负向压力,这一问题在国家安全风险中往往被忽视了,而石油对外依存度的风险往往被过分重视。

5. 收入分配与人民生活指标

收入分配与人民生活指标的提升主要源于城乡居民收入差距的缩小对提升我国经济发展质量发挥了重要作用,尤其是脱贫攻坚战的初战告捷,大大提升了我国经济发展质量。但劳动者报酬占比仍然较低,基尼系数较高,需要提高和改进。

6. 生态环境质量指标

我国生态环境质量不断改善对经济发展质量的提升具有积极作用。在8个子项指标中排名第四。在生态环境质量指标中,存在问题较突出的是环境污染治理投资不足,这是制约我国生态环境质量指标提升的主要原因。工业污染治理投资占环境污染治理投资的比重呈现显著的下降趋势，由2000年的23.13%逐渐降至2017年的7.14%，下降了近16个百分点。

7. 基础建设指标

基础建设指标包括15项具体指标，总体来看，我国基础设施逐步完善，对提升经济发展质量具有促进作用，但是其中的一个指标——人均拥有公共厕所数对基础建设指标的贡献为负。厕所表面上是城市基础建设的一部分，实际则反映了人民群众的生活品质水平。习近平总书记提出"厕所革命"，体现了对人民群众的深切关怀，也反映了总书记补短板的工作思路。随着我国城镇化水平不断推进，城市居民增多，对城市基础设施的需求也在不断增长，但厕所数量并未同步增长，2000~2017年，城市人均公厕数量由2.4座/人降为1.7座/人。

8. 政府服务效率指标

我国经济发展是由政府与市场双轮驱动的。政府服务效率直接影响经济发展质量。政府服务效率指标主要通过政府规模、制度建设以及公共服务效率指标来测量。数据分析显示，政府消费占最终消费的比重过高，不利于改善经济发展质量。此外，税收占财政收入的比重过高也是一项负向因素，减费降税有利于提高经济发展质量。

（二）经济发展质量的国际比较

1. 要素产出效率

在比较期内，世界各国的劳动生产率在整体上呈上升趋势，但差距较为明显。以美国为参考基准，我国与其劳动生产率的差距大幅缩小，追赶趋势明显。例如，2000年，美国的劳动生产率是我国的27.5倍，至2017年缩小为7.2倍，但我国的劳动生产率明显低于发达国家，上升空间较大。

市场经济成熟的发达国家，产能利用水平相对较高，发达国家的产能利用率基本保持在70%以上，美国与法国的产能利用率甚至保持在80%以上，而对我国5000家工业企业的调查数据显示，我国的产能利用率不足50%，产能过剩问题依旧突出。

2. 创新能力与产出

我国在研发领域的投入大幅增长，与发达国家的研发投入强度日益趋同。值得一提的是，我国的研发投入强度于2010年超过英国，逐渐逼近法国。但与OECD国家2.4%的平均水平仍有一定差距。通过对比不难发现，我国的创新投入水平不高是阻碍创新能力提升的主要原因。

我国高等教育毛入学率在2015年接近日本2000年的水平。我国于2011年超过美国成为专利申请量最多的国家。但从人均水平来看，2016年韩国的人均专利申请量最高，为40.75件/万人；日本与美国紧随其后，分别为25.07件/万人和18.72件/万人。而我国的人均专利申请数量仅为9.71件/万人，与这些发达国家的差距明显。另外，与发达国家相比，我国的每百万人科技人员数仍然偏低。

3. 产业结构与城镇化率

我国制造业占 GDP 的比重常年保持在 28% 以上,从变动趋势上看,尽管近年来有所下降,但仍高于发达国家。然而在制造业中,高新技术产业产值比重呈现一定的下降趋势,且低于大多数发达国家,表明我国制造业结构有待进一步优化。

我国城镇化水平与发达国家相比仍有不小的提升空间。按照美国地理学家诺瑟姆对人口城市(或镇)化率不同阶段的定义,我国当前的人口城镇化率仍然处在 30%~70% 的发展区间,处于城镇化的发展阶段;而发达国家均已超过 75%,处于城镇化的成熟阶段。

4. 人均收入

除韩国外,发达国家的人均 GDP 均在 3.5 万美元以上,但增速缓慢。2000~2017 年,我国的人均 GDP 增长了 3 倍多,与发达国家的人均收入差距大幅缩小。但从绝对增长量来看,2000~2017 年,韩国的增幅最高,人均收入增加了 11047.5 美元,其次是德国(8748.7 美元)、美国(8072.7 美元),而我国仅增长了 5557.3 美元,仅高于法国(4107.1 美元)。

三、我国产业发展质量概况

产业是国民经济中的基本生产部门,健全的产业体系可以满足人民对物质与精神产品的各项需求。本书关于产业发展质量的分析分四个行业进行。

(一) 制造业发展质量

从质量监管指标看,中国制造业产品质量整体上稳中有升,但不同类产品间的质量水平差距较大。抽查合格率最低的是电子电器,2010~2017 年的均值仅为 82.98%。电子电器属于高技术产业,这一结果印证了本书中我国高技术产业发展质量不高的分析。

在国际贸易中,通常采用单位价值(Unit Value)来衡量出口产品质量。本书也用单位价值来测量,中国制造业产品质量持续改善,其中,除化学工业及相关类外,其他产业的产品质量持续改进,而质量改进的结果是贸易竞争力上升。例如,我国纺织服装鞋帽制造业、皮革毛皮羽毛(绒)及其制品业、纺织业的全球市场占有率分别是 46.12%、40.56% 和 40.34%,在 30 个制造业行业中排在第 1 位、第 3 位和第 4 位。

目前,学术界尚未形成广为接受的制造业增长质量的分析框架,但有多项研究表明,增加值率的高低与增长质量水平直接相关。以制造业增加值率来衡量的制造业增长质量基本呈 L 形,转折点也是最低点在 2011 年,此后制造业增长质量虽然止跌但却没有大幅度回升。从制造业增加值率看,我国与德国的差距在逐渐拉大。2008 年国际金融危机以来,德国制造业的复苏呈现内涵式增长,2016 年制造业增加值是 2008 年的 1.25 倍。我国制造业虽然保持了较高速度的增长,但其增长只是依赖于生产要素投入的增加。

（二）服务业发展质量

服务业的产品质量是通过服务对象的满足度体现出来的。从市场评价来看，顾客满意度仍然处于"比较满意"区间，服务质量基本稳定。在影响顾客满意度的因素中，品牌形象和感知质量的影响较大。

近年来，服务业的新业态、新模式竞相涌现，服务品种更加丰富，较好地支撑了就业扩大、消费升级和产业结构优化。高铁、支付宝、共享单车和网购成为中国名片，中国已成为全球5G技术、标准、产业、应用的引领者之一。服务业的国际化水平不断提高，广告服务、维修服务、金融服务等高附加值服务出口增幅分别达到47%、48%、50%。

但服务业发展不均衡，生产性服务业就业比重偏低，其中科学研究和技术服务业以及信息传输、软件和信息技术服务业占比更低。产业创新能力和核心竞争力不强，还不适应居民消费结构升级的要求，高质量、多样化、便利化的服务供给不足，部分知识和技术高度密集的服务供给严重依赖进口。服务贸易逆差持续扩大，仅有咨询、建筑服务、计算机和信息服务、广告宣传及其他商业服务连续保持着贸易顺差。

（三）建筑业发展质量

建设工程质量关系人民群众切身利益、国民经济投资效益和建筑业可持续发展。建筑质量是在建设过程中形成的，因此质量标准和工程监管对建筑质量非常重要。

我国已经形成了法律法规、条例细则和规范标准不同层次的工程质量规范体系，但在系统性、科学性等方面仍然有所欠缺。在我国建设工程质量法律框架下，建设单位和施工单位是工程质量的主要责任方。但是，现行法律法规对工程建设参与主体质量责任规定不明确不全面、现实操作中违规成本过低、政府监管不力、建筑市场管理混乱、社会监理职能缺位等原因，导致参建主体不能充分履行质量责任和义务，违法招标投标、违法承揽工程、违反质量标准、不按质量要求施工、违法选定材料供应商、建筑材料质量不合格、逃避工程质量保修义务等行为大量存在。

发达国家对建筑工程行业的市场准入有一套严格的法律机制，对企业和从业人员采取审核、评估、许可制度，如有不合规行为会被取消资质甚至受到法律制裁。在我国，建筑行业市场准入与资质管理已经形成了较为完整的法规体系，但仍然存在企业和从业人员资质过低、市场准入制度执行不力的状况。项目经理、工程师资质要求不严，违规成本过低；一线施工人员主要由没有受过任何专门培训且没有资质的农民工组成，整体素质偏低，也是导致建筑工程质量问题频出的主要原因。

（四）农业发展质量

农业及农产品质量主要与农产品安全有关，涉及的问题主要包括农业生产投入品的安全问题，如土壤重金属超标、灌溉水污染、肥料农药使用过多等，以及农产品加工成终端食品过程中的安全问题，如加工运输中的二次污染等。但是，要提升农业及农产品质量，除了加强农业生产过程中的投入监管和加工过程中的监管，还需要建立一套科学的标准，用来衡量农产品的质量水平，以及建立可以进行追溯的系统，监测惩罚质量没有达标的生产者、加工者和销售者等责任人。

与发达国家相比，我国农业不具有显示性比较优势，出口占比较低、竞争力较弱。农副产品生产投入要素存在质量问题，难以保障产品质量水平。与国外相比，我国在国外注册的地理标志产品数量仍然偏少；农产品质量分级标准与欧盟和美国相比仍太笼统，安全标准不完善；安全追溯体系建设滞后；品牌效应弱，国际知名品牌稀少；有机农业、生态农业等发展缓慢。

农副产品生产过程中投入要素的质量是农副产品质量的基础保障。我国农业投入要素质量不高，严重阻碍了农产品的质量和农业的发展。例如，土壤重金属超标、水体富营养化（化学需氧量和总磷超标）；除粮食种子优良率在90%以外，其他品种的良种率并不高，且良种商品化率较低；转基因作物的种植；过度施肥；农副产品市场信息不对称、缺乏质量监管等。

四、推进经济高质量发展的条件与环境

高质量发展受到经济发展阶段、社会文化环境、政策法律环境的影响，经济增长质量问题与经济发展阶段特征紧密相关，追求精益求精的质量文化和质量消费有助于创造高质量发展的氛围，良好的法律法规体系能够提供"依法治质"的保障并形成良好的质量治理体系（史丹等，2018）。

（一）经济发展阶段

改革开放40年来，中国经济高速增长，为高质量发展打下良好的基础。中国经济发展体现出新的特征，由低收入阶段转向中等收入发展阶段，资源和环境条件的约束越发明显，正在向质量效益型增长转型。转向高质量必须立足于经济发展的现状与问题，针对消费升级，推动经济从"有没有"到"好不好"发展。此外，随着劳动力成本上升带来的传统优势的丧失，国际竞争不能再以低成本取胜，而是要以品质取胜。

长期以来，我国经济保持了高速增长，2017年经济总量已达80万亿元。推动高质量发展应该在"量"的基础上提升"质"。我国经济供给结构不能适应需求结构的变化，以制造业为例，我国制造产品大部分功能性常规参数能够基本满足要求，但功能档次、可靠性、质量稳定性和使用效率等方面有待提高。与发达国家制造产品质量整体上差距较大，产品档次偏低，标准水平和可靠性不高，高品质、个性化、高复杂性、高附加值的产品供给能力不足，高端品牌培育不够，总体上制造质量与制造大国地位并不相配。高质量发展就是要满足消费不断升级的需求，提供更多高品质的经济产出，包括中国制造、中国服务和中国建造产品。

(二) 社会文化环境

高质量发展需要全方位、多层次的质量文化。文化指的是人类在社会历史发展过程中所创造的物质和精神财富的总和。质量文化是伴随工业化进程而形成的、渗透到工业发展中的物质文化、制度文化和精神文化的总和。文化因素对经济社会发展具有基础性、长期性、决定性影响。自 18 世纪英国工业革命后，美国、德国、日本等国家形成了各自的现代制造文明。世界最优秀的制造工业，如德国制造、日本制造、瑞士制造，背后都有着一丝不苟的质量文化和精神的支撑。质量文化具有传播、认知、规范、凝聚、调控、创新等功能。质量文化有助于实现人的全面发展，是增强工业实力和经济发展的重要手段，是国际影响力提升的重要途径。质量既是国家硬实力的体现，是科技水平、创新能力、资源配置、管理能力、劳动者素质等多种因素的集成；质量又是国家软实力的体现，质量文化规范了经济发展的管理制度、组织形式、价值体系、行为准则、经营哲学等。只有软硬实力兼备，才能营造优良的经济发展环境，推动技术体系、生产体系、资源体系、管理体系发生变化，这些行为会形成新的社会价值观，产生新的文化，并推动产业转型和经济发展。

深受延绵数千年的农耕文化的影响，中国工商业领域的从业人员普遍具有封闭保守、自给自足、追求快速盈利、做事不精细等显著特征。在近几十年工业化的转型发展过程中，出现了投机取巧、急功近利等浮躁之风，产品质量和安全问题时有发生。现阶段，中国还未形成追求质量的社会文化环境，主要原因在于：一方面，市场中存在急功近利的思想。中国普遍存在着一定的"重商不重工"的心态。从好的方面来说，重商能够加快经济增长，而从坏的方面来说，重商则滋长了急功近利的思想，使得中国丧失了在工业和科技上长期的核心竞争力。另一方面，经济脱实入虚现象已经愈演愈烈，越来越多的资金在逃离实体经济，进入房地产市场、商品市场、股票市场甚至债券市场，资产泡沫程度越来越高，由此带来恶性循环：实体经济的回报率越低，资本越投向虚拟经济，资产泡沫程度越来越高，又进一步提升了实体经济的运营成本。由于实体经济的持续低迷，企业不断减少质量和品牌的投入，产业转型升级步履维艰。

随着经济的发展与经济规模的壮大，中国必须形成自己独特的工业文化和质量文化。中国经济的转型将越来越取决于能否逐渐形成现代工业文明的社会文化和实业基础，积淀下植根于中国本土的实业精髓。梳理中国产品和服务品牌的个案，中国工商业企业并不缺乏自主创新的精神和能力，但要想将这种精神和能力内化为整个社会的文明理念，需要更多标杆企业的出现。因此，在吸收传统优秀文化的基础上，应努力培育和发展符合时代要求的质量文化，为高质量发展提供支撑和保障。培育先进质量文化，需要以社会主义核心价值观为指导，不断推进先进质量文化建设，提升全民质量意识，倡导科学理性、优质安全、节能环保的消费理念，努力形成政府重视质量、企业追求质量、社会崇尚质量、人人关心质量的良好氛围。

(三) 政策法律环境

推动高质量发展要汇聚全社会的共识与智慧，通过微观产品（包括产品、服务与工程）质量的提升驱动产业发展，实现宏观经济和社会发展整体的质量提升。以质量为立足点促进经济社会的全面发展，涉及政府、企业、消费者、社会组织和质量技术服务机构促进高质量发展的治理权限划分与责任承担等复杂的社会关系，有必要制定专门的质量促进法，对高质量发展中的社会共治关系进行专门的规范和调整。从发达国家的经验看，质量促进法是一部规定政府、企业、消费者、社会组织和质量技术服务机构等各类质量主体共同分享高质量发展中的治理权限，共同促进微观产品、产业发展和经济社会发展质量提升的促进型法律，在法制环境建设、激励制度建立和国民质量意识提升等方面，明确政府的主导和推动作用，明确企业、社会组织、质量技术中介机构和消费者的质量权利与义务，对于推动经济社会高质量发展十分重要，也势在必行。

国际上成功的立法案例可资借鉴。国外发达国家普遍通过立法和政策，明确构建全社会质量共治机制，促进产业和经济社会的发展。在工业化过程中，美、德、日、韩等国家都经历过质量低谷期，这些国家普遍采用质量促进立法等举措促进质量提升与发展，并取得了显著成效。德国建立了一整套有效的法律法规—行业标准—质量认证体系，并不断完善，如《设备安全法》《产品安全法》《食品法》等，范围广泛的法律体系成为德国产品质量的根本保证。日本在20世纪60年代把"质量救国"作为国家战略，在全国范围推广全面质量管理，1999年颁布《生产基础技术促进基本法》，明确规定了国家、公共团体、生产经营者在促进生产基础技术方面的职责，其《消费者教育促进法》还专门规定了消费者教育的基本方针和主要措施。为了应对日本制造的竞争，美国政府于1987年推出《质量振兴法案》，在制造和服务领域追求卓越，对质量改进工作进行战略规划，以提高美国在全球市场的有效竞争力。通过设立"国家质量奖"，实施卓越绩效评价标准，激励企业提升产品质量。通过质量促进立法，美国在多个产业领域重夺领导地位。韩国于2005年提出"质量第一韩国"的愿景，出台《质量管理和工业产品安全控制法》，授权产业通商资源部负责企业、公共机构及团体的质量管理综合政策，对提升国家竞争力发挥了重要作用。韩国每5年制定一次质量发展规划，支持质量管理机构，奖励质量管理优秀企业，并推行质量管理体系认证和质量标识监管。

中国现有的质量立法偏重管理型立法，侧重政府质量管理行为的设计与规定，忽视了企业、消费者、社会组织和质量技术服务机构在质量治理中的积极参与和促进作用，单一的质量治理模式是中国质量问题长期得不到解决的根源，亟待通过法律固化全社会的质量共治机制，解决质量治理难题。如果通过制定质量促进法以法律形式将质量社会共治制度固定下来，促进政府、企业、消费者、社会组织和质量技术服务机构的均衡建设，将能够弥补质量管理型立法对多元主体参与质量治理的制度性短缺，整合不同质量主体的力量共同促进中国经济社会高质量发展。因此，应加快制定质量促进法，从根本上提升全社会质量意识，提高质量发展水平，推动中国经济的转型发展。质量促进法的制定应借鉴国外质量立法经验，总结国内质量发展实践，着重规定国家质量创新发展的政策措施。

（四）质量技术基础

质量发展的技术基础主要是指国家质量技术基础。质量技术基础也是国家质量基础

（National Quality Infrastructure，NQI），是经济社会发展技术传承的重要载体。国家质量基础是制造强国的重要支撑，必须建立高水平的质量服务体系，如计量基础、标准体系、认证认可体系、检验检测体系等。通过发挥标准的规范性、计量的基准性、认证认可的公允性、检验检测的符合性，对国家竞争力和产业价值链提供有力支撑，并通过与国际组织的互动，形成与国际市场接轨的国际质量基础，提升国际贸易和合作的竞争力。

质量技术基础具有基础性、整体性、公益性、国际性等特征。从基础性看，国家政权的建立与稳固必须有统一和权威的计量体系作保证，必须按照标准为经济社会发展提供技术规则。质量技术基础通过解决计量的准确性、标准的一致性、认证的公允性、产品的符合性等问题全面保障质量安全，提升产业竞争力，促进经济社会可持续发展。从整体性看，计量、标准、认证认可和检验检测相互作用、相互支撑，共同促进质量发展。这四大质量基础不可分割、不可替代。从公益性看，这四者都是公共产品，都具有公益性科研的特征，需要国家在这些领域投入大量的财政资金，用于支撑在质量技术基础方面的公益性产出。从国际性看，质量技术基础不仅服务于国内经济社会发展，更是参与国际竞争、维护国家核心利益的有力抓手。计量、标准、认证认可、检验检测已经成为国际通用的"技术语言"，是国际贸易游戏规则的重要组成部分。因此，争夺国际标准制定的主导权和话语权，成为各国特别是发达国家标准化的核心战略重点。

在新产业变革和科技革命背景下，质量技术基础的重要意义越发凸显。计量和标准正在成为国际科技和贸易竞争的制高点，认证认可和检验检测已经成为全球质量治理的共同手段。我国应通过推动计量科学、标准和科技来保障经济安全，提高生活质量，从而提升创新水平和产业竞争力。巩固国家质量技术基础，能够确保中国在计量、标准等方面的国际领导地位，避免新技术所带来的复杂、苛刻的计量及标准方面的挑战，维护中国经济和国家安全。高质量发展需要夯实质量技术基础，强化质量技术基础保障能力，提升产业的核心竞争力，为质量提升提供基础性、支撑性作用；需要加强计量、标准、认证认可、检验检测等国家质量基础设施，提升技术标准水平，增强技术进步对质量提升的支撑作用，为中国先进制造乃至经济持续发展保驾护航。

五、实施高质量发展的措施

转向高质量发展，既是当前中国经济发展的现实要求，也是未来中国经济发展的基本目标。高质量发展是协调的、可持续的、以人民为中心的经济发展方式，推动高质量发展需要贯彻新发展理念，不断提升供给要素质量，以创新为驱动力，加快质量促进立法，强化质量技术基础，并不断培育质量文化。

（一）制定高质量发展战略

为了更主动地适应和引领经济发展新常态，加快中国经济提质增效升级的步伐，需要全面贯彻高质量发展理念。改革开放以来，中国经济快速发展，创造了世界瞩目的"中国速度"，但同时也面临经济发展不可持续的挑战，要实现转型升级必须突破创新能力不足和发展质量不高的困境，树立高质量发展的理念。2016 年发布的《国家创新驱动发展战略纲要》提出了"推动质量强国和中国品牌建设"，"十三五"规划纲要提出了加快建设质量强国、制造强国，要大力实施质量强国战略。但是，这些战略规划文件中提及的"质量"主要还是产品、服务、工程等层面的质量含义，还没有把质量完全提升到整个经济社会发展层面来考虑。高质量发展的说法拓宽了"质量"的内涵，涉及经济社会发展质量水平的提升，是全面的系统工程。经济转型和高质量发展是党和国家的战略选择，中共十九大明确了"高质量发展"的说法，明确了保持中高速增长、产业迈向中高端水平的"双目标"。实施高质量发展涉及经济、政治、文化和社会等各个领域，关系到企业、市场、政府和社会各个方面，既涉及资源配置、劳动者素质、创新要素等投入，又要满足规模、效益、生态、民生等多元目标，还受到经济基础、法治环境、文化教育等方面的综合影响，需要在国家战略层面统筹规划、整体推进。因此，确立和制定质量强国战略，设立完善的评价框架和评价体系有助于全面推进党中央、国务院的战略决策的落实，不断形成以战略规划、行动计划、专项方案为依托的方案体系。

（二）提升供给要素质量

通过提升供给要素质量，实现全要素生产率的提高，改变对于传统投入要素的依赖，实现资源节约型增长。尤其是针对产业革命和科技变革的要求，强化科技、人力资本、信息、数据等新生产要素的投入，并不断提升劳动、资本、土地、资源等传统生产要素的质量和效益。在劳动力投入方面，要提升员工素质和员工能力，使得员工素质能够与新科技革命和产业变革的要求相适应。针对科技革命和产业变革，密切结合生产实际需要，培养高素质的知识型员工和产业工人，实施全员质量提升工程，全面提升决策者、管理人员、产业工人的质量素养和职业精神。在生产工具投入方面，充分利用新科技革命中产生的新技术、新工艺，齐头并进推动生产装备在数字化基础上向网络化、智能化的转变，提高生产过程的智能化水平。在资源和能源投入方面，要依靠技术进步，不断提高清洁能源、生态友好型资源的使用比例，不断提高资源和能源的转化效率。在产业政策制定方面，逐步实现各项政策的转型和优化，提高政策的长期性、普惠性、引领性和国际化，优化政策传导机制，使得政策能够有效地适应高质量发展的新需求。

（三）加快新旧动能转换

要加快新旧动能转换，使创新替代要素投入的增加成为驱动高质量发展的主要动力。满足高质量发展的新要求，构建高效的国家创新体系，加快突破制约高质量发展的技术和制度短板。在技术创新方面，要瞄准世界科技前沿，强化基础研究，加强应用基础研究，突出关键共性技术；在制度创新方面，要形成有利于创新活动开展、创新成果交易和转化、创新主体获得应得收益的环境。鼓励创新是提升产品质量的重要途径，科技创新与产品质量改进密切相关。没有深刻的动力变革，质量变革、效率变革都难以实现。应大力培育发展新动能，加强国家创新体系建设，深化科技体制改革，建立以企业为主体、市场为导向、产学研深度融合的技术创新体系，加强对中小企业创新的支持，促进科技成果转化。倡导创新文化，强化知识产权创造、保护和运用。优先发展教育事业，加快教育现代化，建设知识型、技能型、创新型劳动者大军，弘扬劳模精神和工匠精神，加快从劳动力数量红利向质量优势转换，培养造就一大批具有国际水平的科技人才和创新团队。激发和保护企业家精神，鼓励更多社会主体投身创新创业。

（四）健全法律法规体系

加快制定质量促进法，从根本上增强全社会质量意识，提高质量发展水平，推动我国经济的转型发展。质量促进法的制定应借鉴国外质量立法经验，总结国内质量发展实践，着重规定国家质量创新发展的政策措施。明确质量促进法的性质定位和基本功能，协调相关法律法规之间的关系，完善中国质量促进体系。将产品质量、工程质量、服务质量、环境质量纳入相应的法规条例。质量促进法的制定应立足于中国的国情和实际，充分借鉴域外质量促进立法的成功经验，着重规定国家质量创新发展的政策措施。质量促进法的基本功能定位于通过巩固质量社会共治体系与机制，合理配置政府、企业、消费者、社会组织和质量技术服务机构的质量促进权限，完善中国质量促进的责任体系。优化质量管理体系，实现质量监管与质量提升并举。构建社会共治体系，加快形成以市场监督为主的市场自治体系。统一规定各主体参与促进质量发展的基本职责，构建均衡的促进质量发展的社会共治机制。合理配置各主体的质量促进权限，明确质量促进的行为模式和路径，形成"企业自主、市场调节、行业自律、社会参与"的质量共治格局。严格企业质量主体责任，提高企业质量管理水平。营造优胜劣汰的市场环境，各类市场主体依法开展生产经营、平等受到法律保护、公平参与市场竞争。

（五）全面强化技术基础

加强计量、标准、认证认可和检验检测等质量技术基础，努力扩大高质量产品和服务供给；推动质量服务市场化，加强检验检测、计量校准、合格评定、信用评价等服务的市场化供给水平；推进质量创新能力建设，加强标准化工作，强化计量基础支撑作用。推动完善认证认可体系，加快检验检测技术保障体系建设。推动质量服务市场化进程，加强第三方质量管理、检测认证等质量技术推广服务机构建设。利用大数据等新一代信息技术推进质量技术基础要素融合，打造"一站式"公共服务平台，更好地为企业提供计量、标准、检验检测、认证认可、品牌建设等全方位服务，提升质量竞争力。坚持试点引领，总结地方质量技术基础服务示范先进经验和典型做法，以点带面、逐步推广；紧密围绕新产品、新模式、新技术和新业态，创新质量技术基础服务支撑，充分发挥质量技术基础在促进产业转型升级、推进供给侧结构性改革等方面的基础和引领作用。

（六）大力弘扬质量文化

在国家战略层面，树立质量强国意识，在全社会引导质量诚信文化。培育先进质量企业，转换以规模换成本、以成本换价格的竞争模式，树立以创新、质量、品牌为先的发展理念。引导企业牢固树立"质量是企业生命"的理念，实施以质取胜的经营战略，将诚实守信、持续改进、创新发展、追求卓越的质量精神转化为社会、企业及员工的行为准则，抵制违法生产经营行为。加大质量宣传力度，形成政府重视质量、企业追求质量、社会崇尚质量、人人关心质量的社会氛围。重视质量管理对塑造工匠精神的重要作用，对消费者存敬畏之心，不让低质量产品流向市场，在全行业倡导精益求精的工匠精神。加强全面质量管理，推广卓越绩效管理、精益制造、标杆管理、六西格玛管理等先进的质量管理模式，培育形成工匠文化。在全社会宣传和践行工匠精神，在中国质量奖等评选表彰中提高一线工人的比例，树立"大国工匠"标杆，提高技能劳动者的社会地位，增强其荣誉感，使工匠精神成为企业决策者、经营者和全体员工共同的价值取向和行为准则。加强质量人才队伍建设，培育先进质量人才，探索开展高校教育、职业技术教育及工业文化普及、先进制造业人才培养的结合试点，广泛开展工业文化教育等，培养出高质量的工程类人才以及符合新型工业化道路的创新型人才。

本章参考文献

［1］钞小静. 中国转型时期经济增长质量的理论与实证分析［M］. 北京：人民出版社，2010.

［2］郭春丽，王蕴，易信，张铭慎. 正确认识和有效推动高质量发展［J］. 宏观经济管理，2018（4）.

［3］金碚. "高质量"的经济学性质［J］. 中国工业经济，2018（4）.

［4］郎志正. 大质量概念——发展质量与品牌［J］. 交通企业管理，2012（4）.

［5］任保平，李禹墨. 新时代中国高质量发展评判体系的构建及其转型路径［J］. 陕西师范大学学报（哲学社会科学版），2018（3）.

［6］任保平. 新时代高质量发展的政治经济学理论逻辑及其现实性［J］. 人文科学，2018（2）.

［7］冷崇总. 构建经济发展质量评价指标体系［J］. 宏观经济管理，2008（4）.

［8］刘树成. 论又好又快发展［J］. 经济研究，2007（6）.

［9］刘志彪. 理解高质量发展：基本特征、支撑要素与当前重点问题［J］. 学术研究，2018（7）.

［10］王新哲，孙星，罗民. 工业文化［M］. 北京：电子工业出版社，2016.

［11］史丹，赵剑波，邓洲. 推动高质量发展的变革机制与政策措施［J］. 财经问题研究，2018（9）.

［12］宋明顺，张霞，易荣华，朱婷婷. 经济发展质量评价体系研究及应用［J］. 经济学家，2015（2）.

［13］袁瑛等．系统考察经济发展质量的五个维度［J］．经济研究导刊，2013（8）．

［14］赵昌文．推动我国经济实现高质量发展［N］．学习时报，2017－12－25．

第二章
高质量发展指标体系的构建与评估

高质量发展指标体系是对高质量发展的总体水平和各个维度情况进行评判。高质量发展的指标衡量体系与经济增长指标、可持续发展指标体系等既有联系亦有区别，其内涵更加丰富，对发展水平的要求也更高。

一、高质量发展的衡量维度

高质量发展的内容与主体是多方面的，包括经济的发展、人的发展、社会文化的发展、生态环境的保护与发展及国家治理体系的发展，对不同主体的发展目标和衡量维度进行辨识是构建高质量发展衡量指标体系的基础。

（一）经济增长效率

经济增长效率，即经济增长的有效性，主要考察在经济增长过程中的投入产出效率，高生产率是经济高质量增长的重要保障。提高经济增长效率有两种路径：在投入一定时，产出最大化；在产出一定时，尽可能少投入。生产率的长期增长主要取决于技术进步水平和经济制度两个方面。造成经济增长效率低的原因：一是投入过高，对投资品的过度需求可能不利于经济的持续健康发展；二是产出过低，包括要素配置扭曲引起的产出不足以及资源大量浪费的无效供给。通常而言，在经济起飞阶段，数量型经济发展主要依靠增加传统生产要素的供给，经济增长效率相对滞后，在这一时期，要素市场机制不完善以及城乡二元分割会导致要素配置在各地区间发生扭曲。要实现高质量发展和经济增长效率的提升，就需要提高技术进步等高端要素对经济增长的带动作用，同时优化资源配置效率，实现更高效的产出。

（二）创新能力

创新是一个国家或地区经济发展的根本动力，是提升综合国力的重要途径。创新对高质量发展具有重要的推动作用，习近平总书记于2016年在全国创新大会上指出"科技兴则民族兴，科技强则民族强"。当前，我国正处于转变经济发展方式、新旧动能转换的关键时期，需要在经济中注入创新活力来推动高质量发展。在新工业革命浪潮中，人工智能、大数据、区块链、生物技术和金融科技等新科技不断涌现，新技术、新产业、新模式、新业态层出不穷，各国纷纷出台相关政策，以期借助科技革命推动产业结构转型升级。面对新工业革命的战略机遇，必须加强科技创新对高质量发展的引领作用。

（三）经济结构

经济增长的结构反映了经济系统中各要素投入之间的联动关系以及投入比例的合理性。经济结构的优化反映经济系统中各部门间比例关系的变化以及各部门之间融合程度的加深。结构优化不仅能够形成经济增长的动力，也能够促进经济发展质量的提高。相反，结构失衡会导致资源配置不合理，经济运行效率低下。经济结构不仅包括供需结构，也包括产业结构，还包括投资结构，无论是哪方面的结构失衡都会通过经济系统传导到其他领域，如房地产市场过热不仅导致金融结构失衡，也影响实体经济部门的发展。

（四）增长稳定性

增长稳定是指经济增长过程中没有出现过度的经济波动，或者偏离均衡状态的幅度较小。稳定的经济增长有利于资源约有效配置和有效利用，熨平经济的周期性波动，减少不确定性。我国目前正处于经济转轨和结构调整时期，各地区约经济增长难免会表现出一定的波动特征，适度的经济波动是经济结构优化调整的表现，但大幅的经济波动会破坏经济运行机制，影响经济管理部门和微观经营主体的决策。经济安全是指一国在经济全球化下实现资源有效供给、经济体系平稳运行、福利不受外界损害的能力。良好的经济安全要求国家具有维护本国合法经济权益的能力，在经济全球化背景下，其产业发展和升级、对外贸易、对外投资不受制于他国政府、跨国公司的策略和战略。

（五）收入分配与人民生活

经济发展的最终目的是增加社会福利和居民的生活水平。有效的经济发展会提高整体居民的福利，表现为居民的财富分配更加合理、城乡居民收入差距不断缩小。兼顾公平和效率的分配会不断释放现阶段的经济增长动力，居民福利和财富水平的提高反过来也会促进经济发展质量的提高。福利分配和人民生活还通过影响人力资本积累水平来影响经济发展质量。当收入分配不平等时，低收入人群会选择不进行或者少进行人力资本投资；当收入分配相对趋于平等时，这部分劳动力就可以多投入人力资本，从而由传统部门向现代部门转移。

（六）生态环境质量

生态环境质量从环境成本角度来考察经济发展质量。我国在一段时期的粗放式发展对生态环境造成了破坏，当前实现经济发展的绿色转型迫在眉睫，一方面，传统能源资源要素的供给趋紧，继续依靠高投入高排放维持经济增长难以为继；另一方面，环境污染不仅造成巨大的经济损失，也带来严峻的社会问题。生态环境质量的改善不仅需要依靠技术进步改变要素投入结构，也要充分发挥市场配置作用，依靠市场机制提高能源和资源的利用效率，减少经济活动对生态环境的不利影响。

（七）基础建设

基础建设包括交通运输、机场、港口、能源基建、通信以及城市供水、供气、供电等方面，是各经济主体从事生产经营和生活的基础条件。基础设施作为产业升级、自主创新和区域经济发展的基础要素，对经济社会发展具有基础性、战略性、先导性作用。一般而言，基础设施建设需适度超前于经济社会发展，应提前规划，为未来经济的高质量发展提供支撑和保障。

（八）政府服务效率

政府服务不仅能够调节经济活动，弥补市场失灵，也能够更好地促进人民生活水平的提高。为了保证经济平稳发展，政府通过"看得见的手"来对经济进行干预、引导，如动用自身力量实施积极的财政货币政策来平抑经济波动，增强经济活力，或者是通过行政干预解决社会贫富差距过大以及垄断问题，为经济的健康运行营造良好的环境。如果干预过多或者政府服务效率低下，会造成资源错配，导致市场对资源配置的基础性调节作用不能有效发挥。在市场经济条件下，政府的经济主体地位应当做到该退出的便退出，当存在经济风险时及时干预。

二、发展质量的测量指标体系

在具体指标的选择上，理论上所需要的部分统计指标在现有统计系统下是无法获取的，需要重新设计并构造出新的指标。受限于现有指标数据的可获得性，我们只能选取现有的能够获得的数据指标来构造出一个衡量发展质量的指标体系。因此，这个指标体系并不能完全反映出高质量发展的各个维度，而只是一个近似的反映，随着相关统计工作的展开和统计体系的完善，高质量发展衡量指标体系也将更加科学。

（一）指标的选取

根据经济发展指标衡量的不同维度，本书选取并构建三级（包括一级指标、二级指标和具体指标）衡量指标体系，如表2-1至表2-8所示。

第二章 高质量发展指标体系的构建与评估

表2-1 经济增长效率的衡量指标

一级指标	二级指标	具体指标	计量单位	正指标	逆指标	适度指标
经济增长效率	宏观效率	绿色全要素生产率	—	√		
		技术效率	—	√		
		技术进步	—	√		
		资本生产率	—	√		
		劳动生产率	—	√		
		产能利用率	%	√		
	微观效率	规模以上工业企业主营业务收入利润率	%	√		
		资产负债率	%		√	
		成本费用利润率	%	√		

表2-2 创新能力的衡量指标

一级指标	二级指标	具体指标	计量单位	正指标	逆指标	适度指标
创新能力	创新投入	研发投入强度	%	√		
		人均教育经费	元	√		
		高等院校入学率	%	√		
		万人研究与试验发展（R&D）人员全时当量	人年/万人	√		
	创新产出	人均专利申请授权数	件/万人	√		
		人均技术市场成交额	元	√		
		高科技出口占制成品出口比重	%	√		
		人均科技论文数	篇/万人	√		

表2-3 经济结构的衡量指标

一级指标	二级指标	具体指标	计量单位	正指标	逆指标	适度指标
经济结构	产业结构	制造业比重	%	√		
		产业结构高级化	—	√		
		非国有企业在总资产中的比重	%	√		
	二元经济结构	二元对比系数	—	√		
		二元反差系数	—		√	
	区域结构	区域发展差异	—		√	
	城镇化	城镇化率	%	√		
	投资消费结构	投资结构	%			√
		消费结构	%			√

续表

一级指标	二级指标	具体指标	计量单位	正指标	逆指标	适度指标
经济结构	金融结构	金融服务业增加值占GDP比重	%	√		
		股票交易总额占GDP比重	%	√		
	外商直接投资	FDI/GDP	%	√		

表2-4 增长稳定性的衡量指标

一级指标	二级指标	具体指标	计量单位	正指标	逆指标	适度指标
增长稳定性	价格波动	CPI	—		√	
		PPI	—		√	
		农产品价格波动	%		√	
	就业波动	失业率	%		√	
	产出波动	实际GDP增长波动	%		√	
	对外开放稳定性	对外贸易的波动	%		√	
	经济安全	政府债务率	%		√	
		政府外债负债率	%		√	
		对外贸易依存度	%			√
		石油对外依存度	%			√
		商业银行不良贷款率	%		√	

表2-5 收入分配与人民生活的衡量指标

一级指标	二级指标	具体指标	计量单位	正指标	逆指标	适度指标
收入分配与人民生活	收入分配	城乡收入比	—		√	
		劳动者报酬占比	%	√		
		基尼系数	%		√	
	人民生活	人均可支配收入	元	√		
		万人拥有床位数	位/万人	√		
		人均图书总印刷数	册/万人	√		
		人均住房面积	平方米/人	√		
		城镇基本养老保险覆盖率	%	√		
		城镇居民恩格尔指数	—		√	
		农村居民恩格尔指数	—		√	

表2-6 生态环境质量的衡量指标

一级指标	二级指标	具体指标	计量单位	正指标	逆指标	适度指标
生态环境质量	产出能耗	万元GDP能耗	吨标准煤/万元		√	
		二氧化碳排放强度	吨二氧化碳/万元		√	
	工业生产排放	万元GDP二氧化硫排放量	吨/万元		√	
		万元GDP工业固体废弃物产生量	吨/万元		√	
		万元GDP工业烟粉尘排放量	吨/万元		√	
		万元GDP废水排放量	吨/万元		√	
	生态环境	森林覆盖率	%	√		
		自然保护区占辖区面积	%	√		
		生活垃圾无害化处理率	%	√		
	环保治理投资	环境污染治理投资占GDP的比重	%	√		
		工业污染治理投资占环境污染治理投资的比重	%	√		

表2-7 基础建设的衡量指标

一级指标	二级指标	具体指标	计量单位	正指标	逆指标	适度指标
基础建设	公路	人均公路里程	公里/万人	√		
	铁路	人均铁路里程	公里/万人	√		
	航空	人均航线航班里程	公里/万人	√		
	港口	人均内河航道里程	公里/万人	√		
	邮电	人均邮电业务量	元/人	√		
	道路	人均城市道路面积	平方米	√		
	能源	人均管道输油（气）里程	公里/万人	√		
		人均用电量	千瓦时/人	√		
		燃气普及率	%	√		
	城市基建	人均城市建设维护资金支出	元/人	√		
		人均拥有公共厕所数	座/万人	√		
		人均拥有公共交通车辆	辆/万人	√		
	信息化	人均长途光缆线路长度	公里/万人	√		
		互联网普及率（包括移动电话）	%	√		
		电话普及率（包括移动电话）	%	√		

表 2-8 政府服务效率的衡量指标

一级指标	二级指标	具体指标	计量单位	正指标	逆指标	适度指标
政府服务效率	政府规模	政府消费占最终消费之比	%		√	
	制度建设	市场化程度	—	√		
	公共服务	每万人交通事故发生数	起/万人		√	
		矿难百万吨死亡率	人/百万吨煤		√	
		每万人森林火灾发生数	起/万人		√	
		成灾面积占受灾面积比重	%		√	
		税收占财政收入比重	%	√		

（二）指标的综合评价方法

在确定了评价指标体系的基础指标后，还需要对这些指标进行合成与综合衡量评价。基本步骤为：

第一，确定衡量指标体系中指标的标准值。标准值是进行指标归一化（无量纲）处理时作为分母的数值。标准值的确定要考虑到发展的动态变化属性。可考虑的方法是，在进行纵向分析时，以阶段目标值为标准值；在进行横向比较时，选取先进值为标准值。

第二，确定衡量指标体系中指标的权重。权重的确定有多种方法，如德尔菲法（专家法）、平均赋权法、循环法等。

第三，确定衡量指标体系中指标的无量纲方法。

第四，确定指标合成方法。对于多指标的合成，常用的研究方法包括综合指数法、层次分析法（AHP）、变异系数法、Topsis法、多元统计分析法（如主成分分析法、因子分析法）等。其中，主成分分析法与因子分析法的应用较为广泛，也具备一定的客观性。主成分分析的主要思路是通过寻找公共因子得到若干个主成分，在实现降维的同时消除基础指标间的相关性，然后计算新主成分得分，进而得到综合指数。尽管因子分析也可以避免指标之间的高度相关性，但其是通过将原始变量分为公共因子和特殊因子两部分对新生成的因子进行计算得分的，无法有效地刻画各个维度的变化情况，仅能得到公共因子的变动情况。综合而言，主成分分析主要是根据数据的基本特征来进行判断，而不掺杂人为主观因素。与因子分析法相比，主成分分析法可以更充分地反映各维度对综合性指数的贡献程度。鉴于此，本部分采用主成分分析法来构建经济增长质量指数。

对原始数据进行无量纲化处理常用的方法有标准化法、均值化法以及极差法等。其中标准化法是最常用的方法，因此，本部分采用标准化法对原始数据以及通过主成分分析法得到的综合经济增长质量指数进行无量纲化处理。

在确定各基础指标的权重方面，需要确定主成分的个数，常规做法是根据前几个主成分的累计贡献率大于某一特征值来确定。尽管第一个主成分综合原始数据信息的能力最强，但为了更为准确地衡量各基础指标的权重，本部分采用前面几个累计贡献率大于

85%的主成分来确定基础指标的权重。

三、我国经济发展质量评估

（一）各指标数据来源与处理

本章研究的时间窗口为2000~2017年。关于基础指标的处理，在测算绿色全要素生产率、技术变量、技术效率变动以及资本生产率时，对于资本存量的计算，参考了张军等（2004）采用永续盘存法计算的思路。对于基期资本存量的计算，简单地以1999年为基准年份，折旧率设为9.6%，以2000~2017年的固定资本年均增长率作为资本增长率。利用固定资本投资指数对固定资本投资进行平减，再使用永续盘存法求得2000~2017年的实际资本存量。对于绿色全要素生产率使用MAXDEA 6.9进行测算。值得注意的是，由于使用全国层面的时间序列数据来测算绿色全要素生产率的样本量较少，直接使用该样本可能会导致较大的偏差。因此，采用省级层面的1999~2017年面板数据来测算，在得到各地区的绿色全要素生产率之后，根据GDP总量进行加权平均，最终得到全国层面的绿色全要素生产率。对于技术效率与技术进步，也做相同处理。其中，要素投入为资本、劳动力以及能源；产出分为期望产出与非期望产出，期望产出为GDP，非期望产出包括二氧化硫排放量、工业固废排放量、工业烟粉尘排放量、废水排放量。

对于所有逆指标，均采取倒数的形式进行处理，使其正向化；对于适度指标，采用"适度指标 = 1/（原始数据 - 适度值）"的处理方式，将投资率和消费率的适度值分别设为38%和60%（任保平等，2018）；对于对外贸易依存度以及原油依存度的处理方法参考顾海兵和王甲（2018）的研究。

本部分研究所使用的数据主要来源于《世界银行发展指标》、《中国统计年鉴》、各省（市区）统计年鉴、各省（市区）统计公报、国家统计局、《中国区域统计年鉴》、《中国劳动统计年鉴》、《中国能源统计年鉴》、《中国环境统计年鉴》、《中国财政年鉴》、《中国城乡建设年鉴》、《中国煤炭工业统计年鉴》、《中国科技统计年鉴》以及国家安全生产监督管理总局官网等。

（二）我国经济发展质量分析

2000年以来，我国的经济发展质量指数总体呈稳步上升趋势，由2000年的负值变为2016年的1.705（见图2-1），表明经济发展质量在不断提升。从各维度的时序变化可以发现，创新能力指标、经济结构指标、收入分配与人民生活指标、生态环境质量指标、基础建设指标与政府服务效率指标逐步提高，经济增长效率指标与增长稳定性指标的波动性较大。其中，增长稳定性指标尤其在 2007~2012 年呈显著的周期性波动；2014 年经济进入新常态以来，增长稳定性指标趋于平稳且权重为正，反映出当前该指标的提高有利于我国经济发展质量指数的提高。从贡献水平来看，收入分配与人民生活指标的权重最高，为 0.151，经济结构指标次之，为 0.146，创新能力指标排第三，为 0.142；而增长稳定性指标和经济增长效率指标的权重较低，分别为 0.072 和 0.080（见图 2-2）。这说明收入分配与人民生活水平的提高、经济结构的优化以及创新能力的增强是 2000 年以来我国经济高质量发展的重要驱动因素；经济增长效率、增长稳定性相对不足是我国经济高质量发展的两大阻碍因素。

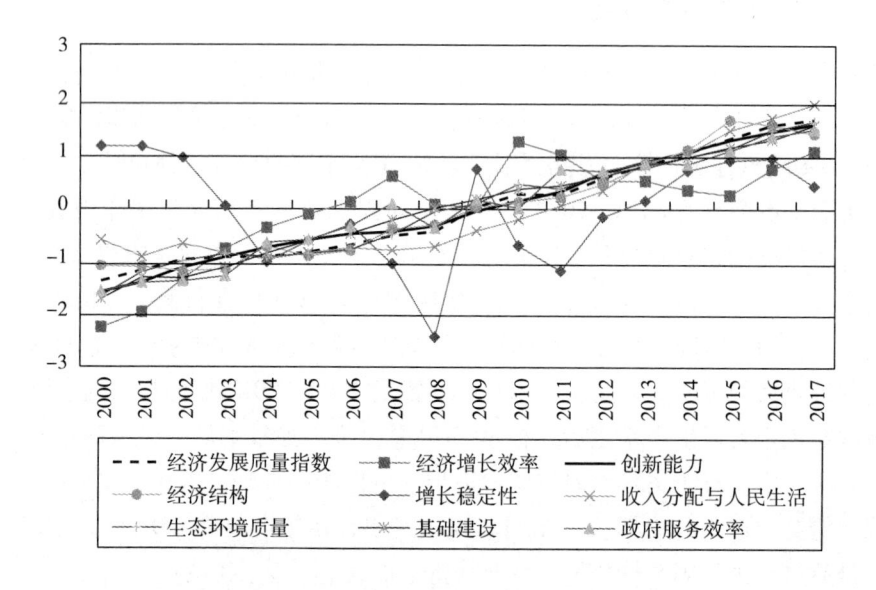

图 2-1 2000~2017 年我国经济发展质量指数以及各维度指标变动情况

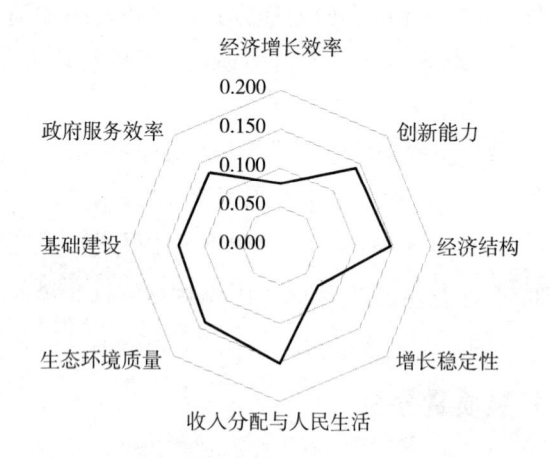

图 2-2 各维度指标对经济发展质量指数的权重

1. 经济增长效率指标

经济增长效率权重为正反映了该指标对我国经济发展质量的提升具有积极作用。从具体指标来看（见图2-3），对于宏观效率而言，考察期内劳动生产率和产能利用率对发展增长质量的权重最高，分别为0.230和0.214；资本生产率与技术进步的权重最低，且为负，分别为-0.273和-0.026；绿色全要素生产率的权重为正但不足0.100，这说明我国劳动生产率、产能利用率、绿色全要素生产率以及技术效率的提高促进了经济增长效率指标的提高；而资本生产率提高与技术进步不足，抑制了经济增长效率指标的提高。从微观效率来看，规模以上工业企业主营业务收入利润率、资产负债率以及成本费用利润率均对高质量发展起到明显的正向作用，对经济增长效率指标的权重分别为0.280、0.275和0.284。

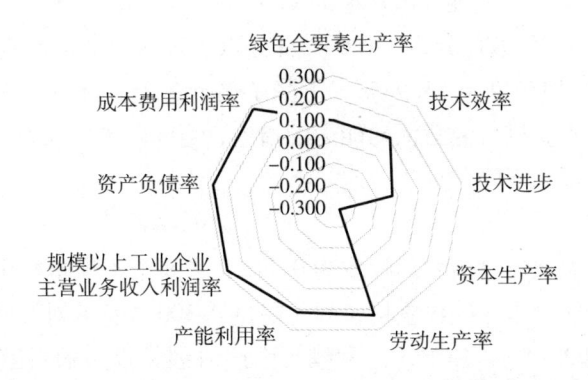

图2-3 经济增长效率指标各子项指标的权重

分年度看，通过分解法得到的三个效率指标均呈现出一定的波动性特征（见图2-4，高于1表明生产效率提高，低于1则表明生产效率下降）。绿色全要素生产率和技术进步在大多数年份高于1，而技术效率在相应的多数年份低于1，说明绿色全要素生产率的提升在大多数年份是由技术进步主导的。2000~2017年，我国绿色全要素生产率年均增长率为4.6%，从近年的演变趋势来看，在经历了2014年的短暂下降后，于2015年有所回升，这与我国经济进入新常态的特征是一致的。技术效率反映的是制度变革的程度，结果

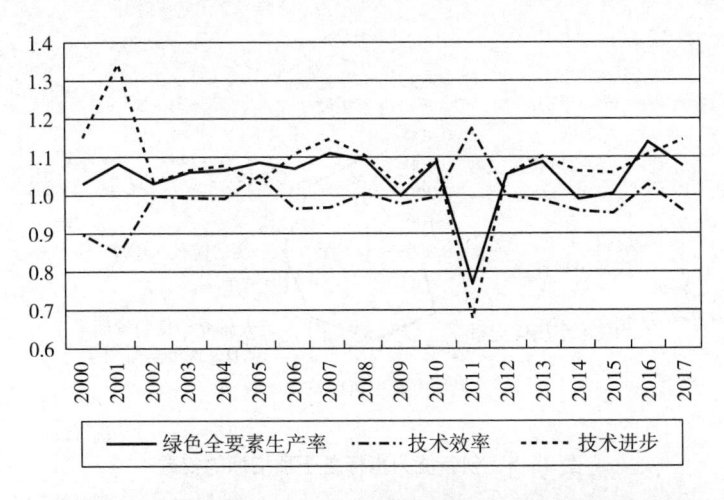

图2-4 绿色全要素生产率、技术效率和技术进步的变动趋势

表明我国绿色全要素生产率主要是由技术进步推动的（2000~2017年技术进步年均增长率为7.7%），而技术效率的贡献较小则从微观层面反映了企业未在最优的规模上进行生产，显示出企业生产仍然受到一定的制度约束，市场竞争不够充分。与此同时，我国的劳动生产率一直在稳步提高，由2000年的1.087逐步增至2017年的5.663，但资本生产率却在不断下降，由2.755降至1.166。按照不变价格计算，2000~2017年，我国的固定资产投资年均增速高达18.8%，高于20世纪90年代14%的增速，换言之，2000年以来的过度投资是导致资本生产率低下，进而阻碍经济增长质量提升的重要原因。

从微观效率的各指标来看，我国规模以上工业企业主营业务收入利润率总体有所上升，由2000年的5.22%上升至2017年的6.61%，成本费用利润率由5.56%提升至7.16%，分别提升了1.39个百分点、1.6个百分点，表明企业的收益能力逐渐提高。同时，资产负债率由60.81%降至55.98%，下降了接近5个百分点。资产负债率作为衡量企业利用债权人提供资金进行经营活动能力的指标，意味着债权人发放贷款的安全程度不断上升，微观杠杆率不断下降。

2. 创新能力指标

创新能力对经济发展质量指数的权重为0.142，在8个子项指标中排名第三。创新投入的所有指标对创新能力指标的权重均较高，超过0.300，表明创新投入对创新能力的提升起主导作用（见图2-5）。其中，研发投入强度对创新投入的贡献最大，达到0.341，高等院校入学率次之，为0.320。2000~2017年，我国的研发投入强度显著提高，由0.89%增至2.12%；高等院校入学率明显提升，由7.62%增至51%。从创新产出来看，人均科技论文数与人均专利申请授权数对创新产出的权重最高，分别为0.349和0.308。考察期内，我国人均科技论文数由0.367篇/万人逐步增加到1.277篇/万人，增加了2.5倍；人均专利申请授权数由0.831件/万人增至13.200件/万人，增加了14.9倍。同时，人均技术市场成交额也大幅增长，对创新产出的权重接近0.300。高科技出口占制成品出口比重对创新产出的权重相对较低，仅为0.156，表明我国的高科技出口产品附加值有待提高，国际分工地位仍然较低，国际竞争力相对不足，对经济高质量发展的拉动效应不明显。

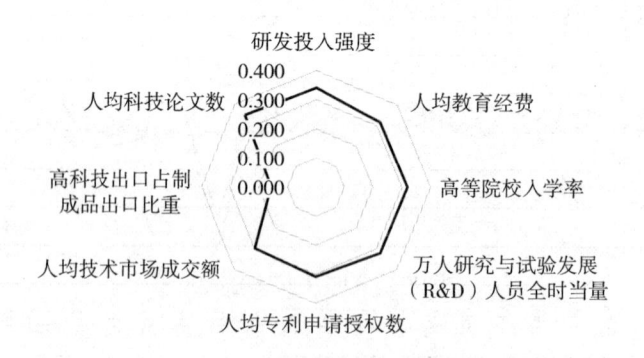

图2-5 创新能力指标各子项指标的权重

第二章 高质量发展指标体系的构建与评估

3. 经济结构指标

在考察期内,经济结构指标总体呈上升趋势,表明我国的经济结构不断优化。从具体指标来看(见图2-6),产业结构高级化指标权重最高,为0.302,表明该指标提升对经济结构指标具有较强的促进作用,其由2000年的0.877稳步上升至2017年的1.276;非国有企业在总资产中的比重的提升对经济结构指标也具有正向影响,权重为0.197;当前制造业比重对经济结构指标具有一定的负向效应,表明制造业内部产业结构存在不合理的因素,单纯的规模提高已经不适应高质量发展的要求。

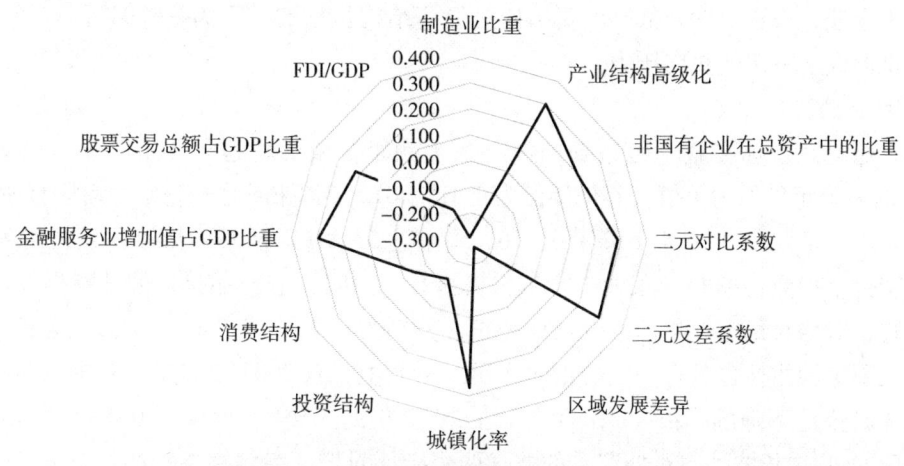

图2-6 经济结构指标各子项指标的权重

二元对比系数越大,二元反差系数越小,表明二元经济结构越不明显。从二元经济结构的具体指标来看,二元对比系数、二元反差系数对经济结构的贡献较大,权重分别为0.288和0.295,表明我国二元经济结构逐步弱化对经济增长质量提升的作用较为明显。根据测算结果,二元对比系数在整体上由2000年的0.174逐步增至2017年的0.233,而二元反差系数由0.352降为0.190(见图2-7)。在其他指标中,城镇化率、金融服务业增加值占GDP比重对经济结构指标的贡献较大,均高于0.200,表明这两个指标有利于我

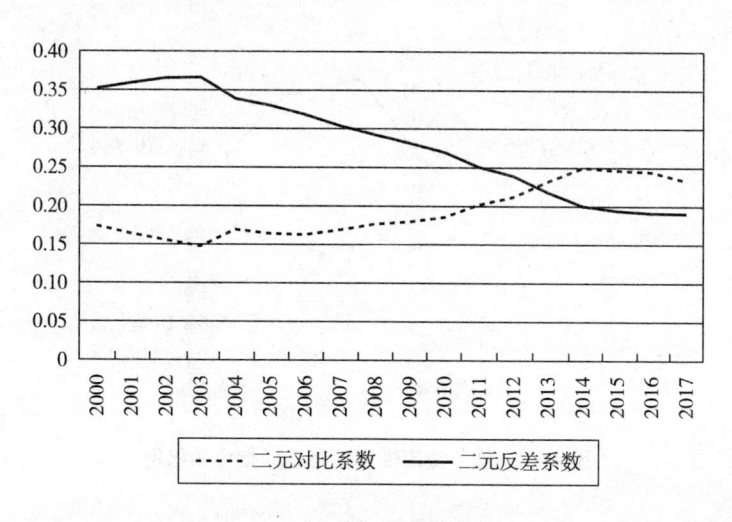

图2-7 二元经济结构的变动趋势

国高质量发展水平的提升。在考察期内，城镇化率由36.22%稳步提升至58.52%，提高了22.31个百分点；金融服务业增加值占GDP比重大幅增加，由4.82%增至7.95%。

区域发展差异、投资结构、消费结构和FDI/GDP 4个指标对经济结构指标的权重均为负，表明这4个指标阻碍了我国经济发展质量的提升。其中，区域发展差异是根据泰尔指数来测算的，2000年以来，区域发展差异指标数值不断增加，由9.187增加至2017年的13.990，增幅超过50%，表明各区域发展不平衡程度较为明显，发展差距随着经济增长而不断扩大。投资结构对经济结构指标的权重为-0.124，表明当前存在过度投资，投资结构不合理，投资效率较低。消费结构对经济结构指标的权重为-0.047，对经济高质量发展也形成了一定的负向压力。

4. 增长稳定性指标

增长稳定性指标在整个考察期内波动最为频繁，但变动趋势并不明显，在2003~2012年的多个年份里为负值，其他年份为正值。2012年以来，增长稳定性指标有所提升，2017年为0.443，较2016年下降了0.516，降幅达53.8%。从具体指标看（见图2-8），居民消费价格指数（CPI）、工业生产者价格指数（PPI）、农产品价格波动指标变动幅度较为平稳，对增长稳定性指标的贡献均为正，分别为0.224、0.240、0.265。另外，失业率对增长稳定性指标也具有一定的正向作用。事实上，自2003年以来，我国城镇登记失业率总体趋势是下降的，由4.3%逐步降至2017年的3.9%，下降了0.4个百分点。然而，实际GDP增长波动与对外贸易的波动两个指标对增长稳定性指标的权重为负，分别为-0.035、-0.004。根据HP滤波法的测算结果，我国对外贸易的波动指标在考察期内变化幅度较大，且呈现一定的周期性特征，于2016年出现反弹，2017年对外贸易的波动指标为-29.325%，较2016年提升了2.64个百分点（见图2-9）。实际GDP增长波动指标呈现出相对稳定的变动趋势，2011年后，表现为稳步下降趋势，并于2014年转为负值，呈现出持续下行趋势，表明经济下行的压力加大。因此，降低实际GDP增长波动与对外贸易的波动是提高经济稳定性的重要方向。

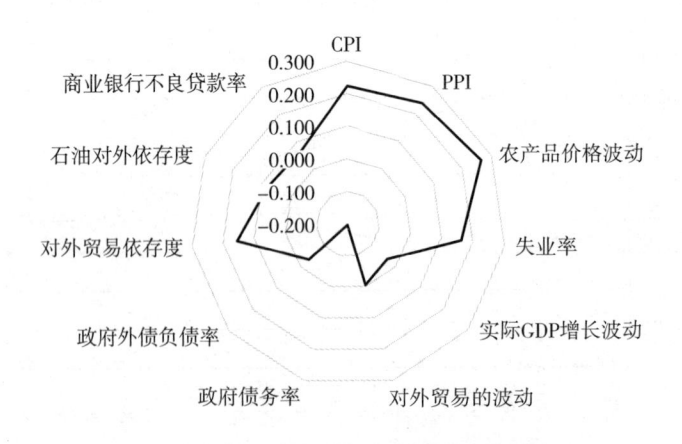

图2-8 增长稳定性指标各子项指标的权重

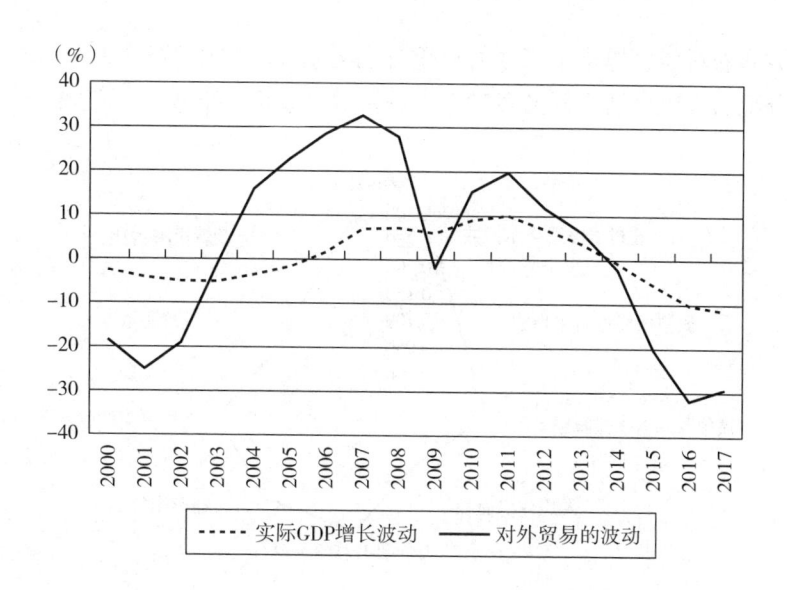

图 2-9 实际 GDP 增长波动与对外贸易的波动的变动趋势

从经济安全的具体指标来看,对外贸易依存度、石油对外依存度、商业银行不良贷款率 3 个指标对增长稳定性指标的贡献均为正。2000~2017 年,商业银行不良贷款率大幅下降,由 2000 年超过 20% 降至 2012 年的 0.95%,但随后有所回升。值得一提的是,2008 年国际金融危机爆发以来,我国的商业银行不良贷款率持续保持在 3% 以下,表明商业银行的资产质量总体上是提升的。政府外债负债率在 2000~2017 年保持在 15% 以下,大体上经历了先下降后上升的过程,尤其是 2015 年以来,政府外债负债率的提高对我国增长稳定性指标的提高造成了负向压力。同时,政府外债负债率居高不下,也不利于经济安全。

5. 收入分配与人民生活指标

收入分配与人民生活指标呈明显的上升趋势,所有具体指标对我国收入分配与人民生活指标的权重均为正(见图 2-10)。从收入分配来看,城乡收入比、劳动者报酬占比、基尼系数的权重分别为 0.296、0.167、0.152,其中城乡收入比的降低对收入分配改善的作用最大。2000 年以来,城乡收入比经历了先缓慢上升后快速下降的过程,于 2009 年达到最大值 3.330,2014 年我国进入经济新常态以来,城乡收入比降幅明显,2017 年为 2.710,较 2014 年下降了 8.8%(见图 2-11)。2000 年以来,基尼系数也呈现先升后降的特征,2017 年的基尼系数为 0.467,相比 2008 年的最高点下降了 0.024。总体而言,上述三个指标整体上反映了我国城乡收入差距不断缩小,收入分配日趋合理。劳动者报酬占比与基尼系数的权重相对较低,表明在收入分配方面仍存在一定的不合理因素,二者对经济高质量发展的积极作用有待提升。

从人民生活具体指标来看,人均图书总印刷数、万人拥有床位数权重较大,分别为 0.300 和 0.293,其余指标对人民生活的贡献均在 0.200 以上。从个体变动趋势来看,人均可支配收入由 2000 年的 3711 元逐步增加至 2017 年的 25974 元,增长了 6 倍。城镇居民恩格尔指数和农村居民恩格尔指数的权重分别为 0.222 和 0.273，说明农村居民恩格尔指数对收入分配与人民生活指标的贡献大于城镇居民恩格尔指数。

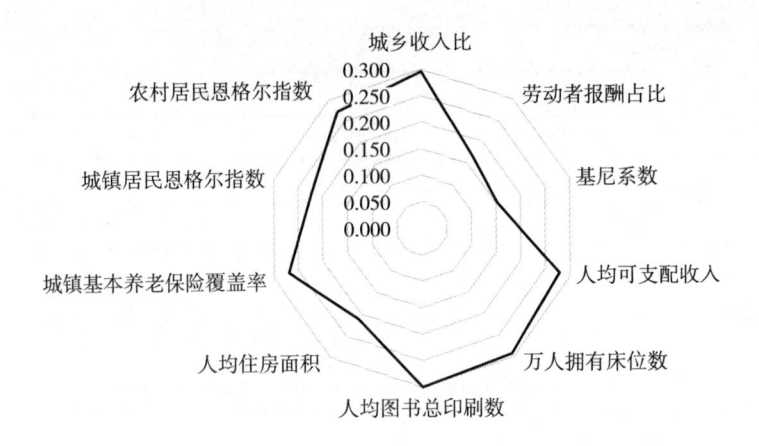

图 2-10 收入分配与人民生活指标各子项指标的权重

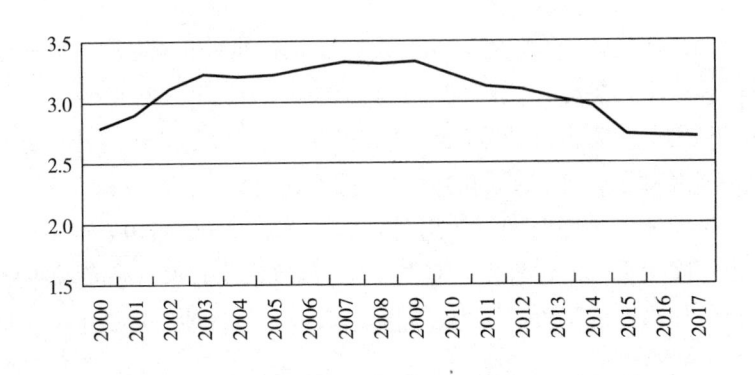

图 2-11 城乡收入比的变动趋势

6. 生态环境质量指标

生态环境质量指标的权重为正，且在所有 8 个子项指标中排名第四，表明该指标对经济发展质量指数的贡献较大。通过对具体指标的分析（见图 2-12），所有的产出能耗指标对生态环境质量指标均为正向作用，其中万元 GDP 能耗、二氧化碳排放强度对生态环境质量指标的贡献超过 0.250。2000 年以来，万元 GDP 能耗、二氧化碳排放强度逐年下降，分别由 1.465 吨标准煤/万元、3.663 吨二氧化碳/万元降至 2017 年的 0.543 吨标准煤/万元、1.248 吨二氧化碳/万元，分别降低了 62.94% 和 65.93%。相比较而言，工业生产排放相关指标对生态环境质量指标的贡献小于上述两个指标。其中万元 GDP 废水排放量对生态环境质量指标的权重更高，为 0.259；万元 GDP 工业固体废弃物产生量对生态环境质量指标的权重更低，为 0.183。从生态环境具体指标来看，森林覆盖率的提高对生态环境质量指标的贡献最大。

从环保治理投资来看，环境污染治理投资占 GDP 的比重的提升有利于生态环境质量指标的改善，表现为该指标对生态环境质量指标的权重为0.188；工业污染治理投资占环境污染治理投资的比重的权重为负，为-0.288，表明当前该指标阻碍了生态环境质量指标的提高。从变动趋势来看，2000~2017年，环境污染治理投资占GDP比重的变动趋势较为稳定，然而，工业污染治理投资占环境污染治理投资的比重呈现显著的下降趋势，由2000年的23.13%逐渐降至2017年的7.14%，下降了16个百分点（见图2-13）。综上，工业污染治理投资不足是制约我国生态环境质量指标提升的主要方面。

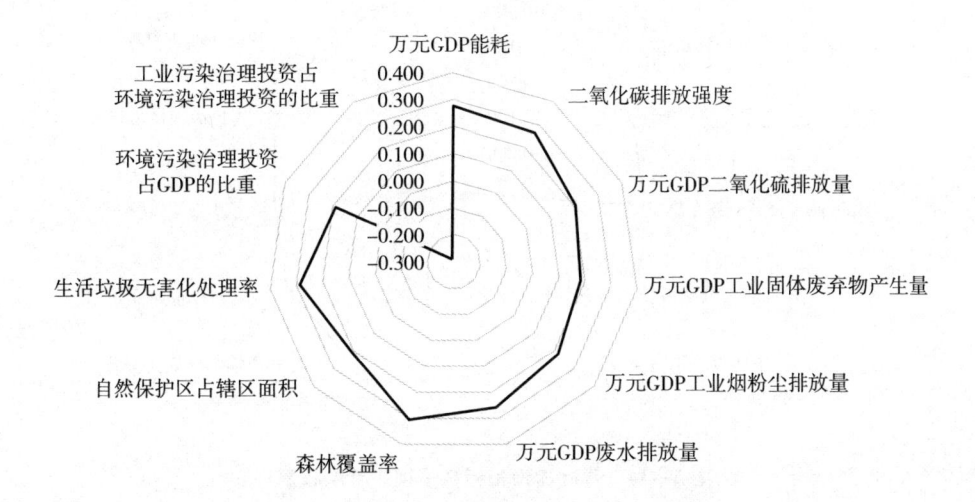

图2-12 生态环境质量指标各子项指标的权重

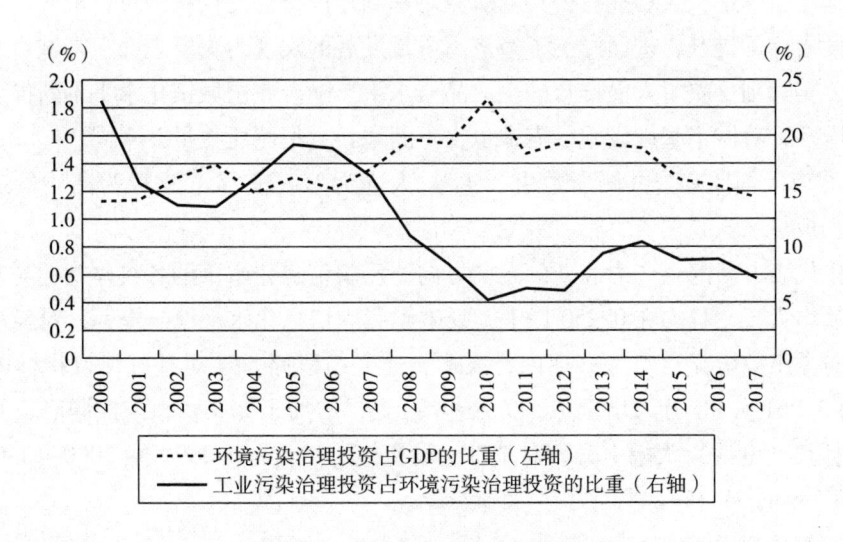

图2-13 环保治理投资的变动趋势

7. 基础建设指标

基础建设指标各子项指标的权重如图2-14所示。公路、铁路、航空、港口、邮电、道路、能源等指标对基础建设指标的权重均为正，且均在0.220以上，表明这些指标对经济高质量发展的贡献较大。例如，人均铁路里程对基础建设指标的权重为0.256，2000~

2017年，铁路总里程由6.87万公里逐步增至12.7万公里，人均铁路里程由0.548公里/万人增至0.913公里/万人，提高了66.6%。在能源指标方面，燃气普及率对基础建设指标的贡献非常明显，考察期内，该指标由2000年的45.4%提高至2017年的96.26%，提高了近51个百分点。

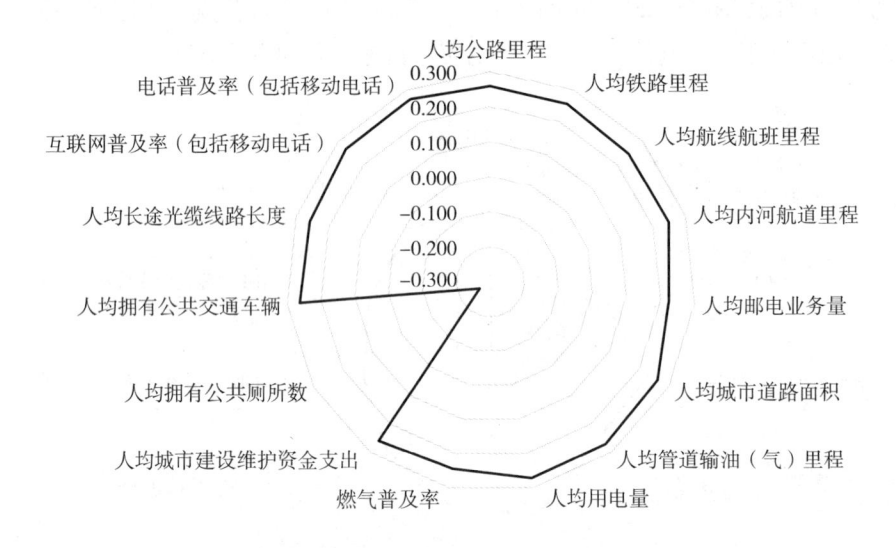

图2-14 基础建设指标各子项指标的权重

城市基建指标中，人均拥有公共厕所数对基础建设指标的权重为负，表明该指标阻碍了基础建设指标的提升，进而影响了经济高质量发展的实现。厕所表面上是城市基础建设的一部分，实际则反映了人民群众的生活品质水平。随着我国城镇化水平不断推进，城市居民逐渐增多，对城市基础设施的需求也在不断增长，但厕所数量并未同步增长，2000~2017年，城市人均拥有公共厕所数由2.4座/人降为1.7座/人，这成为高质量发展过程中突出的短板。

信息化代表着新的生产力和新的发展方向。反映信息化水平的各具体指标对基础建设指标的贡献均为正，且均在0.250以上，反映了我国信息化水平稳步提升，对经济高质量发展的正向溢出效应显著。考察期内，人均长途光缆线路长度对基础建设指标的权重为0.257，由2.261公里/万人增至7.517公里/万人，增加了2.3倍；与此同时，互联网普及率（包括移动电话）大幅上升，对基础建设指标的权重为0.269，由2000年的不足2%提高至2017年的54.3%。

8. 政府服务效率指标

政府服务效率指标主要从政府规模、制度建设和公共服务3个指标来衡量（见图2-15）。政府规模指标以政府消费占最终消费之比来衡量，该指标对政府服务效率指标的权重为负，为-0.198，表明政府消费过高不利于高质量发展指标。制度建设指标由市场化程度来衡量，市场化程度指标出自王小鲁等（2019）发布的《中国分省份市场化指数报告》，市场化指数分为政府与市场的关系、非国有经济的发展、产品市场的发育程度、要素市场的发育程度、市场中介组织发育和法律制度环境 5 个方面,该指标系统地评估了各地区的市场化进程,能够在较大程度上反映政府的效率。

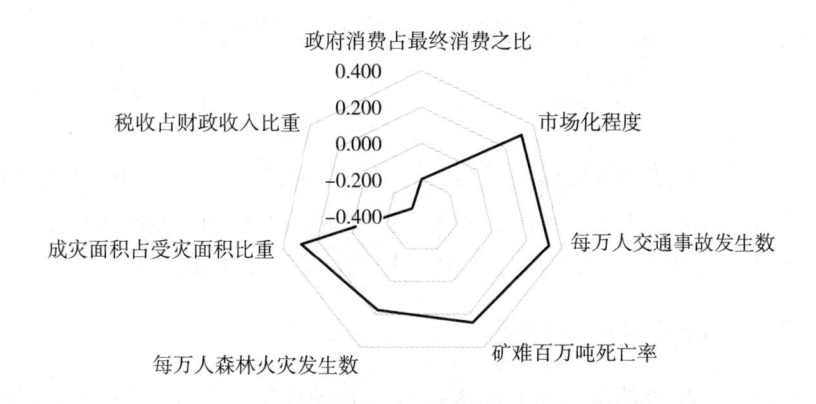

图 2-15 政府服务效率指标各子项指标的权重

经测算,市场化程度指标对政府效率指标的权重为 0.314。为了更准确地反映我国的市场化程度,将 31 个省市区的市场化程度指数根据 GDP 总量进行加权平均,得到我国总体的市场化程度指数。根据测算结果,我国市场化程度指数稳步提升,由 2000 年的 5.067 提升至 2017 年的 7.973,并呈现继续上升的趋势。这说明随着改革开放不断深化,我国市场化改革取得明显进展,市场化程度不断提高,政府对市场的行政干预逐步减少,有效地激发了市场经济的活力,市场资源配置基础作用得到增强。

从公共服务来看,每万人交通事故发生数、矿难百万吨死亡率、每万人森林火灾发生数的减少对政府服务效率指标的改善具有明显的正向作用,其中每万人交通事故发生数、矿难百万吨死亡率对政府服务效率指标的权重分别为 0.250 和 0.174。从具体变动趋势来看,在考察期间,每万人交通事故发生数由 4.88 起/万人降为 1.46 起/万人;矿难百万吨死亡率显著降低,由 5.77 人/百万吨煤降至 0.109 人/百万吨煤。此外,税收占财政收入比重反映了一个国家的财政收入质量,比重越大,表明财政收入质量越高。2000 年以来,我国的财政收入质量呈现下降趋势,由 93.93% 逐步降至 2016 年的 81.67%,但于 2017 年提高至 83.66%。

综合以上 8 个方面的指标,由高速增长转向高质量发展是我国经济转型中的重大转折。对我国经济高质量发展各子项指标的测度与分析表明,尽管经济增长效率、增长稳定性等指标方面仍然存在突出的短板,但总体而言,我国已经具备了实现高质量跨越发展的基础和条件。

四、经济发展质量的国际比较

本部分根据前文构建的指标体系,结合数据的可得性,选择相同的或者类似的指标,选取美国、英国、法国、德国、日本、韩国6个发达国家来进行分析与比较,找出阻碍我国高质量发展的不利因素,从而为如何促进我国经济发展质量提供参考。

(一) 经济运行效率相对较低

劳动生产率是指劳动者在一定时期内创造的劳动成果与其相适应的劳动消耗量的比值,是衡量一个国家或地区经济发展和生产力发展水平的重要指标。从图2-16可以发现,各国的劳动人均产出在整体上呈上升趋势,但差距较为明显。在参与比较的发达国家中,美国的人均劳动生产率最高,2009年后呈现稳健的上升态势;法国与日本紧随其后;韩国与其他发达国家仍存在一定的差距。以美国为参考基准,我国与其劳动生产率的差距大幅缩小,追赶趋势明显。例如,2000年,美国的劳动生产率是我国的27.5倍,至2017年缩小为7.2倍,但我国的劳动生产率明显低于发达国家,上升空间较大。

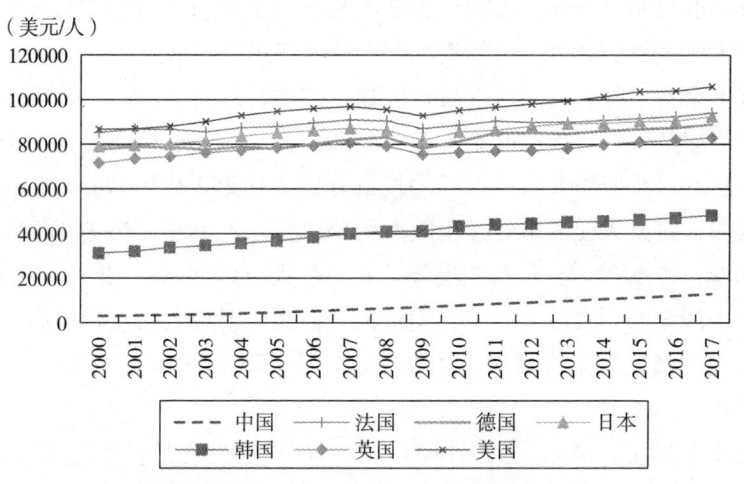

图 2-16　2000~2017 年 7 国劳动人均产出比较

资料来源:世界银行:《世界发展指标》。

产能利用率是判断一个行业产能是否过剩的核心指标,能够反映企业的实际生产能力。图2-17表明,各国的产能利用情况存在较大差异,且随着经济周期表现出一定的波动性特征。大体上,市场经济成熟的发达国家的平均产能利用水平相对较高,发达国家的产能利用率基本保持在70%以上,尤其是美国与法国的产能利用率大多保持在80%以上。对5000家工业企业的调查数据显示,我国的产能利用率不足50%,产能过剩问题依旧突出。

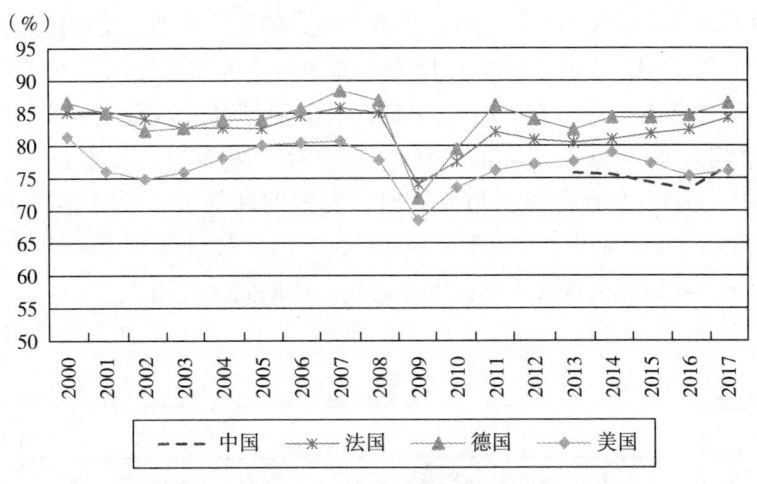

图 2-17　2000~2017 年 4 国产能利用率比较

注：其余国家的数据缺失。
资料来源：CEIC 数据库，世界银行：《世界发展指标》。

（二）创新投入仍然不足

创新投入是一个国家或地区创新能力的基础。从创新投入来看，在考察国家中，韩国于 2009 年超过日本成为研发投入强度最高的国家，随后与其他发达国家的差距逐渐拉开（见图 2-18）。相比较而言，2000~2015 年大多数发达国家的研发投入强度变动比较平稳。2000 年以来，随着我国经济快速发展，我国在研发领域的投入大幅增长，研发投入强度由 2000 年的 0.896% 逐步提升至 2015 年的 2.120%，提高了 1.224 个百分点，与发达国家的研发投入强度日益趋同。值得一提的是，我国的研发投入强度于 2010 年超过英国，逐渐逼近法国。但也应注意到，我国当前的研发投入强度与 OECD 国家 2.4% 的平均水平仍有一定差距。

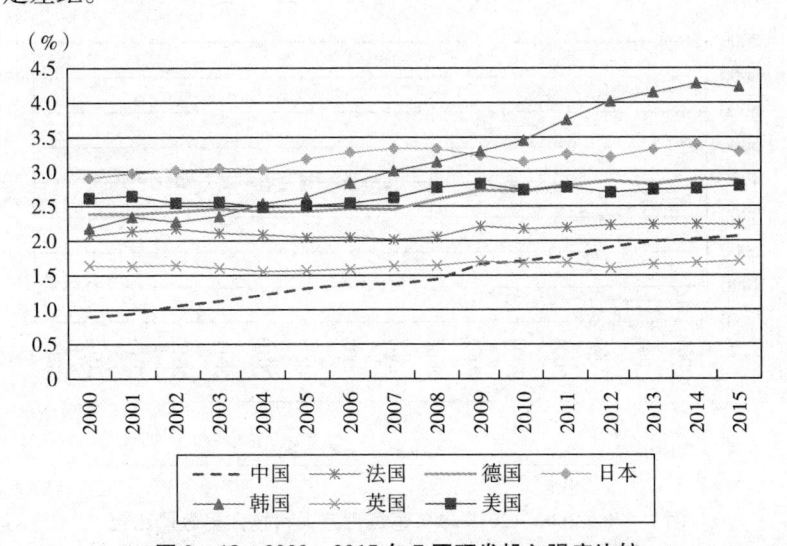

图 2-18　2000~2015 年 7 国研发投入强度比较

资料来源：世界银行：《世界发展指标》。

高等教育毛入学率反映了一国提供高等教育机会的整体水平，是衡量人力资本储备力量的重要指标。图 2-19 显示，2000 年以来，韩国的高等教育毛入学率最高，且经历了先升后降的过程，基本上保持在 90% 以上的高位。英国高等教育毛入学率增幅不明显。其余发达国家均表现为稳步上升的趋势，如 2000~2015 年，日本由 48.43% 上升至 63.24%，提升了近 15 个百分点。与此同时，我国的高等教育毛入学率大幅提升，由 7.62% 增加至 45.35%，提升了 37.73 个百分点，2015 年接近日本 2000 年的水平。另外，与发达国家相比，我国的每百万人科技人员数量仍然偏低（见图 2-20）。

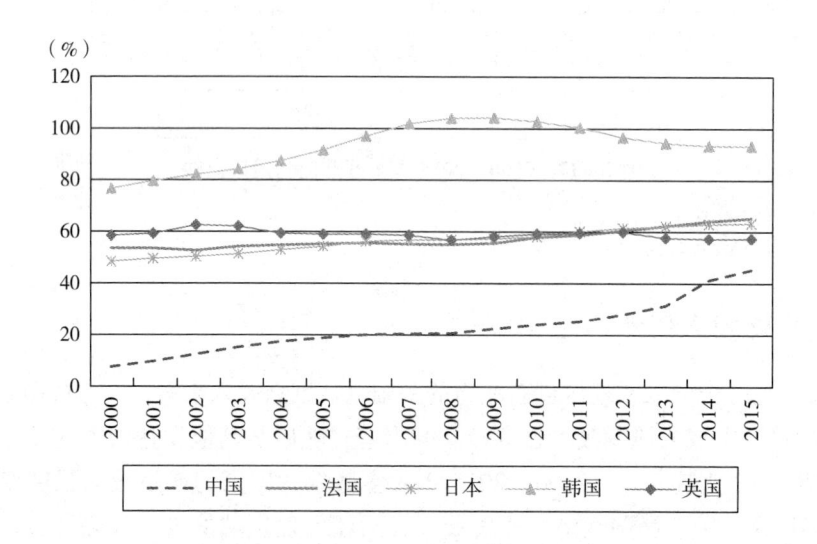

图 2-19　2000~2015 年 5 国高等教育毛入学率比较

注：其余国家的数据缺失。
资料来源：世界银行：《世界发展指标》。

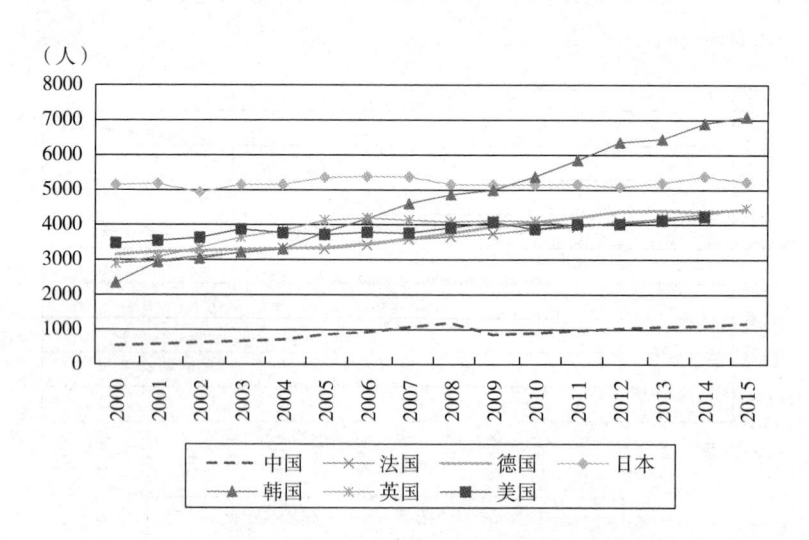

图 2-20　2000~2015 年 7 国每百万人科技人员数量比较

资料来源：世界银行：《世界发展指标》。

从创新产出上看，我国的专利申请总量大幅增长，于 2011 年超过美国成为全球专利申请量最多的国家，并呈快速增长趋势。2000 年以来，我国专利申请量年均增速达 22.7%，远高于发达国家。但从人均水平上看，2016 年韩国的人均专利申请量最高，为 40.75 件/万人；日本与美国紧随其后，分别为 25.07 件/万人和 18.72 件/万人。而我国的人均专利申请数量仅为 9.71 件/万人，与这些发达国家的差距明显（见表 2-9）。类似的差距还反映在人均科技论文发表方面，如表 2-10 所示。2016 年，我国的人均科技论文发表数量仅相当于美国的 1/4。高科技产品出口占制成品出口比重能够有效地反映一国出口贸易在世界贸易中的地位和竞争力。加入世界贸易组织以来，我国的高科技产品出口占制成品出口比重先升后降，2016 年为 25.24%，仅次于法国和韩国。这表明我国出口不断向价值链上游攀升，出口产品日益高端化（见表 2-11）。

表 2-9 2000~2016 年人均专利申请量比较　　　　单位：件/万人

年份	中国	法国	德国	日本	韩国	英国	美国
2000	0.41	2.85	7.56	33.08	21.70	5.56	10.49
2001	0.50	2.79	7.34	34.62	22.08	5.43	11.46
2002	0.63	2.74	7.05	33.10	22.28	5.31	11.63
2003	0.82	2.71	7.09	32.34	24.77	5.30	11.80
2004	1.01	2.76	7.18	33.12	29.14	4.99	12.19
2005	1.33	2.73	7.30	33.42	33.40	4.63	13.22
2006	1.61	2.71	7.35	31.96	34.31	4.23	14.28
2007	1.86	2.67	7.41	30.96	35.43	4.08	15.14
2008	2.19	2.55	7.60	30.53	34.78	3.78	15.01
2009	2.36	2.43	7.27	27.22	33.16	3.61	14.87
2010	2.92	2.55	7.24	26.91	34.33	3.49	15.85
2011	3.92	2.56	7.41	26.80	35.83	3.52	16.16
2012	4.83	2.53	7.63	26.86	37.63	3.65	17.29
2013	6.08	2.56	7.83	25.77	40.57	3.58	18.08
2014	6.80	2.49	8.15	25.61	41.44	3.57	18.17
2015	8.04	2.45	8.19	25.07	41.89	3.50	18.36
2016	9.71	2.43	8.25	25.07	40.75	3.36	18.72

资料来源：世界银行：《世界发展指标》。

表 2-10 2003~2016 年 7 国人均科技论文发表数量比较　　　　单位：篇/万人

年份	中国	法国	德国	日本	韩国	英国	美国
2003	0.67	8.32	8.54	7.61	4.84	12.51	11.09
2004	0.92	8.74	8.99	7.86	5.70	13.06	11.88
2005	1.26	9.43	10.06	8.58	6.57	14.07	12.85

续表

年份	中国	法国	德国	日本	韩国	英国	美国
2006	1.45	9.82	10.25	8.64	7.59	14.47	12.84
2007	1.64	10.07	10.75	8.50	8.53	14.90	12.93
2008	1.89	10.44	11.10	8.35	9.03	14.89	12.89
2009	2.18	10.72	11.60	8.45	9.33	15.22	13.00
2010	2.37	10.79	11.88	8.46	10.28	15.21	13.25
2011	2.49	11.02	12.57	8.65	10.96	15.57	13.64
2012	2.46	11.33	13.10	8.57	11.43	15.91	13.77
2013	2.67	11.40	13.07	8.57	11.74	16.07	13.76
2014	2.89	11.31	13.49	8.34	12.35	15.94	13.82
2015	3.00	10.85	12.95	7.85	12.65	15.57	13.37
2016	3.09	10.38	12.52	7.60	12.31	14.87	12.65

资料来源：世界银行：《世界发展指标》。

表2-11 2000~2016年7国高科技产品出口占制成品出口比重比较   单位：%

年份	中国	法国	德国	日本	韩国	英国	美国
2000	18.98	24.60	18.63	28.69	35.07	32.35	33.72
2001	20.96	23.49	18.32	26.60	29.78	34.02	32.62
2002	23.67	21.48	17.45	24.78	31.53	31.62	31.75
2003	27.38	19.72	16.90	24.43	32.32	26.22	30.70
2004	30.06	19.76	17.82	24.10	32.92	24.47	32.82
2005	30.84	20.27	17.42	22.98	32.48	27.96	32.74
2006	30.51	21.46	17.14	22.06	32.15	33.85	30.06
2007	26.66	18.48	13.99	18.41	30.54	18.66	27.22
2008	25.57	19.97	13.30	17.31	27.60	18.46	25.92
2009	27.53	22.64	15.26	18.76	28.73	20.01	21.49
2010	27.51	24.92	15.25	17.97	29.47	21.01	19.97
2011	25.81	23.71	14.96	17.46	25.72	21.39	18.11
2012	26.27	25.37	15.98	17.40	26.17	21.74	17.78
2013	26.97	25.90	16.08	16.78	27.10	21.86	17.82
2014	25.37	26.09	16.00	16.69	26.88	20.65	18.23
2015	25.65	26.85	16.66	16.78	26.84	20.81	18.99
2016	25.24	26.67	16.91	16.22	26.58	21.83	19.96

资料来源：世界银行：《世界发展指标》。

根据康奈尔大学、欧洲工商管理学院和国际知识产权组织联合发布的《2018 全球创新指数》[①]，我国从 2016 年开始进入前 25 位，并持续上升。2018 年我国跻入全球最具创新性的前 20 个经济体之列，得分为 53.06，排名第 17 位。该指数根据 80 项指标对 126 个经济体进行排名，主要分为创新投入与创新产出，涉及的指标包括从知识产权申请率到移动应用开发、从教育支出到科技出版物等。我国的创新水平已紧逼法国（53.36），与其他发达国家的差距也在缩小。但从分项指标来看，我国的创新投入得分为 55.13，排名第 27 位，与法国的创新投入得分（63.31）差距明显，这与我国排名第 17 位的创新总指数地位不相称；我国的创新产出得分为 50.98，排名第 10 位，超过了韩国（49.84）、法国（45.40）、日本（44.49）。通过对比不难发现，我国的创新投入水平不高是阻碍创新能力提升的主要原因。

（三）经济结构需要继续优化

由于工业长期保持较快增长，我国制造业总量稳步增长。制造业占 GDP 的比重常年保持在 28% 以上，从变动趋势上看，尽管近年来有所下降，但仍高于发达国家（见图 2-21）。然而，高新技术产业产值比重呈现一定的下降趋势，且低于大多数发达国家（见表 2-12），这表明我国制造业结构有待进一步优化。

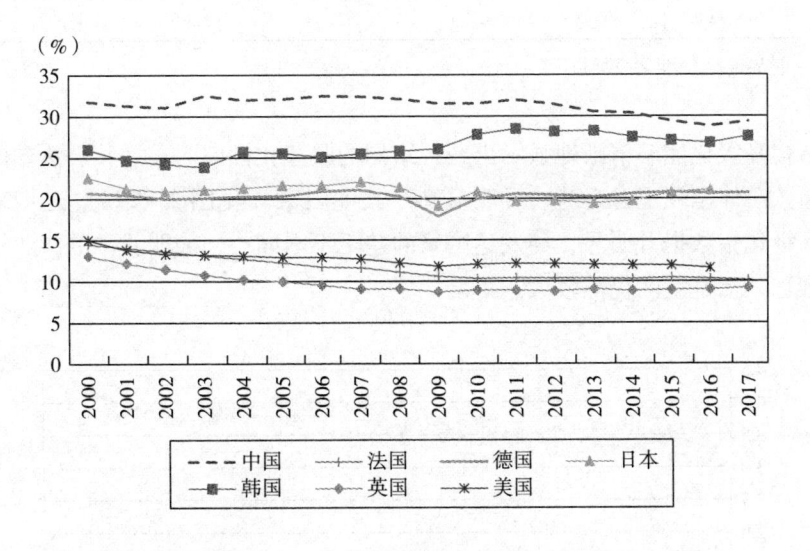

图 2-21 2000~2017 年 7 国制造业增加值占 GDP 比重比较

资料来源：世界银行：《世界发展指标》。

---

① 资料来源：https://www.wipo.int/edocs/pubdocs/en/wipo_pub_gii_2018-intro5.pdf。

表2-12　2000~2015年7国高新技术产业产值占制造业的比重比较　　单位:%

年份	中国	法国	德国	日本	韩国	英国	美国
2000	42.88	46.30	54.53	52.02	58.87	43.46	51.01
2001	42.73	46.35	55.03	51.36	58.91	42.24	49.57
2002	43.88	45.69	55.65	53.46	60.14	42.67	50.38
2003	43.65	46.61	56.78	54.34	60.49	41.97	50.41
2004	43.14	45.37	56.45	54.69	60.82	42.18	50.39
2005	42.44	46.12	57.12	55.02	60.16	42.38	49.31
2006	42.33	46.43	57.73	56.02	62.50	43.81	49.47
2007	42.07	47.37	58.62	56.82	65.46	43.46	50.61
2008	41.38	47.24	60.26	55.64	63.29	44.89	51.33
2009	41.38	47.12	58.00	53.57	66.09	47.82	40.32
2010	41.38	47.96	59.57	55.64	61.63	49.74	47.69
2011	41.38	48.00	60.78	54.67	69.01	49.54	47.20
2012	41.38	48.96	60.94	55.01	67.00	49.23	41.18
2013	41.38	49.50	61.02	55.34	67.24	50.53	41.17
2014	41.38	51.86	62.20	55.34	63.65	50.18	41.17
2015	41.38	49.38	61.40	55.34	63.65	47.37	41.17

资料来源:世界银行:《世界发展指标》。

产业结构高级化能够清晰地显示出经济结构的服务化倾向。美、英、法3国的产业结构高级化指数总体呈现上升趋势,且明显高于其他国家(见图2-22)。近年来,我国的产业结构高级化指数提升明显,与发达国家的差距不断缩小,表明我国的产业结构服务化趋势不断推进,上升空间仍然较大。

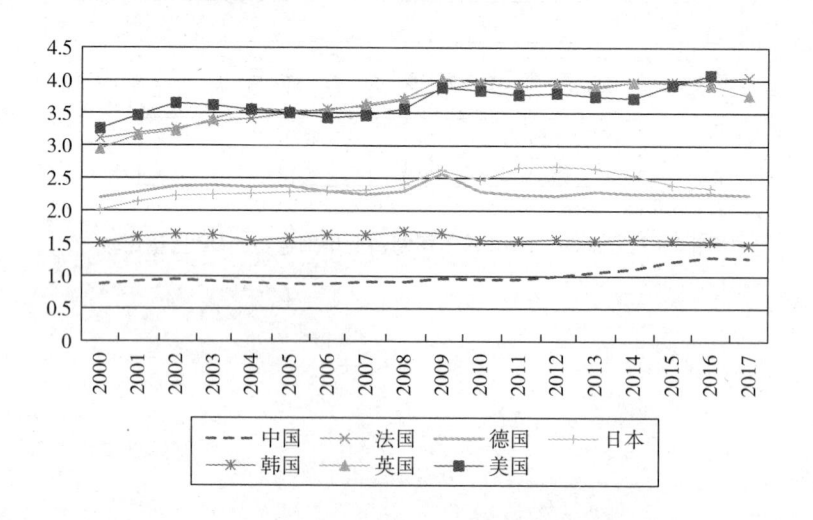

图2-22　2000~2017年7国产业结构高级化指数比较

资料来源:世界银行:《世界发展指标》。

尽管我国城镇化水平不断提升，但与发达国家相比，仍有不小的提升空间。按照美国地理学家诺瑟姆对人口城镇化率不同阶段的定义，我国当前的人口城镇化率仍然处在30%~70%的发展区间，处于城镇化的发展阶段；而发达国家均已超过75%，处于城镇化的成熟阶段（见表2-13）。

表2-13　2000~2017年7国人口城镇化率比较　　　　　　　　单位：%

年份	中国	法国	德国	日本	韩国	英国	美国
2000	35.88	75.87	74.97	78.65	79.62	78.65	79.06
2001	37.09	76.13	75.17	79.99	79.94	78.75	79.23
2002	38.43	76.38	75.37	81.65	80.30	79.05	79.41
2003	39.78	76.63	75.58	83.20	80.65	79.34	79.58
2004	41.14	76.88	75.78	84.64	81.00	79.63	79.76
2005	42.52	77.13	75.98	85.98	81.35	79.92	79.93
2006	43.87	77.38	76.18	87.12	81.53	80.20	80.10
2007	45.20	77.62	76.38	88.15	81.63	80.48	80.27
2008	46.54	77.87	76.58	89.10	81.73	80.76	80.44
2009	47.88	78.12	76.77	89.99	81.84	81.03	80.61
2010	49.23	78.37	76.97	90.81	81.94	81.30	80.77
2011	50.51	78.62	77.16	91.07	81.92	81.57	80.94
2012	51.77	78.88	77.17	91.15	81.85	81.84	81.12
2013	53.01	79.14	77.18	91.23	81.78	82.10	81.30
2014	54.26	79.39	77.19	91.30	81.71	82.37	81.48
2015	55.50	79.66	77.20	91.38	81.63	82.63	81.67
2016	56.74	79.92	77.22	91.46	81.56	82.89	81.86
2017	57.96	80.18	77.26	91.54	81.50	83.14	82.06

资料来源：世界银行：《世界发展指标》。

如图2-23所示，我国的投资率明显高于发达国家，整体上呈现稳健的上升趋势，于2013年达到最高，为45.51%，随后缓慢下降。韩国位居第二，2009年以来表现出先降后升的特征，投资率整体超过30%。其他发达国家的投资率存在下降趋势，受2008年国际金融危机冲击的负面影响较为明显，且多数低于25%的水平，如英国的投资率相对最低，在18%以下。

从消费结构来看，我国的消费率远低于发达国家。美、英2国的消费率超过80%，保持了高水平支出；法、日、德3国的消费率保持在60%~70%的运行区间；我国的消费率在2000年之后的很长一段时间内持续下降，2010年跌至50%以下，随后有所回升，但仍低于55%（见图2-24）。

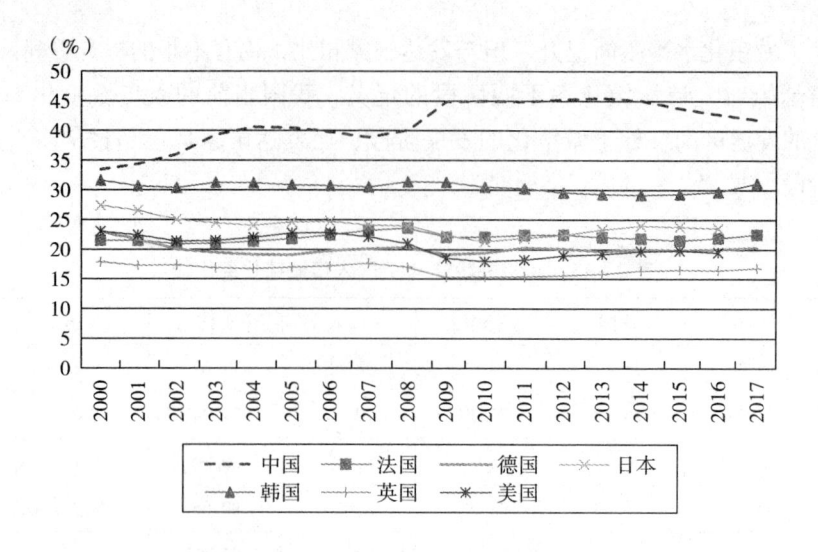

图 2-23　2000~2017 年 7 国投资率比较

资料来源：世界银行：《世界发展指标》。

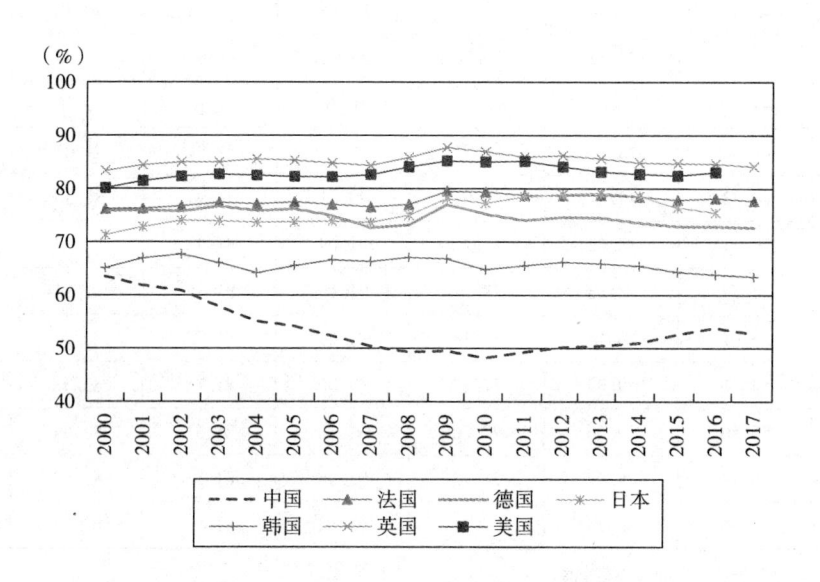

图 2-24　2000~2017 年 7 国消费率比较

资料来源：世界银行：《世界发展指标》。

从金融市场来看，美国的股票市场最为活跃，股票交易总额占比远高于其他国家。受 2008 年国际金融危机的影响，大部分国家的股票交易总额占比出现大幅降低。我国的股票交易总额占比在 2007 年低于发达国家，但随后迅速上升，在 2009 年达到 153.24%，仅次于美、韩 2 国，于 2015 年达到历史峰值 355.42%（见图 2-25）。

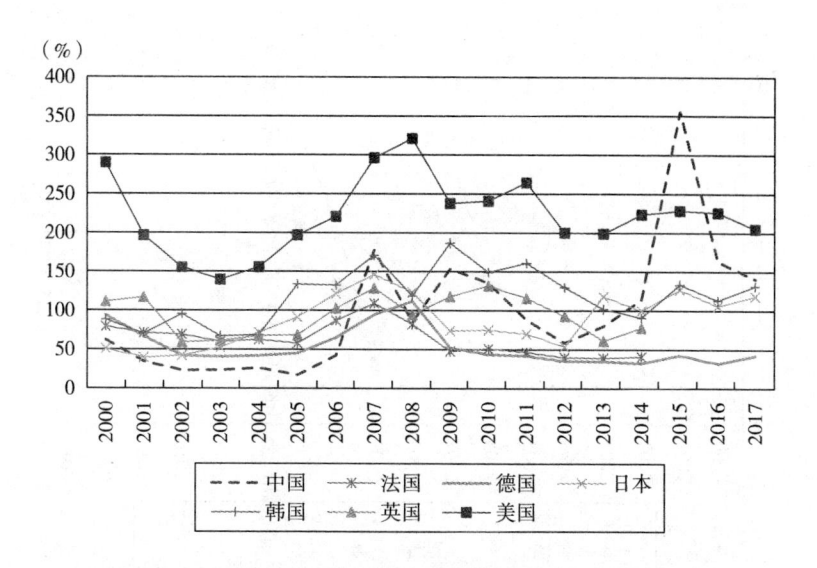

图 2-25　2000~2017 年 7 国股票交易总额与 GDP 比值比较

资料来源：世界银行：《世界发展指标》。

（四）经济运行的稳定性有待提升

根据 HP 滤波法的测算结果，相较于发达国家，我国的实际产出波动幅度更大，2008~2014 年为正向波动，高于发达国家，但在 2000~2007 年与 2015~2017 年为负向波动，低于发达国家，表明我国经济运行的稳定性有待加强（见图 2-26）。考察期内，各国 CPI 也表现出波动较大的特征（见图 2-27）。

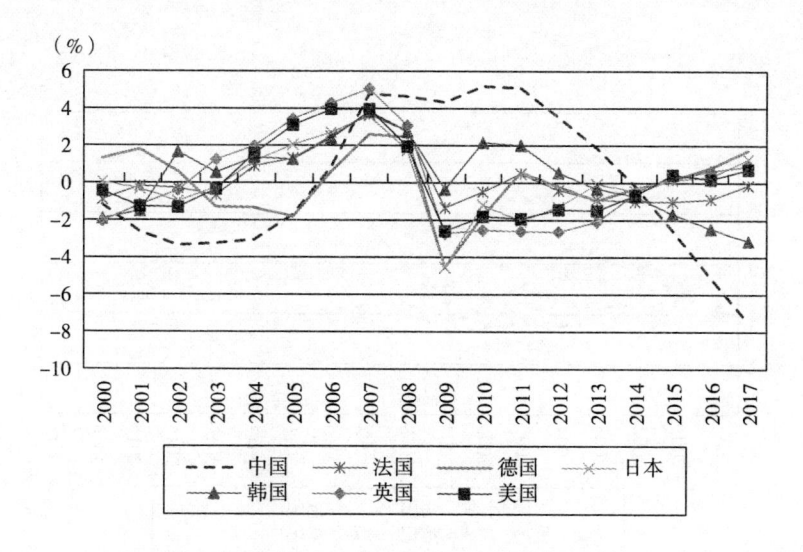

图 2-26　2000~2017 年 7 国实际产出波动比较

注：采用 HP 滤波法计算得出。
资料来源：世界银行：《世界发展指标》。

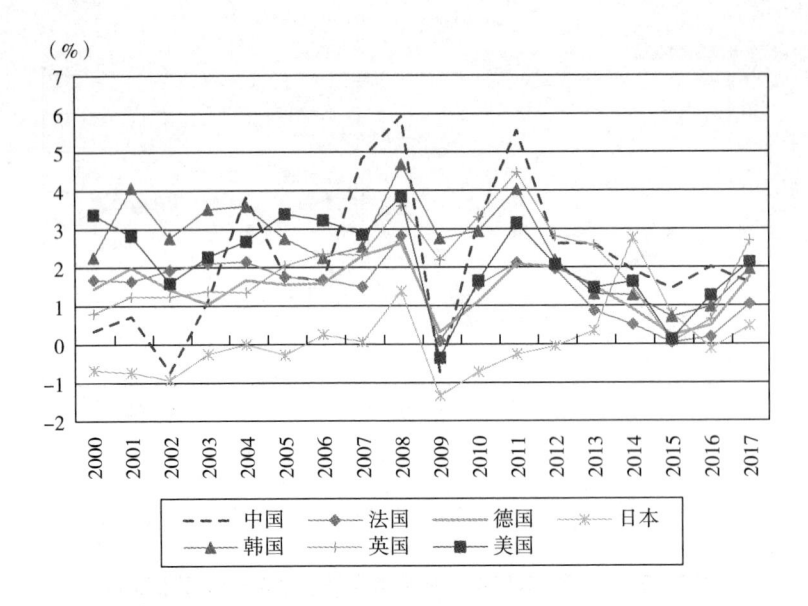

图 2-27 2000~2017 年 7 国 CPI 波动比较

资料来源：世界银行：《世界发展指标》。

从失业率的波动来看，发达国家在考察期内明显分化，但近年来整体呈现显著的下降趋势（见图 2-28）。目前，法国的失业率最高，尽管相对于 2016 年有所下降，2017 年仍然高达 9.4%。德国和美国的失业率分别在 2005 年和 2010 年达到峰值，随后均稳步下降。韩国的失业率较为稳定，常年保持在 4% 以下的水平。尽管我国的失业率变动相对稳定，基本保持在 4.5% 左右的水平，但呈现缓慢的上升趋势，并于 2017 年超过大多数发达国家。

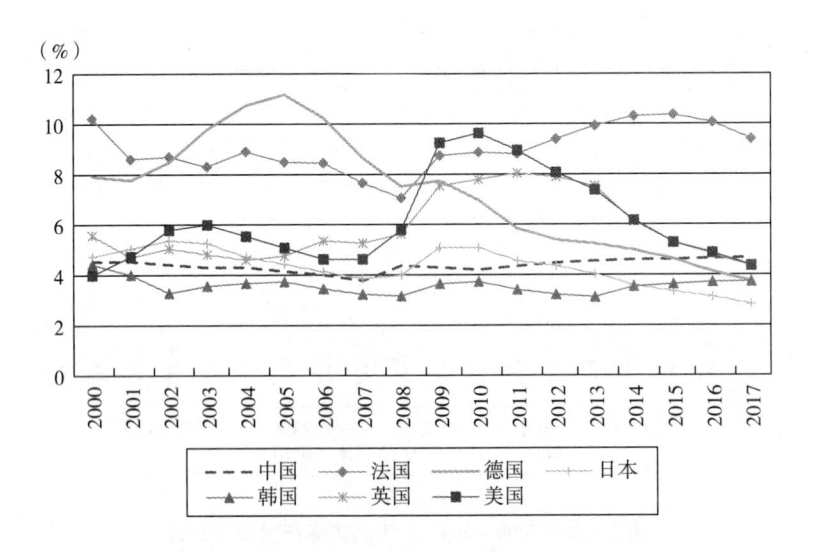

图 2-28 2000~2017 年 7 国失业率比较

资料来源：世界银行：《世界发展指标》。

从经济运行的安全看，2000~2015年，日、韩2国的能源对外依存度较高，常年保持在80%以上；英国能源对外依存度呈现稳步上升的趋势，由能源净出口国变为能源净进口国；由于石油开采技术的提高和页岩油气的开发，美国的自身能源供应能力大幅增强，能源对外依存度稳步下降；随着经济快速发展，我国对能源的需求大幅提升，能源对外依存度稳步上升，2015年接近20%（见图2-29）。表面上我国的能源对外依存度并不高，分种类看，我国的石油对外依存度于2017年超过68%，能源安全问题不容忽视。

银行业不良贷款率反映了金融系统的风险暴露水平。考虑到数据的可得性，仅对比各国2010年以来的银行业不良贷款率。图2-30显示，2010年以来，发达国家的银行业不良贷款率均呈现大幅下降的趋势，其中英国降幅最为明显，2017年低于1%。目前，法

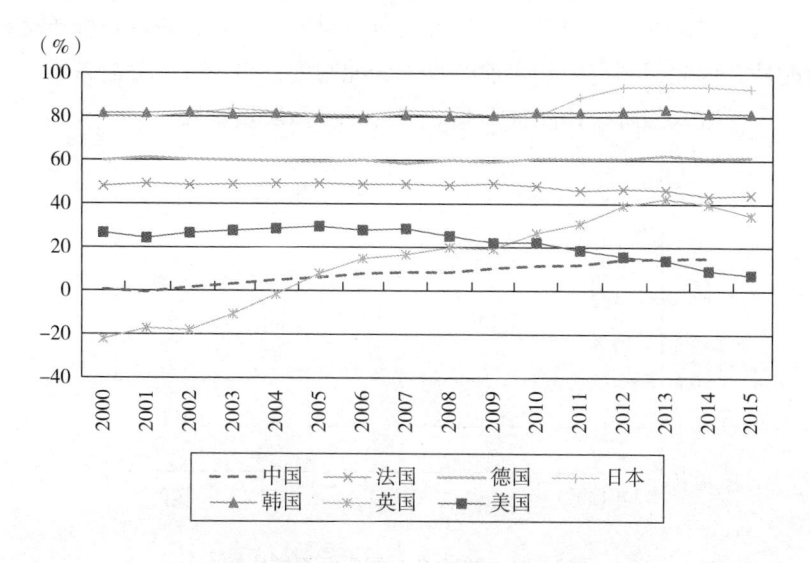

图2-29　2000~2015年7国能源对外依存度比较

资料来源：世界银行：《世界发展指标》。

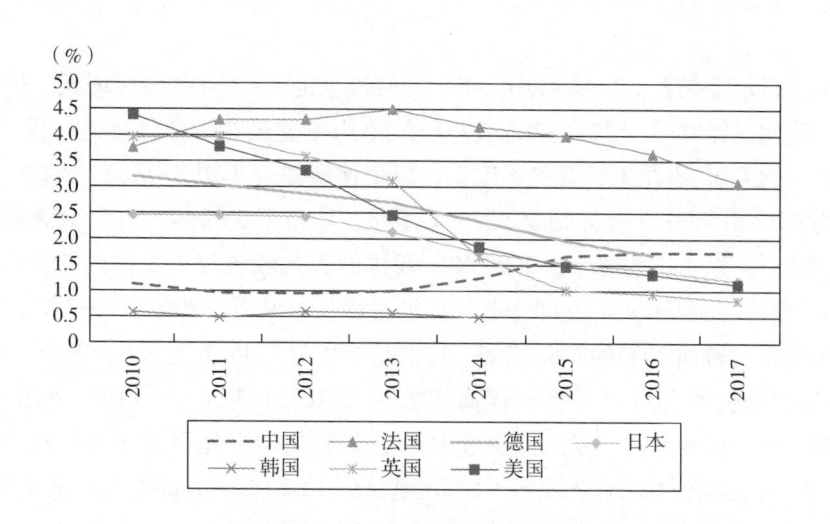

图2-30　2000~2017年7国银行业不良贷款率比较

资料来源：世界银行：《世界发展指标》。

国的银行业不良贷款率相对较高，仍在3%以上。需要警惕的是，考察期内，虽然我国的银行业不良贷款率在2014年之前处于低位，变动较为平稳，但随后出现了缓慢上升的趋势，且逐渐超过了多数发达国家，表明我国金融系统运行的风险有所增大。

（五）收入分配需更加合理

基尼系数是衡量一个国家或地区居民收入差距的常用指标，通常将0.4作为收入分配差距的"警戒线"。考虑到数据的可获得性，以2015年为例，美国的基尼系数偏高，达到0.48，其他发达国家的基尼系数介于0.30~0.35，我国的基尼系数为0.46，仅低于美国（见图2-31）。很多研究和事实表明，中等收入陷阱与收入差距具有密切关系，收入差距过大是导致一些国家陷入中等收入陷阱的重要原因。当前，我国正处于跨越中等收入陷阱的关键时期，因此，制定公平合理的收入分配制度，缩小收入分配差距，不仅有助于防止我国落入中等收入陷阱，还能推动我国实现经济高质量发展。

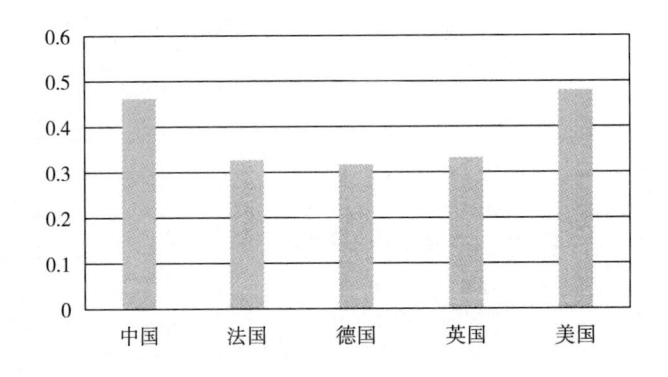

图2-31 2015年5国基尼系数比较

注：其余国家的数据缺失。
资料来源：世界银行：《世界发展指标》。

从人民生活水平来看，2000~2017年，所有国家的人均GDP稳步增长，但各国的增幅不一致，我国（8.8%）与韩国（3.3%）的年均增速最快。整体而言，除了韩国外，发达国家的人均GDP均在3.5万美元以上，但增速缓慢（见图2-32）。2000~2017年，我国的人均GDP由1771.7美元增至7329.1美元，增长了3倍多，与发达国家的人均收入差距大幅缩小。以美国为参照，2000年，我国的人均收入仅为美国的4.0%，而2017年提高至13.8%，提高了9.8个百分点。从绝对增长量来看，2000~2017年，韩国的增幅最高，人均收入增加了11047.5美元，其次是德国（8748.7美元）、美国（8072.7美元），而我国仅增长了5557.3美元，仅高于法国（4107.1美元）。从医疗支出水平来看，各国公共医疗支出稳步上升。发达国家公共医疗支出占GDP比重普遍高于我国，其中美国最高，2017年美国公共医疗支出占GDP比重达到16.84%，远高于我国的5.32%。

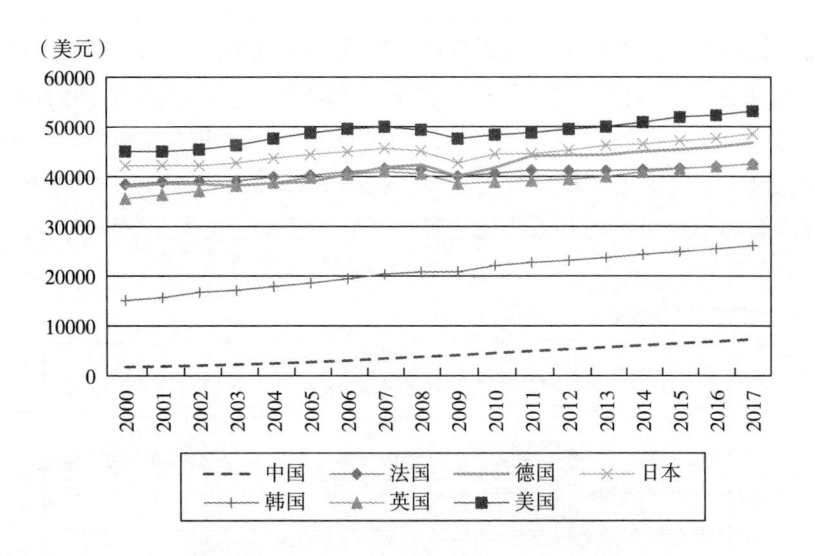

图 2-32　2000~2017 年 7 国人均 GDP 比较

资料来源：世界银行：《世界发展指标》。

（六）生态环境需进一步改善

从时间维度看，所有国家的能源强度总体趋势是下降的，表明各国的能源效率在不断提高（见图2-33）。发达国家能源强度较低的有英、德、日、法，能源强度较高的国家有美国和韩国。当前，我国的能源强度接近韩国。从变动的幅度来看，各国表现不一，2000~2014年，英国能效提高较为明显，14年间能源强度降低了36.2%，其次为美国（23.5%）和日本（22.9%），能源强度降幅较小的国家为法国（17.7%）与韩国（17.9%）。考察期内，我国的能源强度下降了27.8%，仅次于英国，表明我国的节能工作取得了良好成效。

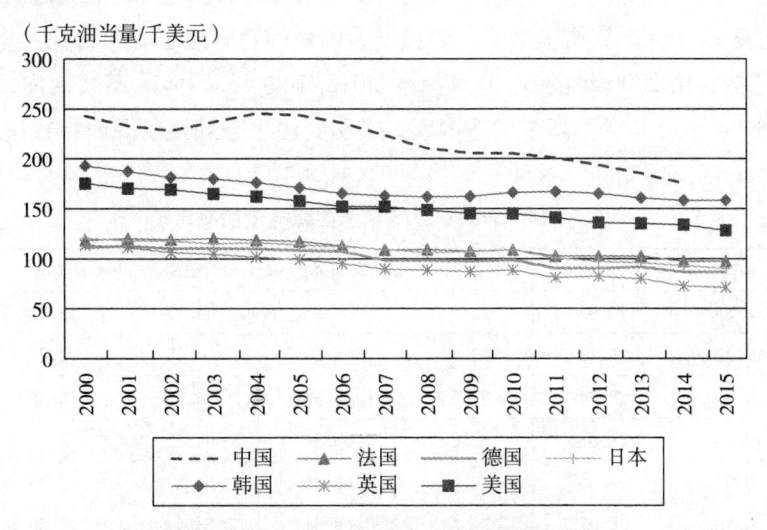

图 2-33　2000~2015 年 7 国能源强度比较

资料来源：世界银行：《世界发展指标》。

从碳排放强度来看，发达国家的碳排放强度基本保持稳定（除日本在2010年后碳排放强度有所上升外），表现出缓慢的下降态势（见图2-34）。其中法国的碳排放强度最低，2014年仅为1.24千克/千克油当量，这与其新能源发电占主导地位的能源结构有关。除日本外，其余发达国家的碳排放强度均保持在2.2~2.5千克/千克油当量的区间。我国的碳排放强度总体上经历了先升后降的趋势，明显高于发达国家。

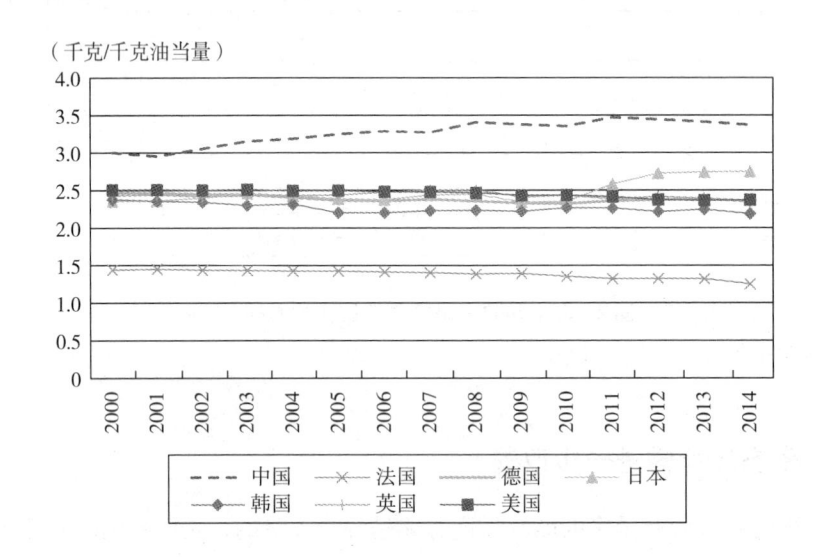

图2-34　2000~2014年7国碳排放强度比较

资料来源：世界银行：《世界发展指标》。

从生态环境情况来看，发达国家的差异较大，其中日本和韩国的森林覆盖率最高，均超过60%；其次是美国、德国和法国，三者均保持在30%左右的水平；森林覆盖率较低的国家为英国，2015年仅为13%；我国的森林覆盖率同样也呈现上升趋势，2015年为22.19%（见表2-14）。从增幅来看，多数发达国家的森林覆盖率保持稳定增长，而韩国则呈现下降趋势，由2000年的65.19%降至2015年的63.44%。考察期内，我国森林覆盖率提高了3.34个百分点，高于发达国家，表明我国生态环境状况改善较快。

表2-14　2000~2015年7国森林覆盖率比较　　单位：%

年份	中国	法国	德国	日本	韩国	英国	美国
2000	18.85	27.92	32.54	68.25	65.19	12.21	33.13
2001	19.20	28.13	32.56	68.28	64.93	12.27	33.16
2002	19.54	28.34	32.58	68.31	64.83	12.32	33.18
2003	19.88	28.53	32.60	68.34	64.75	12.38	33.21
2004	20.22	28.76	32.62	68.38	64.67	12.43	33.24
2005	20.56	28.97	32.64	68.41	64.58	12.49	33.26
2006	20.72	29.17	32.66	68.43	64.50	12.52	33.35

续表

年份	中国	法国	德国	日本	韩国	英国	美国
2007	20.88	29.38	32.68	68.44	64.40	12.55	33.44
2008	21.05	29.58	32.70	68.46	64.26	12.58	33.58
2009	21.21	29.79	32.71	68.48	64.15	12.61	33.66
2010	21.37	30.00	32.73	68.48	63.99	12.64	33.75
2011	21.53	30.20	32.74	68.48	63.91	12.71	33.78
2012	21.70	30.41	32.75	68.47	63.76	12.78	33.81
2013	21.86	30.61	32.72	68.47	63.60	12.85	33.84
2014	22.03	30.82	32.72	68.46	63.52	12.93	33.87
2015	22.19	31.03	32.73	68.46	63.44	13.00	33.90

资料来源：世界银行：《世界发展指标》。

从环境污染物来看，发达国家的PM2.5浓度相对较低，大多保持在20微克/立方米以下，表明发达国家的空气质量相对良好，而2016年我国的PM2.5浓度仍旧在55微克/立方米以上，表明我国在改善空气质量方面空间较大（见表2-15）。

表2-15　2000~2016年7国PM2.5浓度比较　　　单位：微克/立方米

年份	中国	法国	德国	日本	韩国	英国	美国
2000	51.57	12.61	14.08	12.44	25.75	12.69	10.70
2005	56.85	12.26	13.39	13.21	25.94	12.04	10.43
2010	58.17	12.24	13.70	12.34	25.16	11.81	8.62
2011	57.11	12.21	13.68	11.79	23.80	11.84	8.65
2012	57.34	12.26	13.30	11.97	24.89	12.06	8.68
2013	56.81	12.29	13.66	12.40	26.13	12.03	8.53
2014	57.93	12.33	13.87	12.88	27.50	12.10	8.50
2015	56.40	11.89	13.48	13.15	28.68	11.55	9.17
2016	56.33	11.87	13.46	13.16	28.68	11.52	9.20

注：其余年份的数据缺失。
资料来源：世界银行：《世界发展指标》。

（七）基础建设供应仍显不足

经过多年持续发展，我国的基础设施得到了根本改善，总量水平尤其是铁路建设已位居世界前列，高铁建设取得重大突破。但由于我国人口基数大，人均铁路里程数与发达国家相比还存在较大差距。2014年，发达国家中人均铁路里程数最多的是美国，最低的为韩国（见表2-16）。

表 2-16　2000~2014 年 7 国人均铁路里程数比较　　　单位：公里/万人

年份	中国	法国	德国	日本	韩国	英国	美国
2000	0.46	5.34	4.46	1.59	0.66	2.72	5.66
2001	0.46	4.80	4.37	1.59	0.66	2.82	5.53
2002	0.46	4.75	4.34	1.58	0.66	2.80	5.59
2003	0.47	4.70	4.37	1.57	0.66	2.75	5.48
2004	0.47	4.66	4.21	1.57	0.65	2.69	6.62
2005	0.48	4.64	4.15	1.57	0.70	2.68	7.13
2006	0.48	4.64	4.14	1.57	0.70	3.28	7.61
2007	0.48	4.61	4.12	1.57	0.70	2.64	7.53
2008	0.46	4.64	4.12	1.57	0.69	2.64	7.47
2009	0.49	5.22	4.12	1.56	0.69	2.60	7.37
2010	0.50	5.17	4.12	1.56	0.68	2.60	7.39
2011	0.49	5.30	4.18	1.58	0.73	2.59	7.32
2012	0.49	4.57	4.17	1.58	0.73	2.58	7.27
2013	0.49	4.55	4.15	1.53	0.72	2.47	7.22
2014	0.49	4.53	4.13	1.31	0.72	2.56	7.16

资料来源：世界银行：《世界发展指标》。

我国人均货运码头吞吐量显著增加，由 2000 年仅为美国的 1/3 提高至 2017 年与美国基本持平，但与韩国（5329.13 英尺当量/人）和德国（2351.73 英尺当量/人）仍有较大差距（见表 2-17）。

表 2-17　2000~2017 年 7 国人均货运码头吞吐量比较　　　单位：英尺当量/人

年份	中国	法国	德国	日本	韩国	英国	美国
2000	324.72	479.90	936.08	1032.77	1920.98	1092.62	1002.97
2001	351.66	488.58	1023.26	1032.42	1960.56	1193.86	958.26
2002	435.16	530.08	1121.69	1059.39	2459.77	1189.08	1031.79
2003	480.43	572.89	1325.93	1178.82	2724.76	1123.28	1126.80
2004	576.55	630.60	1512.36	1286.48	2987.20	1388.10	1191.97
2005	515.80	633.25	1648.97	1334.80	3136.54	1365.80	1302.73
2006	646.90	669.50	1822.09	1444.59	3202.82	1386.18	1370.63
2007	787.80	778.63	2023.21	1497.22	3509.63	1406.52	1488.54
2008	875.26	759.26	2092.68	1479.24	3550.67	1332.62	1394.69
2009	817.27	722.36	1623.43	1271.87	3184.01	1231.82	1217.63
2010	1068.77	801.97	1799.45	1526.34	3926.21	1252.42	1359.61
2011	1171.18	796.18	2335.10	1499.57	4314.07	1328.46	1364.95

续表

年份	中国	法国	德国	日本	韩国	英国	美国
2012	1232.78	838.46	2353.93	1632.37	4505.57	1229.75	1389.75
2013	1296.15	863.70	2388.35	1651.66	4701.87	1272.41	1404.88
2014	1368.34	891.56	2485.48	1660.89	4890.70	1448.65	1501.77
2015	1424.11	887.82	2342.98	1618.44	4969.99	1473.53	1542.72
2016	1447.43	953.50	2351.47	1636.65	5103.45	1488.81	1551.67
2017	1541.55	1000.40	2351.73	1727.67	5329.13	1594.97	1578.83

资料来源：世界银行：《世界发展指标》。

从航空运输能力来看（见图2-35），美国占据绝对优势，2017年其航空运输量为4.16万吨/公里，远高于其他发达国家，韩国与日本紧随其后，分别为1.1万吨/公里与1.07万吨/公里。我国在2006年之前，航空运输量增长较为平缓，但2007年后，呈现出快速发展的态势，并于2010年起超过除美国外的其他发达国家。2017年，我国的航空运输量为2.33万吨/公里，约为美国的56%。

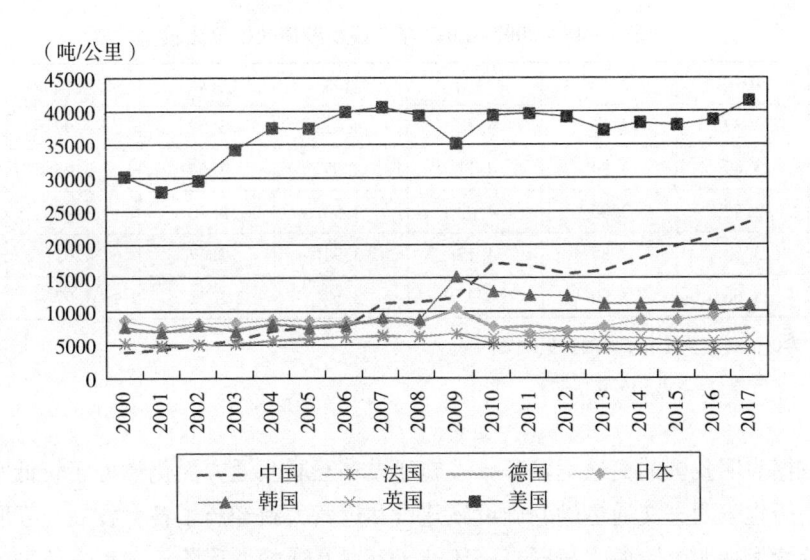

图2-35 2000~2017年7国航空运输量比较

资料来源：世界银行：《世界发展指标》。

从各国港口基础设施的质量来看（见表2-18），发达国家的得分普遍较高，均为5.00以上。2017年，美国港口基础设施的质量得分最高，为5.80，英国和德国次之，均为5.50，法国最低，为5.10。就变动趋势而言，法国与德国港口基础设施的质量均表现为明显的下降趋势。尽管我国港口基础设施的质量不断提升，但得分情况显著低于发达国家。类似的还有物流绩效得分（见表2-19）。

表2-18　2007~2017年7国港口基础设施的质量比较

年份	中国	法国	德国	日本	韩国	英国	美国
2007	3.98	5.87	6.53	5.55	5.51	5.43	5.81
2008	4.32	5.94	6.42	5.22	5.18	5.13	5.87
2009	4.28	5.89	6.38	5.17	5.10	5.22	5.67
2010	4.32	5.87	6.39	5.15	5.46	5.49	5.54
2011	4.50	5.60	6.10	5.20	5.50	5.60	5.50
2012	4.40	5.40	6.00	5.20	5.50	5.80	5.60
2013	4.50	5.40	5.80	5.20	5.50	5.70	5.70
2014	4.60	5.20	5.70	5.30	5.30	5.60	5.70
2015	4.55	5.28	5.61	5.40	5.23	5.67	5.73
2016	4.50	5.30	5.60	5.40	5.20	5.70	5.70
2017	4.60	5.10	5.50	5.30	5.20	5.50	5.80

注：根据国际标准，1=十分欠发达至7=十分发达高效。
资料来源：世界银行：《世界发展指标》。

表2-19　2007~2017年7国物流绩效得分比较

年份	中国	法国	德国	日本	韩国	英国	美国
2007	3.32	3.76	4.10	4.02	3.52	3.99	3.84
2010	3.49	3.84	4.11	3.97	3.64	3.95	3.86
2012	3.52	3.85	4.03	3.93	3.70	3.90	3.93
2014	3.53	3.85	4.12	3.91	3.67	4.01	3.92
2016	3.66	3.90	4.23	3.97	3.72	4.07	3.99

注：1~5为由低到高。其余年份的数据缺失。
资料来源：世界银行：《世界发展指标》。

以上数据表明我国的交通运输基础设施建设在互联互通方面仍然处于较低水平。发达国家的发展历程表明，交通运输基础设施建设和运营大致经历了各自发展、互联互通、一体化和可持续发展四个阶段。我国当前还处于互联互通的发展阶段，离发达国家的交通可持续发展阶段仍有较大差距。

从人均用电量来看，发达国家中各国分化明显，韩国显著上升，英国平稳下降，其他国家基本保持平稳（见图2-36）。从绝对量上看，美国最高，其中2014年为1.3万千瓦/人，其次为韩国，为1.05万千瓦/人；人均用电量最低的是英国，仅为5129.5千瓦/人，不足美国的1/2。就我国而言，人均用电量增速较快，与发达国家的差距明显缩小，但还有很大的增长空间。

(千瓦/人)

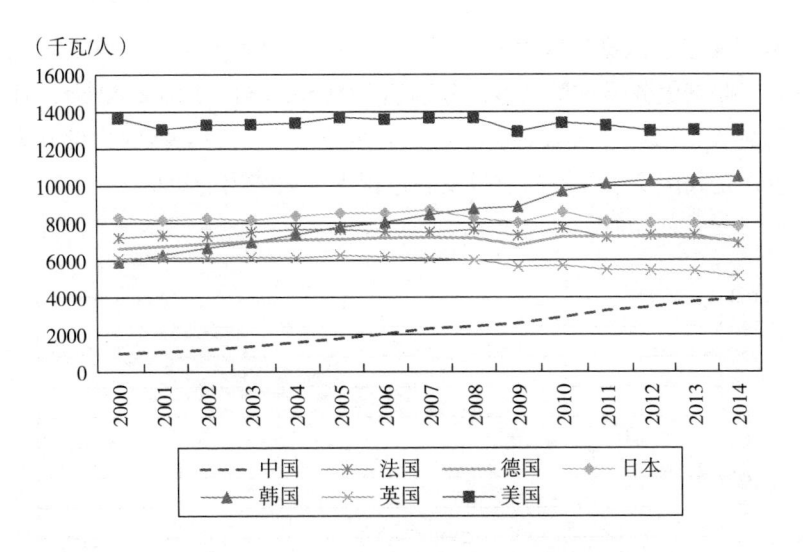

图 2-36 2000~2014 年 7 国人均用电量比较

资料来源：世界银行：《世界发展指标》。

从信息基础设施的建设情况来看，随着信息时代的到来，各国的互联网普及程度显著提高。发达国家由于互联网起步较早，发展基础好，普及程度较高。其中，在最近可比较的年份中，2016 年互联网普及程度最高的是英国，达 94.8%，其次为韩国。从发展趋势来看，2000 年我国仅有 1.8% 的个人使用互联网，2006 年之前我国的互联网普及率增长缓慢，之后呈现快速发展趋势，2017 年达到 54.3%，与发达国家的差距大幅缩小（见图 2-37）。

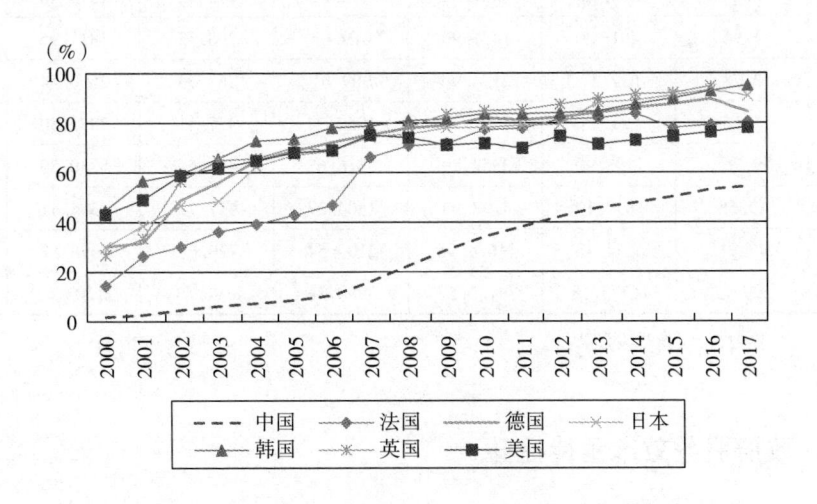

图 2-37 2000~2017 年 7 国互联网普及率比较

资料来源：世界银行：《世界发展指标》。

从移动电话的普及程度看，经过 10 多年的高速发展，2017 年我国每百人移动蜂窝订阅数达 104.6 人，与发达国家已经非常接近（见图 2-38）。就安全互联网服务器的建设来看,2010 年以来发达国家呈现爆发式增长,且分化明显。其中,2017 年,德国与美国每百万人安全互联网服务器数量最多,分别达 34165.57 台、30282.42 台,日本与韩国发展相对滞后(见表 2-20)。整体而言,我国在安全互联网服务器的建设方面与西方国家存在较大差距,是我国实现经济高质量发展过程中一块突出的短板。

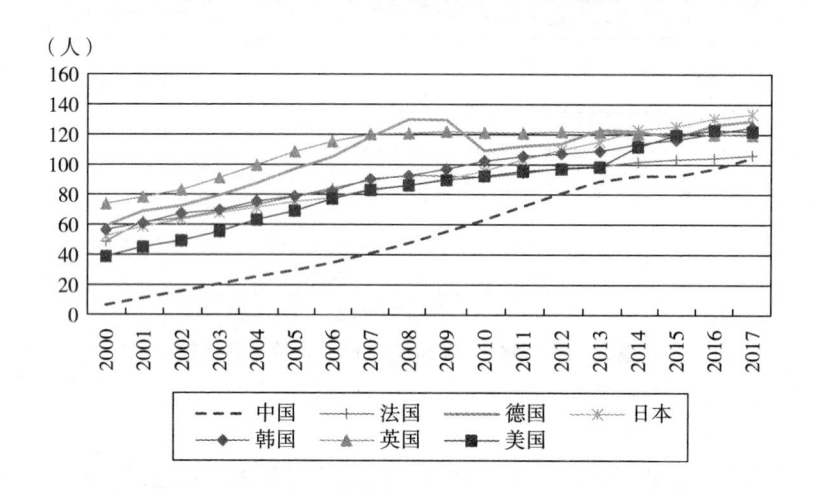

图 2-38 2000~2017 年 7 国每百人移动蜂窝订阅数比较

资料来源:世界银行:《世界发展指标》。

表 2-20 2010~2017 年 7 国每百万人安全互联网服务器数量比较   单位:台

年份	中国	法国	德国	日本	韩国	英国	美国
2010	1.20	278.05	1049.32	552.90	175.32	1315.40	2481.63
2011	1.96	401.41	1471.90	679.62	208.52	1811.95	2985.68
2012	3.78	622.47	2194.90	909.61	268.33	2500.54	3840.28
2013	5.16	821.35	2601.18	1054.74	337.11	2832.50	4300.75
2014	9.76	1188.90	3352.79	1376.67	406.61	3250.50	5125.74
2015	19.68	1897.19	4297.93	1504.27	557.72	4385.41	6352.92
2016	47.91	6674.45	11624.96	2109.54	720.61	8698.55	11423.28
2017	209.12	14775.18	34165.57	5980.24	1196.51	21207.63	30282.42

资料来源:世界银行:《世界发展指标》。

(八) 政府服务效率亟待提升

从营商环境便利度来看,根据《2018 世界营商环境报告》,发达国家的得分排名普遍较高,由高及低依次为韩国(5)、美国(8)、英国(9)、德国(24)、法国(32)、日本(39)(见表 2-21)。近年来,我国的企业营商环境不断得到改善,2018 年我国营商环境较 2017 年提升了 32 位,在 190 个经济体中名列第 46 位,但与发达国家还存在一定差距。分指标来看,我国在登记财产方面的排名在第 27 位,均高于发达国家,尤其在登记财产的手续数量、时间与成本方面基本高于大多数发达国家。在开办企业方面，我国得分为93.52，排名第28位，在参与对比的发达国家中仅次于韩国（95.83）与英国（94.58），统计指标显示我国开办企业需要的手续数量较少、成本较低。在电力的获得性方面，我国排名第14位，与发达国家相比位于中等水平，表现较差的指标是供电可靠性和电费透明度指数，意味着我国的供电可靠性和电费透明度有待提高。办理施工许可证指标排名第121位，这是我国营商环境便利度方面的突出短板，特别是在办理施工许可证需要的手续方面，平均需要20.4个，远高于发达国家的平均水平；办理施工许可证所需要的时间多于大多数发达国家，成本也高于大多数发达国家。

表 2-21 我国与典型发达国家营商环境便利度比较

指标	中国	法国	德国	日本	韩国	英国	美国
营商环境便利度排名（1~190）	46	32	24	39	5	9	8
开办企业（排名）	28	30	114	93	11	19	53
开办企业分数（0~100）	93.52	93.27	83.58	86.1	95.83	94.58	91.23
手续（数量）	4	5	9	8	2	4	6
时间（天数）	8.6	3.5	8	11.2	4	4.5	5.6
成本（人均收入百分比）	0.4	0.7	6.7	7.5	14.6	0	1
最低实缴资本（人均收入百分比）	0	0	31	0	0	0	0
办理施工许可证（排名）	121	19	24	44	10	17	26
办理施工许可证分数（0~100）	65.16	79.3	78.16	74.95	84.43	80.29	77.88
手续（数量）	20.4	9	9	12	10	9	15.8
时间（天数）	155.1	183	126	175	27.5	86	80.6
成本（仓库价值百分比）	2.9	3	1.2	0.5	4.4	1.1	0.8
建筑质量控制指数（0~15）	11.1	14	9.5	11	12	9	11.2
获得电力（排名）	14	14	5	22	2		54
获得电力分数（0~100）	92.01	92.01	98.79	89.88	99.89	96.45	82.15
手续（数量）	3	4	3	3.4	3	3	4.8
时间（天数）	34	53	28	97.7	13	50	89.6
成本（人均收入百分比）	0	5.8	38.5	0	35.2	23.9	22.9
供电可靠性和电费透明度指数（0~8）	6	8	8	8	8	8	7.2
登记财产（排名）	27	96	78	48	40	42	38
登记财产分数（0~100）	80.8	63.33	65.7	74.21	76.34	75.34	76.87
手续（数量）	3.6	8	6	6	7	6	4.4
时间（天数）	9	42	52	13	5.5	21.5	15.2
成本（财产价值百分比）	4.6	7.3	6.7	5.8	5.1	4.8	2.4
土地管理质量指数（0~30）	23.7	24	22	24.8	27.5	25.5	17.6

资料来源：世界银行：《2018世界营商环境报告》。

本章参考文献

[1] 顾海兵,王甲.国家经济安全指标体系的确定与修正——专家文献法探讨[J].山东社会科学,2018(2):110-116.

[2] 任保平,魏婕,郭晗.中国经济增长质量发展报告2018[M].北京:中国经济出版社,2018.

[3] 王小鲁,樊纲,胡李鹏.中国分省份市场化指数报告2018[M].北京:社会科学文献出版社,2019.

[4] 张军,吴桂英,张吉鹏.中国省际物质资本存量估算:1952~2000年[J].经济研究,2004(10):35-44.

第三章
高质量发展的政策环境与路径分析

高质量发展是一个全局性、系统性工程，必须在国家发展战略层面统筹规划、综合实施、标本兼治、整体推进。本章旨在阐述高质量发展与供给侧结构性改革、经济转型、国际竞争力以及创新驱动之间的关系，为高质量发展分析政策环境。

一、推动供给侧结构性改革

2018年是实施"十三五"规划的重要一年，也是供给侧结构性改革承上启下的关键之年。中共十九大报告提出，要深化供给侧结构性改革，把提高供给体系质量作为主攻方向，显著增强我国的经济质量优势。习近平总书记在重要场合多次强调要"着力加强供给侧结构性改革，着力提高供给体系质量和效率"。在经济新常态的大背景下，强调和推进供给侧结构性改革是我国迈向经济强国战略的必然选择。

质量是发展之基、兴国之道，习近平总书记多次强调，要切实把推动发展的立足点转到质量和效益上。由此可见，高质量发展与供给侧结构性改革密切相关。一方面，供给侧结构性改革的最终目的是提高企业的全要素生产率水平，而企业全要素生产率的提升既有利于矫正要素配置扭曲，又可通过技术进步促进质量的提升。另一方面，推动高质量发展，增加中高端供给和有效供给、促进供需有效衔接是供给侧结构性改革的重要内容之一。提升产品质量既有利于识别和清理僵尸企业，改善资源配置效率，又有利于满足消费者多样化的消费需求，提高企业的国际市场竞争力，以质量供给升级驱动供给侧结构性改革。因此，供给侧结构性改革的贯彻和实施必须始终坚持质量效益、质量制胜，提高产品质量是供给侧结构性改革的关键环节。

（一）供给侧结构性改革的内涵

从当前理论研究来看，主要从以下三个方面对供给侧结构性改革的内涵进行理解。

1. 供给侧结构性改革的主要任务或手段是"三去一降一补"

"三去一降一补"是中央提出的供给侧结构性改革的五大重点任务，即去产能、去库存、去杠杆、降成本和补短板。去产能要减少对企业和行业的直接干预，重点领域在水泥、钢铁等行业。去库存是要重视我国目前房地产高库存现状，降低地方政府对土地财政的过度依赖。去杠杆要注意将企业和政府的债务明晰化，避免经济波动和风险积累。降成本的直接目的是大幅度降低企业所面临的高昂成本，包括制度性交易成本、税费负担、社保费、企业财务成本、物流成本和电价。补短板则包含我国经济发展过程中企业面临的各种短板，即经济社会中短缺的内容，如人才、技术等。

2. 供给侧结构性改革的重点是解决当前供给侧存在的供需错配和供需不平衡问题

我国经济发展中的问题主要来自供需矛盾，尤其是供给侧问题，如钢铁、水泥等行业的产能过剩，造成行业库存增大等问题。有供给无需求导致产能过剩，有需求无供给则出现短板，而低效率的供给抑制了有效需求。因此，从供给端看，关键是要从生产端入手，重点是要大幅提升生产要素的资源配置效率，有效化解过剩产能；大幅降低企业的成本，优化企业兼并重组，提高服务和公共产品的供给；扩大有效和中高端供给，减少无效和低端供给；大力发展现代服务业和战略性新兴产业，有效解决供需错配问题。

3. 供给侧结构性改革是结构性的全面改革

结构性问题是现阶段我国经济面临的主要问题，供给侧结构性改革必须强调"结构性"。可以分别从企业层面、产业层面、区域层面和收入层面来揭示我国现阶段供给侧存在的问题。企业层面主要表现为存在大量的僵尸企业，占用大量资源，无法实现资源的有效配置；企业产品质量无法适应消费结构变化，缺乏竞争力；国有企业改革不彻底，企业竞争环境有待提高；等等。产业层面主要表现为国际产业链分工地位有待提高；产业结构高级化程度不够；新型产业有待进一步发展；等等。区域层面主要表现为区域发展差异较大，不同区域间要素流动受阻；国家化程度有待提高；等等。收入层面主要表现为垄断行业与非垄断行业之间收入差距过大，企业内部高管与员工之间的收入差距较大；等等。因此，供给侧结构性改革既是全面体制机制改革，又是对企业、产业、区域等方面的调整和优化改革。

综上所述，应从供给侧的手段、问题所在等方面对供给侧结构性改革的内涵进行理解，其逻辑如图3-1所示。

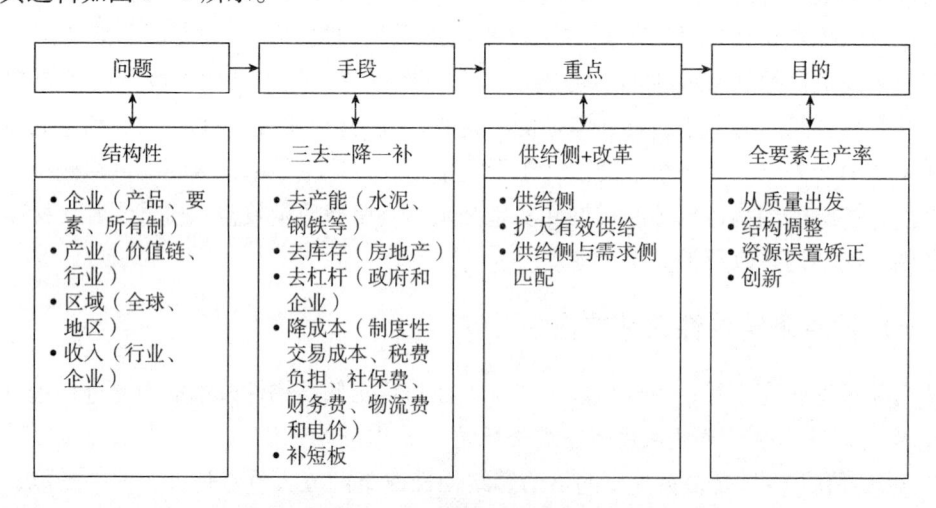

问题	手段	重点	目的
结构性	三去一降一补	供给侧+改革	全要素生产率
•企业（产品、要素、所有制） •产业（价值链、行业） •区域（全球、地区） •收入（行业、企业）	•去产能（水泥、钢铁等） •去库存（房地产） •去杠杆（政府和企业） •降成本（制度性交易成本、税费负担、社保费、财务费、物流费和电价） •补短板	•供给侧 •扩大有效供给 •供给侧与需求侧匹配	•从质量出发 •结构调整 •资源误置矫正 •创新

图3-1 供给侧结构性改革的内涵

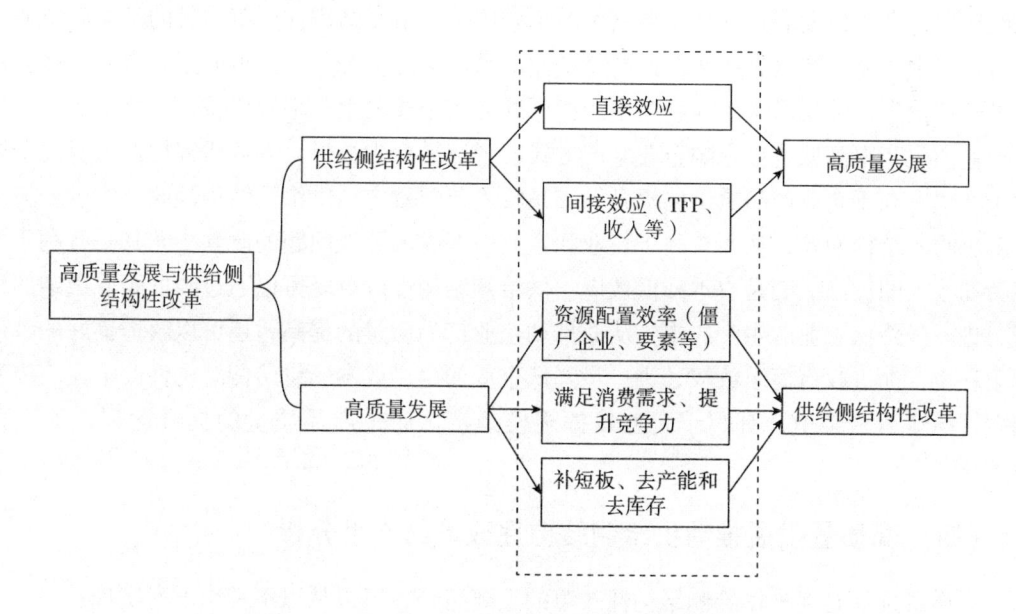

（二）高质量发展与供给侧结构性改革的逻辑关系

供给侧结构性改革要求由供给侧发力，从生产端入手，改革的目标是效率和质量的有效提升，从而实现供给和需求两端的均衡。高质量发展是供给侧结构性改革的目标，也同样是改革的结果，二者相辅相成、互相促进。一方面，供给侧结构性改革为高质量发展提供了机遇和保障。供给侧结构性改革坚持质量效益和质量制胜，既可以通过降低税费、简政放权，鼓励企业重组，降低企业成本，促进企业产品质量的提升，又可以通过提高全要素生产率和调整要素收入结构促进高质量发展。另一方面，高质量发展是供给侧结构性改革顺利进行的重要支撑。高质量发展至少可以从以下三点来促进供给侧结构性改革的实现：一是建立较高质量标准，有效识别僵尸企业，优化社会资源配置效率；二是满足消费者多样化需求，提高有效供给和中高端供给，促进企业国际市场竞争力的提升；三是通过补质量的短板，激发企业内生增长动力，拓宽供给渠道，实现企业去库存目标，解决效率低下问题。高质量发展与供给侧结构性改革的逻辑关系如图3-2所示。

图3-2 高质量发展与供给侧结构性改革的逻辑关系

（三）供给侧结构性改革促进高质量发展的作用分析

供给侧结构性改革为高质量发展提供了机遇和保障。良好的外部环境更容易促进企业产品质量的提升。从理论上看，供给侧结构性改革可以从两个方面促进高质量发展：

1. 直接效应

供给侧结构性改革的实质是要处理好政府与市场的关系，充分发挥市场在资源配置中的决定性作用，有效激发和释放要素的市场活力。通过市场这只"看不见的手"在资源配置中的主导地位，可以使资源由低效率部门逐渐转向高效率部门，从无效供给部门向有需求部门流动，供给侧结构性改革从根本上可以促进供给与需求的匹配，只有企业能够提供更好的产品质量和服务才能被市场所认同，从而有利于去库存，提高市场竞争力。由此可见，供给侧结构性改革不仅为高质量发展提供了较好的促进环境，还为高质量发展提供了更好的保障。供给侧结构性改革以更高标准提升供给品质，社会一流品牌的树立将会形成更多的有效供给，促进转型升级，优化供给结构，为企业提供良好的供给环境。

直接效应体现在两个方面：一是技术进步效应。供给侧结构性改革可以充分发挥市场竞争的作用，激励企业的创新和研发活动，缩短企业生产周期，促进企业的产品质量提升。二是成本收益效应。根据新新贸易理论，对于出口企业而言，其相对于非出口企业具有更高的全要素生产率，这样就使得出口企业可以克服出口时面临的边际成本，当出口企业的利润越高时，越容易弥补创新带来的成本，从而使这类企业进行创新和质量提高的意愿越强，生产的产品质量也越高。

2. 间接效应

供给侧结构性改革可以通过提高全要素生产率、调节企业内部收入分配和降低成本三条路径促进高质量发展。一是全要素生产率效应。供给侧结构性改革的目的是提高企业全要素生产率，而全要素生产率的提高对企业产品质量的提升具有显著的正向效应。在新古典增长理论中，纯技术进步在生产中的指标通常用全要素生产率来代替，一个企业或者一个行业的生产率高低直接影响企业生产方式或者贸易行为选择。多数研究均发现提高全要素生产率有利于企业产品质量的提升。二是收入分配效应。供给侧结构性改革的进行应重点解决收入结构问题，从而有利于行业和企业内部收入分配问题的改善，尤其是有利于员工劳动收入的提高。三是成本降低效应。供给侧结构性改革既可以通过降低企业缴纳的税费，进一步降低企业的生产成本，从而推动企业产品质量的提高，还可以营造良好的外部竞争环境，促进政府简政放权，进一步降低企业的生产成本。供给侧结构性改革还应鼓励消费，拓宽消费渠道，有利于企业发挥规模经济，通过产品质量的提升达到去库存的目的。

（四）高质量发展推动供给侧结构性改革的作用分析

高质量发展是促进供给侧结构性改革的重要路径，可以从以下三个方面实现：

1. 质量标准的建立有助于识别和清理僵尸企业，优化社会资源配置效率

内生增长模型最早关注产品对全要素生产率和资源配置的影响，认为新技术引入带来的产品种类增加是全要素生产率提升的重要渠道。新技术的产生促进了市场竞争，通过淘汰僵尸企业、全要素生产率较低的企业可以提高全社会的整体效率水平。在实际生产过程中，通过质量提高带来的价格效应使生产率包含了需求因素的影响。高质量产品的需求规模是发达国家或地区生产率具有比较优势的来源，能够更好地满足社会需求。而且，质量可以通过重新配置资源带来经济的长期增长。Dinopoulos 和 Unel 发现，生产高质量产品的企业出口其产品，而生产中等质量产品的企业为本国服务，生产低质量产品的无效率企业则退出市场。产品质量梯度促进了资源配置效率的改善。

企业是供给侧结构性改革的微观主体，企业的"结构性"问题是供给侧结构性改革

的重点。我国存在大量的僵尸企业，不仅要依靠银行和政府财政的不断支持和输血生存，而且占用大量的土地、资金、原材料、劳动力等社会资源，严重扭曲了生产要素配置，导致生产要素不能集中配置到高效率企业，降低了资源配置效率。处置、清理僵尸企业不仅被看作是"去产能"的"牛鼻子"，而且是供给侧结构性改革的"先手棋"。提高产品质量标准既有利于识别出僵尸企业，又有利于倒逼企业提质升级，对化解产能过剩、改善资源配置效率和提升社会经济水平都大有裨益。

2. 高质量发展满足消费者多样化需求，提高有效供给和中高端供给，促进企业国际市场竞争力的提升

在出口企业异质性模型的基础上，引入消费者对产品质量偏爱变量，研究发现，价格最低的商品不再具有最高的竞争力，企业的竞争力依赖于经过质量调整后的价格。较高质量的产品价格更高、利润更大，且对较远市场的渗透力更强。产品质量的差异不仅满足了消费者的多样化需求，也是解释产品价格差异的关键因素。Helble 和 Okubo 的研究认为，消费者对高质量产品具有更高的消费倾向，愿意为其支付更高的价格，因此这类企业的国际竞争力更强。

高质量发展是推动供给侧结构性改革的有效举措。随着我国经济在新常态下的发展，一方面购买力不断增强、质量需求不断升级；另一方面有些产品的品种、品质和安全性还满足不了消费需求，有效供给不足，导致消费能力严重外流，这也使"中国制造"长期不受青睐，缺乏竞争力，解决这一问题的根本思路在于提升质量。通过质量技术创新和品牌升级为消费者提供多样化、品质高、口碑好的产品，倒逼产品更新换代和产业升级，增加高质量、高水平的有效供给，满足国内外消费需求，以质量升级提升企业的国际市场竞争力。

3. 补质量"短板"可以激发企业内生增长动力，拓宽供给渠道，充分实现企业去库存

Kugler 和 Verhoogen 利用 1982~2005 年哥伦比亚制造业企业的调查数据分析了产品质量对企业市场份额的影响。研究发现，在其他因素相同的情况下，高品质产品有利于提高企业的加成率，促进企业的销售并提高市场份额。通过质量提升可以拓宽企业的供给渠道，从而实现企业主营收入的增长。

供给侧结构性改革的主要任务是去产能、去库存、去杠杆、降成本和补短板，而去产能和去库存首先需要企业生产的产品和提供的服务能够被社会所认可。质量的发展和提高正是从生产领域加强优质供给，这有效地激发了企业的内生增长动力。通过鼓励创新、提升质量，不断增加中高端产品的供给，为企业提供更多销售的机会和渠道，从而淘汰低水平产能，降低企业库存占有率，可有效化解产能过剩问题。补质量"短板"有利于优化产业结构、降低企业生产成本，通过满足市场需求，尽可能减少中低端产品供给并消除中低端产品过剩，从而充分解决中低端企业去库存所面临的问题。注重产品质量提高，有利于将发展的立足点和着力点切实地转到提高质量和效益上，通过以质取胜的内涵式发展保障供给侧结构性改革的顺利推进。

二、持续促进经济转型升级

改革开放以来，我国经济取得了巨大成就，但由于基础设施薄弱、发展起步较晚等，仍与美日等发达国家的经济存在较大的差距。我国过去的发展过多依靠要素的粗放式投入，造成环境破坏、资源透支等问题，现阶段经济已步入新常态，在此形势下，各种风险矛盾叠加，结构性矛盾不断凸显，经济转型升级迫在眉睫。经济转型关系到供给侧结构性改革的深入贯彻，关系到能否跨越中等收入陷阱和步入高收入国家行列，关系到能否实现中华民族伟大复兴的中国梦，具有重要的理论和现实意义。

把经济发展的立足点转到提高质量和效益上，是全面建成小康社会和促进社会长期可持续发展的必然选择。企业抢占市场的关键是提高产品质量，只有得到消费者认可的产品才能提高市场占有率，从而促进企业经济效益的提升。高质量发展和经济转型升级密不可分，一方面，经济转型升级要求在稳增长中提高质量和效益，推动产业向中高端升级。另一方面，为了满足消费者多元化的消费需求和消费欲望，需要提高企业的产品质量。只有高质量产品才能获得消费者的认可，以质量竞争提高产品的品牌知名度和附加值，为企业创造利润空间，增强企业的国际竞争力。因此，高质量发展是经济转型发展的必要手段，是提高经济增长质量、实现转型发展的基本内涵。

（一）高质量发展与经济转型升级的逻辑关系

高质量发展与经济转型二者相辅相成、相互影响。纳克·梅塔指出，"亚洲四小龙"是依靠质量来提升国家发展水平的。传统粗放型经济发展模式将经济发展理解为数量增长、简单重复，这种模式虽然在我国过去的发展中起到了至关重要的作用，但是也相继带来了环境污染、资源匮乏等问题，严重制约了我国未来长期的健康可持续发展。质量决定了数量和效益，因此依靠提高产品附加值、提高自主创新和产品科技含量的经济转型升级势在必行。一方面，产品高质量发展是促进经济转型升级的重要突破点。生产和消费两个环节、国内和国际两个市场都依托产品质量作为中介，只有提升了产品的质量，才能够既满足国内外消费者需求，为企业创造利润空间，又满足企业提高竞争力的内在要求。另一方面，经济转型升级为高质量发展提供契机。只有加快经济发展方式，促进经济转型升级，才能促进产品质量朝着科技含量更高、更加绿色环保的方向进一步发展。二者关系如图3-3所示。

（二）经济转型升级为高质量发展提供契机和条件

1. 以服务业为主体的产业结构促进了产品的多样化需求

经济转型升级促进了服务业的发展，形成以服务业为主体的产业结构，使我国居民的消费需求将逐步由衣食住行的生存型消费向教育、医疗、健康、文化等服务型消费转变。产业结构的转变使消费者对产品的多样化需求提高，更加关注服务类产品的消费，促使产品的提供向多样化、层次化、服务化的方向转变，促进产品质量进一步提升。

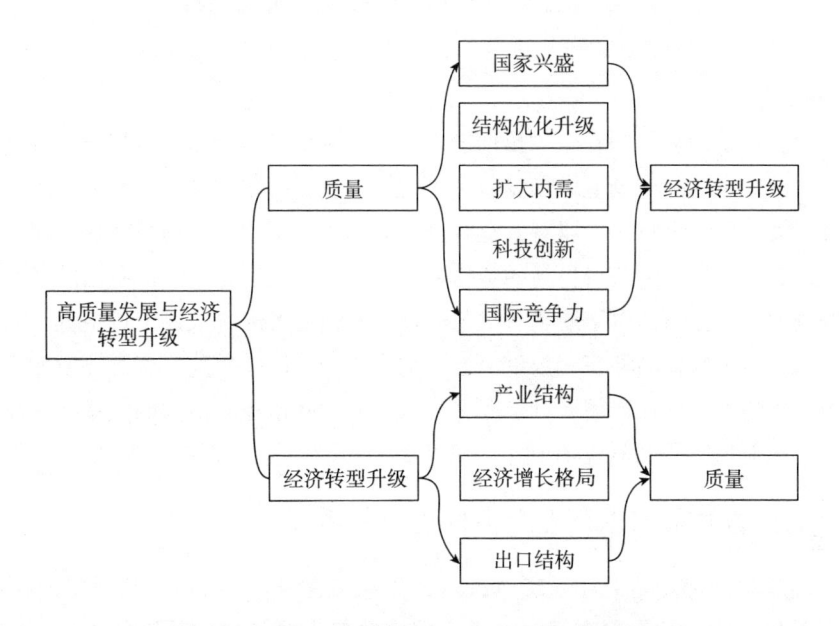

图 3-3 高质量发展与经济转型升级的逻辑关系

2. 以消费为主导的经济增长格局增进了消费者对品牌的认知度

消费是生产的目的，也是经济增长的动力。我国消费结构逐渐向服务化、高端化和多样化转变，而消费结构的升级在对经济结构带来巨大变化的同时，也促使消费者更加关注产品的质量和品牌的认知度。只有被消费者认可的品牌才能在市场占有一席之地，这也是近年来苹果、华为等企业纷纷崛起的原因。消费结构的变化进一步促使企业通过提高产品质量、产品附加值和科技含量，逐步建立品牌优势，赢得市场。

3. 以产业价值链为核心的出口结构提高了出口产品的技术含量

产业结构的升级使国际化分工更加精细化，随着经济全球化的深入，国际贸易已步入了全球价值链的时代。价值链的核心体现在每个环节带来的价值增值，这带来了国际市场竞争的深入。经济转型升级使我国长期形成的出口贸易结构发生改变，逐步从加工贸易环节向研发、营销两头延伸，尤其是重视研发投入、培养和引进高学历人才、提高出口产品的科技含量，进一步培育技术、品牌、质量等出口新优势。

三、提升企业的国际竞争力

企业的国际竞争力对一国在全球价值链中的分工和贸易具有重要的影响。提高质量是赢得国际市场份额,在国际市场上取得竞争优势的根本途径。根据现有研究,产品质量对国际竞争力具有积极的正向影响,可以有效提升企业的国际市场份额。质量的提升促进了出口企业产品价格的提高,使本国获得更高的贸易地位,尤其是发展中国家。我国的产品在国际市场上缺乏竞争力,一方面,由于质量和工艺问题,我国的产品常被贴上价格低、质量差的标签;另一方面,由于出口品种多、数量大,增加了国外反倾销风险、资源环境冲突等一系列问题。在当前形势下,增强产品质量是促进我国企业国际市场竞争力的关键,依靠产品质量提高促进"中国制造"形象转变有利于中国经济的长期可持续发展。

(一)高质量发展与国际竞争力的逻辑关系

高质量发展与国际竞争力相互影响,具体关系如图 3-4 所示。从质量对国际竞争力的影响看,首先,质量的发展和提升是提高国家竞争力的关键,质量是企业占据全球价值链高端的基础。其次,国际经验表明,接近世界质量边界能提高国际竞争力。美国、德国、日本的众多跨国公司之所以能在全球竞争中处于主导地位,靠的就是产品质量处于质量阶梯的前沿。最后,以质量支撑出口产品品牌的形成是塑造出口国际竞争的新优势。从国际竞争力对高质量发展的影响看,可以通过促进企业自身产品质量的提高和优化资源配置效率的改善促进一国的高质量发展。

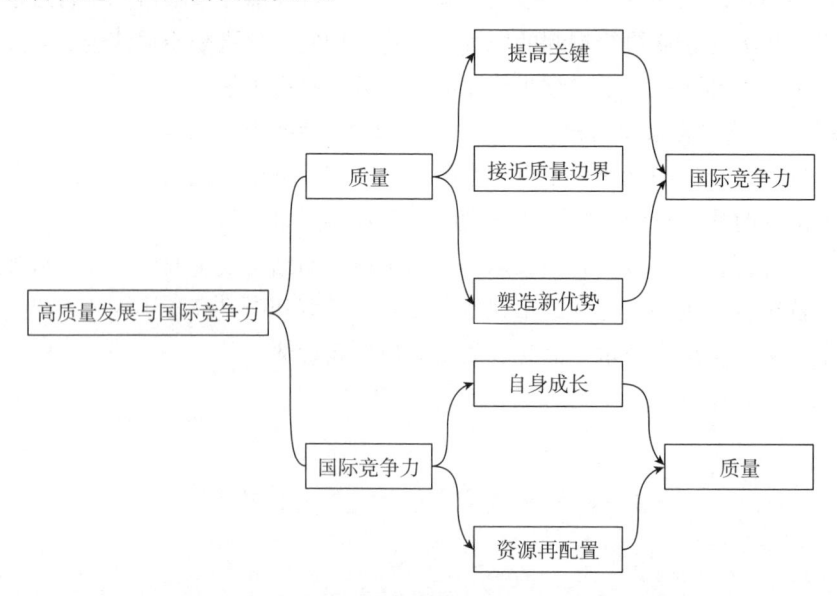

图 3-4 高质量发展与国际竞争力的逻辑关系

（二）高质量发展对国际竞争力的作用分析

1. 高质量发展是提高国际竞争力的关键

市场经济是竞争的经济，以产品质量为核心内容。高质量带来的品牌溢价是企业利润提高的基石。在经济全球化背景下，现代国际市场以质量竞争为核心，市场份额依据产品质量水平来划分，质量是企业占据全球价值链高端的基础，产品质量是国家核心竞争力的关键。一个国家如果不能有效地提高出口产品的质量甚至落入"低质量陷阱"，其国际市场份额不仅无法扩大，还将日趋萎缩，终将使整个经济社会的发展失去增长动力。

2. 接近世界质量边界能提高国际竞争力

未来的竞争是技术、品牌和质量的竞争，归根结底还是产品质量的竞争。从国际经验看，德国、日本的众多跨国公司之所以能在全球竞争中处于主导地位，就在于产品质量的领先。未来企业面临的成本不可能一直下降，要提升企业的竞争力关键就在于产品质量。要花大力气提高产品质量，注重效益和质量的提高，使我国产品的质量普遍接近世界质量边界，从而进一步提高我国在全球价值链中的利益分配的福利所得，激发经济增长的新动力。因此，中国企业要学习国际先进的质量管理经验，树立质量为先的理念，积极拓展品牌战略，以产品质量的提升为根本，从而赢得竞争优势。

3. 高质量发展塑造出口国际竞争新优势

产品品质的形成离不开质量的支撑，高质量是品牌提高的必然要求和保障。知名品牌普遍的共性是具有较高的质量，国际名牌尤为如此。产品质量带有技术的属性，良好的产品质量和国际市场上的口碑是企业技术能力的体现，为了更加满足消费者的多样化需求，提升产品质量可以推动国际竞争新优势的形成，从而在国际市场上占有一席之地。

（三）国际竞争力对高质量发展的作用分析

良好的国际市场竞争会对一国的高质量发展产生重要的影响。外部的竞争环境促使其他国家质量向目的国的产品质量靠拢，沿着产品质量面前沿移动，使质量不具有比较优势的国家生产的产品被淘汰，并提高全球质量的总体水平。具体而言，国际竞争可以通过两条途径影响一个国家出口产品质量的发展。

1. 国际竞争力提高促使企业提高自身产品质量

国际市场外部竞争的增强促使企业提高自身的产品质量，以应对竞争所带来的压力。出口企业通过改进产品规格、降低生产成本、改进生产方法、促进创新等手段，提高产品质量使企业能够免于竞争或者取得竞争优势，相关文献称之为"逃离竞争"效应。现有文献也发现，当面临外部竞争压力时，有的企业会使用更多的非生产性工人，有的企业会更加注重创新活动。

2. 国际竞争力提高通过资源再配置影响高质量发展

在外部国际竞争环境下，即使企业自身的产品质量没有提升，生产不同质量产品的企业在数量上的调整也会影响整个国家的产品质量的总体水平。根据新新贸易理论，当贸易开放后，由于存在自我选择效应，只有能够承担出口固定成本的企业才能够选择出口，这使得最低效率企业被迫退出市场，低效率企业在国内进行生产，高效率企业才能进行出口。因此，外部竞争引起了资源的重新分配，使资源流向生产率高的企业，整个国家的资源在生产率上发生了新的配置，改善了资源的配置效率。在此基础上，由于国际市场的竞争导致一些生产低质量产品的企业被挤出市场，此类企业的市场份额逐渐减少，但是生产高质量产品的企业却相反，它们的市场份额会增加，导致资源更多地流向了国内生产高质量产品的企业，这种自选择行为能够促进经济发展质量的提升。

四、实施创新驱动发展战略

质量和创新是现代企业赖以生存和发展的基石，质量是企业进入现代国际市场的"通行证"，创新是企业持续发展的不竭动力，二者相互作用，不可分割。随着知识经济时代的进步和发展，市场对于企业产品的技术含量要求也越来越高，主要体现在满足人民日益增加的高产品质量需求上。面对日益严峻的国际竞争环境，企业要想在国际市场上获得优势定价权，就必须不断提升产品质量和科技创新水平。一方面，从产品质量形成和发展的过程来看，技术创新进步有利于产品质量的改进，没有技术创新就无法赋予企业提升产品质量的活力，企业就会失去占有国际市场份额的主动权；另一方面，没有产品质量的改进，技术创新也就无从谈起。产品溢价依赖于企业产品质量的提升，而且这为企业积累了丰厚的物质财富和经济实力以投入到新产品的创新和开发中，最终为企业的持久发展提供了坚实保障。在当前形势下，提升产品质量是增强我国企业国际竞争力的关键，以产品质量为根本，助推企业科技创新，既有利于提高企业产品附加值、促进全球价值链地位跃升，又有利于我国贸易利得的整体提升。

（一）高质量发展与创新的逻辑关系

高质量发展与创新紧密相连，两者相互影响、相辅相成。从高质量发展对创新的影响看，高质量发展主要通过技术溢出效应、降低成本效应和市场扩大效应影响企业创新。而从创新对高质量发展的影响看，技术创新虽然在整体上促进了质量的发展，但是存在规模、行业等差异性。二者具体关系如图3-5所示。

（二）高质量发展对创新的作用分析

现有研究发现，高质量发展对企业的创新产生重要的影响。多种类、高质量的生产要素投入相当于加快了技术转移，促进了企业对新技术的模仿和升级，推动企业做出创新行为。尤其是当质量标准提高时，更可能促进企业的创新活动。高质量发展对创新的影响机制具体如下：

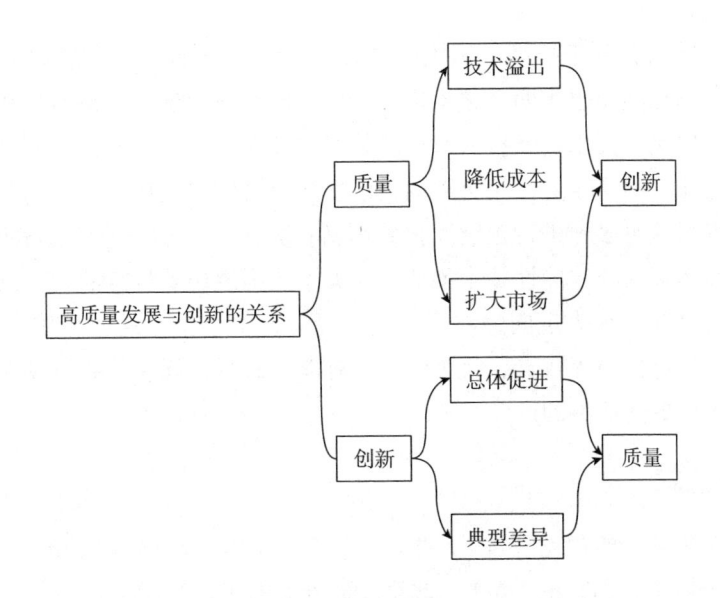

图 3-5 高质量发展与创新的逻辑关系

1. 高质量发展通过技术溢出效应促进企业创新

由于企业技术创新需要以知识和技术积累为基础，存在显著的技术门槛效应，高质量投入品的进口带来的技术溢出使得企业通过吸收溢出克服技术门槛，进而提升了创新能力。主要表现为进口对企业研发投入的互补效应和替代效应。其中，互补效应指高质量资本进口品和中间品的运用，需要上下游提升生产技术进行配套，企业必须努力提高自身的研发水平，才能有效地消化吸收进口中间品和资本品的技术溢出为己所用。经验分析表明，质量的提升能够有效地带来技术进步。替代效应是指企业通过研发投入或者购买高质量投入品可以实现产品和技术的升级，所以二者之间存在相互替代的可能性。

2. 高质量发展通过成本下降效应促进企业创新

体现为企业进口高质量投入品节约了企业成本，提高了企业的利润率水平，使企业可以利用更多的资源进行创新活动。企业成本的节约可以有效地促进产品质量的提高，进而产生对企业新产品的正向影响。现有研究发现，中间品和资本贸易通过更低的成本、更高的质量和更多的种类降低了企业的生产成本，最终促进企业的创新行为。

3. 高质量发展通过市场扩大效应促进企业创新

表现为高质量的中间品和资本品进口提升了产成品的质量，进而引发消费者对企业产品需求的增加，扩大了企业的市场份额（包括国内和国外市场），市场收益和回报预期的增加会促进企业创新。按照需求引致创新的理论假说，企业创新投入需要通过足够的市场规模以及消费者的购买来完成创新活动整个环节中最为"惊险的一跳"。现有研究通过异质性理论模型分析证明，贸易开放从市场扩大、利润增加角度刺激了企业的创新行为。

（三）创新对高质量发展的作用分析

技术创新显著促进了高质量发展，即经济增长率水平取决于创新带来的技术进步率。

技术创新投入的增加有利于提高一国的生产技术水平，从而改善产品质量，促进经济增长。经济发展的国际经验也表明，技术进步和创新已经成为地区经济增长和经济结构转型升级的驱动力。但是，技术创新投入对质量的影响存在一定的差异性，尤其对于规模不同的企业而言。首先，中小企业由于组织的灵活性更容易取得破坏性技术创新的突破，而大企业则由于组织惯性更多地进行延续性技术创新；其次，中小企业的技术创新是随机的，具有市场偶然性，多为非定向性技术创新，而大企业则遵循着特定的技术范式，通常具有明确的技术研发目标，多为定向性技术创新；最后，中小企业的产品质量呈现出合格率低、工艺落后、稳定性差等特点，大企业更具有能力进行大规模的研发投入，通过生产技术的改进，生产出更高质量的产品。

本章参考文献

[1] 威廉·配第. 赋税论 [M]. 北京：华夏出版社，2013.

[2] 亚当·斯密. 国富论 [M]. 北京：商务印书馆，2015.

[3] 常纪文. 以生态文明促进高质量发展 [N]. 人民日报，2018-07-19 (9).

[4] 冯俏彬. 我国经济高质量发展的五大特征与五大途径 [J]. 中国党政干部论坛，2018 (1)：59-61.

[5] 黄群慧. 改革开放40年经济高速增长的成就与转向高质量发展的战略举措 [J]. 经济论坛，2018 (7)：12-15.

[6] 黄群慧. 改革开放40年中国的产业发展与工业化进程 [J]. 中国工业经济，2018 (9)：5-23.

[7] 经济跃上新台阶 发展转向高质量 [EB/OL]. http://www.gov.cn/xinwen/2018-03/07/content_5271681.htm，2018-03-07.

[8] 任保平. 新时代中国经济从高速增长转向高质量发展：理论阐释与实践取向 [J]. 学术月刊，2018，50 (3)：66-74，86.

[9] 王军. 准确把握高质量发展的六大内涵 [N]. 证券日报，2017-12-23 (A03).

[10] 许明，邓敏. 产品质量与中国出口企业加成率——来自中国制造业企业的证据 [J]. 国际贸易问题，2016 (10)：24-40.

[11] 高质量发展根本在于经济的活力、创新力和竞争力 [EB/OL]. https://baijiahao.baidu.com/s?id=15933612399900091875&wfr=spider&for=pc，2018-02-25.

[12] 支树平. 以产品质量的提升推动经济的转型升级 [J]. 求是，2013 (9)：26-28.

第四章
制造业质量提升

中共十九大对我国经济发展阶段的转变作出了科学判断,即已由高速增长阶段转向高质量发展阶段。2017年12月召开的中央经济工作会议明确指出:"推动高质量发展是当前和今后一个时期确定发展思路、制订经济政策、实施宏观调控的根本要求,必须深刻认识、全面领会、真正落实。"高质量发展的主攻方向就是提高供给体系质量,而制造业供给质量提升又是重中之重。本章将提出制造业质量提升的发展目标,从质量监管、市场竞争、产业增长三个层面对我国制造业发展质量进行全面分析,并与美国、德国、日本等制造强国进行比较,提出促进我国制造业质量提升的政策建议。

一、发展目标

为加快建设质量强国,显著增强我国实体经济质量优势,要从质量监管、市场竞争、产业增长三个层面发力,全面提升制造业供给质量。

(一) 在质量监管层面

到2025年,国家产品质量监督抽查合格率达到97%以上。其中,日用及纺织品抽查合格率达到95%以上;轻工产品抽查合格率达到93%以上;机械及安防产品抽查合格率达到99%以上;电子电器产品抽查合格率达到95%以上;电工及材料产品抽查合格率达到98%以上;建筑装饰装修材料抽查合格率达到98%以上;农业生产资料抽查合格率达到98%以上;食品相关产品抽查合格率达到99%以上。

(二) 在市场竞争层面

要进一步缩小与世界制造业领先国家制造业出口产品平均单价的差距。到2025年,我国制造业出口产品平均单价要达到日本或其他在世界上处于领先地位国家的75%左右。

(三) 在产业增长层面

要加快转变制造业增长方式,实现从外延式增长到内涵式增长的转型。到2025年,工业增加值率达到30%；万元制造业增加值能耗降低至0.9吨标准煤，万元制造业增加值化学需氧量排放量降低至0.9千克，万元制造业增加值二氧化硫排放量降低至3.5千克，万元制造业增加值固体废弃物倾倒丢弃量降低至0.08千克。

二、质量分析

对于经济增长质量特别是制造业增长质量，学术界尚未形成广为接受的分析框架。早期的相关研究更多是从效率、效益、结构、产品质量水平以及出口竞争力等多个角度去综合评价工业增长质量（郭克莎，1998），以克服采用单一指标分析工业增长的局限性。进入21世纪后，在制造业发展对生态环境造成了不可忽视影响的情况下，许多研究者认为，在生产函数中纳入能源消费量、二氧化碳排放量和污染物排放量等因素后计算出的绿色生产率是衡量制造业发展质量的重要指标（陈诗一，2009）。近年来，随着中国工业制成品出口额的持续增长，有许多研究力图将出口额增加分解为价格提高和产品质量提升两大效应，以度量出口产品质量提升水平（余淼杰、张睿，2017）。当然，在质量监管研究领域，长期以来都有学者持续关注我国制造业质量状况及其改进方向（张纲，2017）。这些研究从不同角度深化了对制造业增长质量的认识。

彭树涛、李鹏飞（2018）认为，大力提升我国制造业供给质量的前提，是在客观数据可获得的情况下，对制造业发展质量水平进行多维度评价。图4-1给出了分析制造业发展质量的层次结构图。首先，质量监管是促进制造业质量提升的重要基础。我们应该认识到，由于信息不对称等，单纯依靠市场机制来推动企业自发进行基于产品质量的市场竞争很可能只是理论图景而无法在现实中达到。因此，在提升制造业发展质量的过程中，既要使市场在资源配置中起决定性作用，也要更好地发挥政府作用。特别是，监管机构要与时俱进地提高对行业企业的生产和管理标准，尤其是质量标准、技术标准，同时加强质量监管。通过加强标准制定和监管，防止"劣币驱逐良币"的现象发生，确保市场公平竞争。可以使用产品抽查合格率这一指标来衡量质量监管对制造业质量的影响。其次，市场竞争特别是国际市场竞争是衡量制造业发展质量的重要标尺。制造业作为一个实体经济部门，其产品都是可贸易品，因此，一个经济体的制造业供给体系质量高不高，其中一个重要的度量指标就是看其制成品平均出口单价在同类经济体中的排名。这背后的机制要从质量管理权威专家Garvin所阐述的产品质量内涵展开。Garvin（1984）认为，在产品数量相同的条件下，所有能够提高消费者效用水平的特征都属于产品质量的特性，而在国际市场竞争中，消费者（购买者）付出的价格显然与其效用水平正相关。因此，可以说，制造业产品平均出口单价是衡量一个经济体的制造业供给体系质量的重要指标。最后，工业增加值率、万元增加值能耗及污染物排放量是从正反两面反映制造业发展质量的代表性指标。从整体上评价制造业发展质量既可以采用多指标法，也可以采用单指标法。其中，多指标法实际上就是对影响制造业发展的各种因素进行综合集成分析，具体包括多指标增长质量指数、可持续发展指数等。这类测度方法几乎用尽了各种数量分析方法，如多元统计分析、面板数据模型、CGE 模型、VAR 模型、系统动力学等。例如，罗文、徐光瑞（2013）从速度效益、结构调整、技术创新、资源环境、两化融合、人力资源等多个方面综合评价了中国工业发展质量。多指标综合评价法的不足在于，评估指标体系的选择基本上是基于评估者的主观偏好，所以尽管不同评估者都可以计算出制造业发展质量的综合评估指数，但很难形成客观的、被普遍接受的评估结果。与多指标综合评估法相比，单指标法具有客观、操作性强的优点。目前，用于评价经济增长质量的单指标法主要是全要素生产率法和增加值率法，特别是全要素生产率法，已成为评价中国经济增长质量最流行的指标。但全要素生产率法依然会受到评估者所设定的生产函数形式等因素的影响，如郑玉歆（2007）、林毅夫和任若恩（2007）均指出采用全要素生产率来衡量中国经济增长质量存在一定的局限性。近年来，增加值率在评价发展质量方面的优点逐渐为研究界和政策制定者所接受。国务院印发的《工业转型升级规划（2011～2015 年）》首次将"工业增加值率"作为实际监测指标，而国务院发布的《中国制造 2025》进一步提出了制造业增加值率的发展目标。已有多项研究表明，增加值率的高低与增长质量水平直接相关（Shishido et al. , 2000；许大举等，2010；范金等，2017）。基于此，我们认为，制造业增加值率是一个用于从整体上衡量中国制造业发展质量的合理指标。当然，应该承认，在能源产品定价机制不合理以及环境污染的外部成本没有内部化的条件下，单纯采用增加值率来衡量制造业的整体发展质量也有一定的局限性。因此，本章采用万元增加值能耗量和污染物排放量两个指标从反面考察制造业的发展质量。

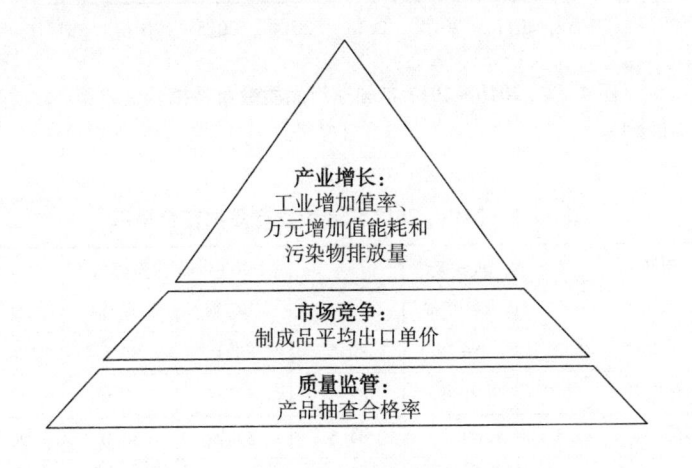

图 4-1　制造业发展质量分析层次结构

（一）从质量监管指标看，中国制造业产品质量整体上稳中有升，但不同类产品间的质量水平差距较大

根据国家质检总局发布的数据，国家产品质量监督抽查合格率从 2010 年的 87.6% 提

高至2017年的91.5%，年均提高0.56个百分点。值得注意的是，在2014年国家产品质量监督抽查合格率达到92.3%之后，这一指标值再也没有提高（见图4-2）。分类别看，不同类产品间的质量合格率差距较大。由表4-1可以发现，2010～2017年，在8大类产品中，食品及相关产品的抽查合格率最高，平均值为94.99%；机械及安防产品次之，抽查合格率均值为91.56%；农业生产资料排第三，抽查合格率均值为91.48%。抽查合格率最低的是电子电器，均值仅为82.98%，比食品及相关产品的抽查合格率均值低12.01个百分点。并且在2010～2017年，电子电器的抽查合格率没有一年超过90%，这说明我国电子电器领域相关制造业企业的质量管理水平低下，且多年来都没有长足进步。值得注意的是，2010～2017年建筑装饰及装修材料抽查合格率的标准差是8大类产品中最高的，达3.79%。这意味着建筑装饰及装修材料的质量水平波动幅度较大。从这些数据来看，下一阶段，在全面加强产品安全质量监督的同时也需要突出重点，把电子电器、轻工产品、日用及纺织品等产品抽查合格率较低的大类产品作为重要监管对象，加大监督处罚力度，以监管发力来补齐这些行业的质量"短板"。

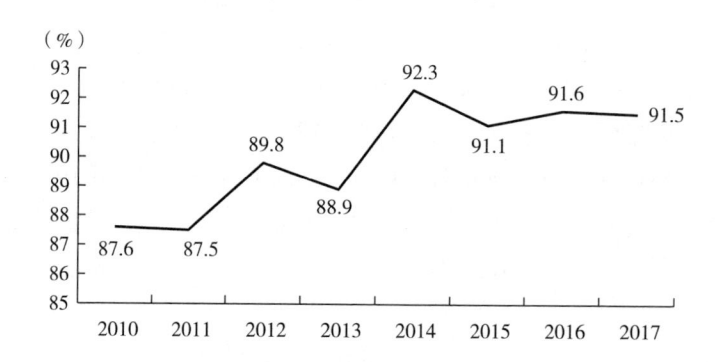

图4-2 2010～2017年国家产品质量监督抽查合格率

资料来源：国家质检总局。

表4-1 2010～2017年8大类产品抽查合格率 单位：%

产品类别 年份	日用及纺织品	轻工产品	机械及安防产品	电子电器	电工及材料	建筑装饰及装修材料	农业生产资料	食品及相关产品
2010	86.3	86.2	86.2	80.5	83.1	85.5	90.1	91.1
2011	90.0	84.4	91.6	81.6	87.3	82.0	87.2	90.3
2012	90.5	89.5	89.1	84.5	87.2	88.0	90.7	97.2
2013	87.8	86.5	88.9	85.8	88.0	88.0	91.2	91.8
2014	88.2	86.0	91.8	86.6	91.8	91.2	91.2	98.5
2015	87.0	88.7	94.2	79.3	90.1	92.2	93.5	96.8
2016	90.7	87.2	95.0	82.1	92.3	92.5	93.1	97.6
2017	85.6	91.8	95.7	83.4	90.5	92.2	94.8	96.6

续表

产品类别\年份	日用及纺织品	轻工产品	机械及安防产品	电子电器	电工及材料	建筑装饰及装修材料	农业生产资料	食品及相关产品
均值	88.26	87.54	91.56	82.98	88.79	88.95	91.48	94.99
标准差	1.95	2.35	3.34	2.56	3.02	3.79	2.35	3.32

资料来源：国家质检总局。

（二）从市场竞争绩效看，中国制造业产品质量持续改善，但不同类产品质量提升的速度差异较大

在国际贸易研究中通常采用单位价值（Unit Value）来衡量出口产品质量，这种方法具有贸易数据容易获得的优点。[①] Aiginger（1997）把出口产品的单位价值定义为出口产品的贸易销售额除以以重量表示的销售量，他认为，这一指标是以质量为导向的，单位价值低一般意味着质量较低，而单位价值高则表明产品质量较高。我们以法国国际信息和展望研究中心（CEPII）数据库中的贸易产品单位价值（Trade Unit Values）数据为基础，结合联合国商品贸易统计数据库（UN Comtrade）中国别贸易额数据计算了以国别贸易额为权重的2005~2015年中国制造业出口产品（包括HS2012分类中第4类到第20类产品）的加权单位价值（见图4-3）。从中可以看出，2005年以来，整体上我国制造业出口产品平均单价持续提高。2015年制造业出口产品平均单价为1655.93美元/吨，是2005年的2.4倍，年均复合增长率达8.96%。分产品类别看，除第6类产品（即化学工业及相关工业的产品）的出口单价在2005~2015年先升后降，整体负增长外，其余16类产品的出口单价基本上都是在波动中持续提高的。其中，2005~2015年出口单价年均复合增速超过10%的有3类，即第10类（木浆及纤维类、纸类及其废碎品、纸板及其制品）产品出口单价年均提高18.7%、第11类（纺织原料及纺织制品）产品出口单价年均提高10.56%、第12类（鞋、帽、伞、杖、鞭类及零件，羽毛及加工制品，人造花，人发制品）产品出口单价年均提高10.85%（见附表4-1）。这些产品恰好也是我国外贸竞争力最强的行业出口产品。根据海关总署综合统计司在《中国外贸进出口年度报告（2017）》中发布的《2015年中国行业外贸竞争力研究报告》，我国纺织服装、鞋、帽制造业，皮革、毛皮、羽毛（绒）及其制品业，纺织业的全球市场占有率分别是46.12%、40.56%和40.34%，显示性指数分别为3.33、2.93和2.92，在30个制造业行业中排在第1位、第3位和第4位。而出口产品单价增幅较低甚至负增长的行业，如2005~2015年出口单价年均负增长0.78%的第6类产品（化学工业及相关工业的产品），在《2015年中国行业外贸竞争力研

[①] 当然，影响贸易产品单位价值的不仅仅是产品的质量，还包括运输成本、贸易壁垒以及政府财政补贴、出口退税等多个贸易政策方面的因素。但从自身纵向比较的角度看，运输成本、贸易壁垒以及贸易政策等因素的影响在短期内可能不会有明显变化，因此可以直接采用出口产品单位价值的变化来衡量产品质量变化。

究报告》中也是市场占有率低和显示性指数低的"双低"行业[1]。基于此，可以说，我国制造业产品质量的改善与贸易竞争力的提升是一致的，其背后的因果关系应该是产品质量改善使得贸易竞争力提升。

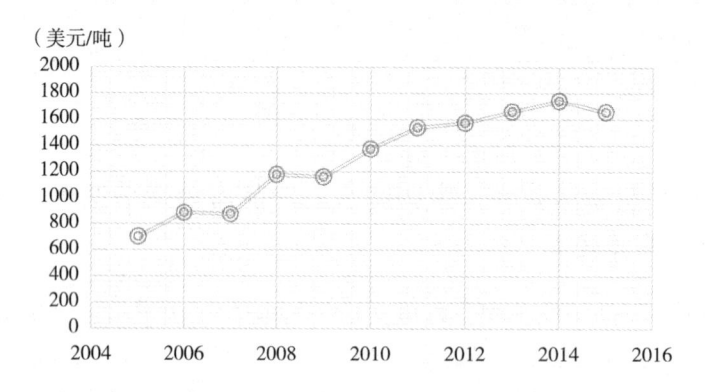

图 4-3 2005~2015 年中国制造业出口产品平均单价

资料来源：根据 CEPII、UN Comtrade 数据计算得到。

（三）从产业增长及其影响看，中国制造业增长质量变化趋势呈 L 形，对生态环境的负面影响逐渐下降

以国家统计局公布的制造业增加值除以 30 个制造业行业的主营业务收入之和得到的制造业增加值率估算值显示：2004~2016 年，以制造业增加值率来衡量的制造业增长质量基本呈 L 形（见图 4-4）。2004~2011 年，我国制造业增加值率持续降低，7 年降低 8.66 个百分点，降幅接近 30%。也就是说，在这一阶段，我国制造业增长质量实际上在持续降低。尽管 2012 年制造业增加值率较 2011 年有所提高，但 2013~2016 年仍然在较低水平上徘徊。[2] 由此可以看出，以制造业为重点大力推动我国实体经济高质量发展刻不容缓。值得注意的是，由于主营业务收入没有计入存货和自制半成品、在产品期初期末差额价值，所以会高估制造业增加值率。在经济下行周期、制造业企业存货增加的情况下，高估会更加明显。不过，估算出来的结果显示，我国制造业增加值率的变化趋势呈 L 形，最低点在 2011 年，结合宏观经济周期考虑，制造业增加值率的变化趋势很可能比估算值显示的图景更加"悲观"。

尽管从增加值率这个正面角度看，2004~2016 年我国制造业发展质量不高，但从其对生态环境的影响这个负面角度看，这些年我国制造业发展取得了较大进展。以万元制造业增加值能源消耗量为例，2004 年每万元制造业增加值能源消耗量为 1.9 吨标准煤，持

---

[1] 2015 年，化学原料及化学制品制造业、医药制造业的国际市场占有率分别为 8.32%、2.66%，显示性指数分别是 0.60、0.19。

[2] 制造业增加值率的分母应该是制造业总产值，但 2012 年之后国家统计局不再公布制造业总产值数据，因此用制造业分行业主营业务收入总额来代替。

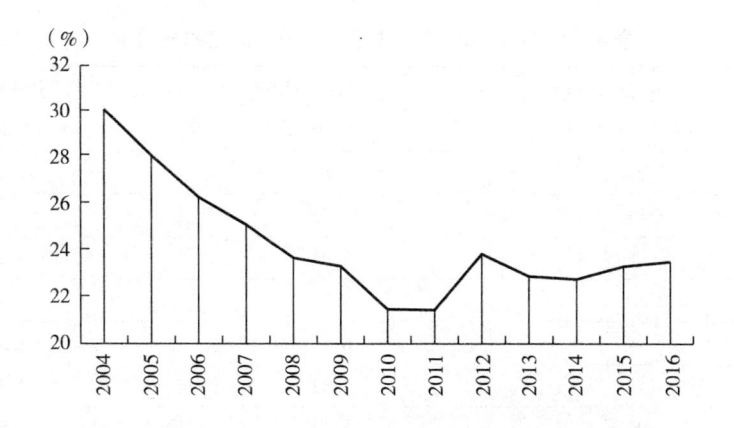

图 4-4 2004~2016 年中国制造业增加值率估算值变化趋势

资料来源：根据国家统计局数据估算。

续多年强力推进节能后，2015 年这一指标值已降至 1.04 吨标准煤（见图 4-5），降幅高达 45%。此外，从万元制造业增加值二氧化硫排放量看，2005 年以来，化学需氧量排放强度、二氧化硫排放强度和固体废弃物倾倒丢弃强度都显著下降（见表 4-2）。其中，万元制造业增加值化学需氧量排放量从 2005 年的 7.29 千克降至 2015 年的 1.15 千克，降幅高达 84%；万元制造业增加值二氧化硫排放量从 2005 年的 14.05 千克降至 2015 年的 4.30 千克，下降近 7 成；即便不考虑统计口径变动因素，从 2011 年算起，到 2015 年万元制造业增加值固体废弃物倾倒丢弃量也降低了 79%。从这三种代表性工业污染物排放情况看，可以说制造业节能减排对生态环境的影响在逐渐减少，制造业增长与环境污染"脱钩"初现端倪。这也是推进制造业高质量发展的重要基础。

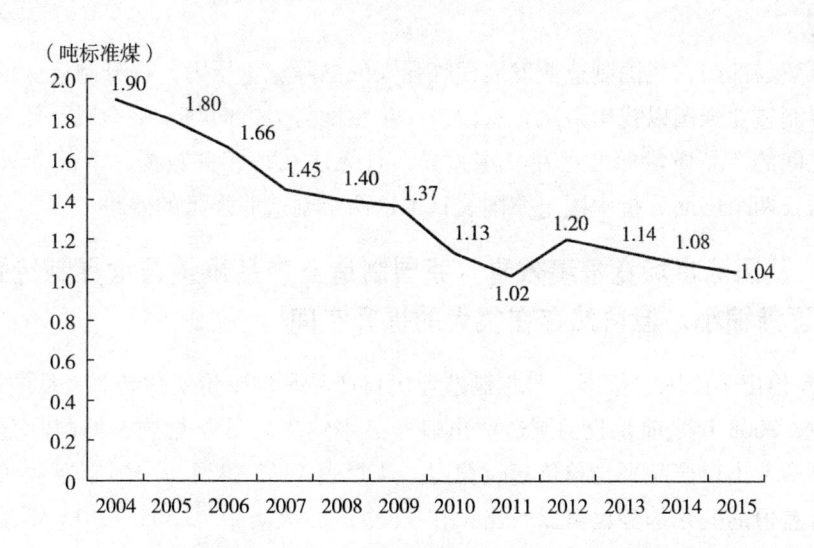

图 4-5 2004~2015 年中国制造业能源消耗强度

资料来源：根据国家统计局数据计算。

表4-2　2005~2015年中国制造业污染物排放强度　　　　　单位：千克

年份	万元制造业增加值化学需氧量排放量	万元制造业增加值二氧化硫排放量	万元制造业增加值固体废弃物倾倒丢弃量
2005	7.29	14.05	11.43
2006	5.87	10.58	5.38
2007	4.68	6.93	3.23
2008	3.59	7.09	2.09
2009	3.14	6.51	1.55
2010	2.53	5.84	0.77
2011	1.91	6.19	0.66
2012	1.64	5.61	0.19
2013	1.43	5.19	0.14
2014	1.28	4.80	0.15
2015	1.15	4.30	0.14

注：2010年之前固体废弃物倾倒丢弃量为固体废物排放量数据。
资料来源：万元制造业增加值数据取自国家统计局，污染物排放量数据取自历年《中国环境统计年鉴》。

三、差距分析

作为可贸易部门，我国制造业发展面临强大的国际竞争压力，提升制造业供给质量需要对标世界制造业强国以找出差距，从而进一步明确努力方向与攻坚领域及环节。考虑到不同国家之间的产品质量标准存在一定差异，且无法获得相关数据，本部分只从市场竞争、产业增长两个层面分析中国与德国、日本这两个制造业强国的差距。

（一）从国际市场竞争绩效看，我国制造业产品质量与世界制造强国的整体差距在逐渐缩小，但依然存在很大的提升空间

图4-6给出了中国、德国、日本制造业出口产品平均单价变化趋势。从中可以发现，与德国相比，2008年之前，我国制造业出口产品平均单价低于德国；但国际金融危机之后，我国制造业出口产品平均单价超过德国。从附表4-2德国与中国制造业大类产品平均出口单价差值的变化趋势也可以看出，在17个产品大类中，2005~2015年，中国出口产品平均单价从低于德国到高于德国的有6个，而德国在出口产品平均单价上逆转中国的

只有1个大类产品。这说明结构性变化使中国制造业出口产品平均单价得以超越德国。①不过，同时也要看到，我国制造业出口产品平均单价与日本还有较大差距。尽管2011年以来，日本制造业出口产品平均单价在震荡中下行，但在2015年，我国制造业出口产品平均单价还不到日本的一半。这在一定程度上表明提升我国制造业供给质量任重而道远。

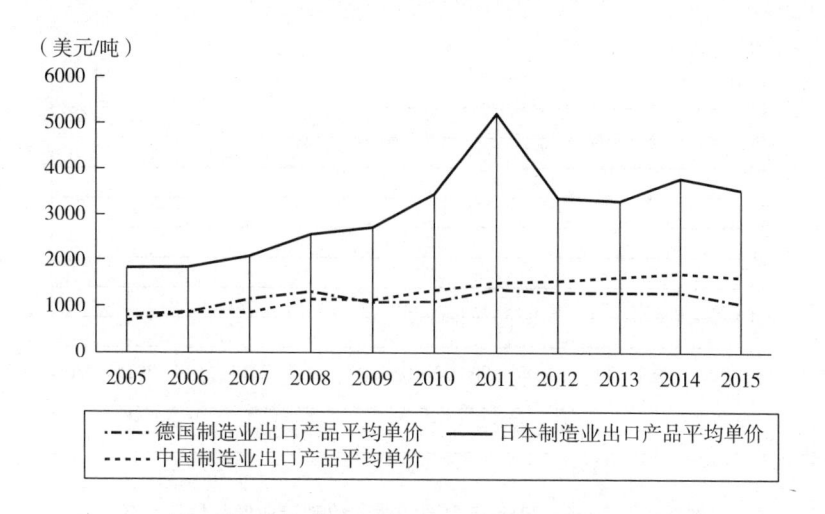

图 4-6　2005~2015 年中国、德国、日本制造业出口产品平均单价比较

资料来源：根据 CEPII、UN Comtrade 数据计算。

（二）从产业增长质量看，我国制造业内涵式增长水平与世界制造强国的差距在逐渐拉大

图 4-7 比较了中国和德国的制造业增加值率②。从中可以发现，2005~2016 年，在制造业增加值率上，我国与德国的差距在逐渐拉大。2005 年，我国制造业增加值率比德国低 6.7 个百分点，而 2016 年这一差距竟扩大至 15 个百分点。需要指出的是，2008 年国际金融危机以来，德国制造业销售额增长幅度很低，2016 年仅为 2008 年的 1.07 倍，但其 2016 年制造业增加值却是 2008 年的 1.25 倍。换言之，国际金融危机之后，德国制造业的复苏是可持续的内涵式增长。同期，我国制造业尽管依然保持了较高速度的增长，但其增长来源于生产要素投入的增加，是可持续性较低的外延式增长。原因在于，2016 年我国制造业增加值是 2008 年的 2.09 倍，而 2016 年制造业主营业务收入是 2008 年的 2.10 倍。在我国经济增长进入新常态的背景下，经济增长速度难以恢复到过去的高增长阶段。在此情况下，许多制造业将会进入存量调整时期，制造业投资尤其是民间投资很难大幅增

---

① 当然，需要指出的是，贸易统计采用属地原则，而德国制造业的跨国经营能力领先中国同行，德国制造业企业在中国有大量投资。这些企业的产品出口在贸易统计上体现为中国的出口。也就是说，从中国制造业产品平均出口单价高于德国这一事实并不能推导出中国国内制造业企业的产品质量高于德国的结论。

② 德国制造业增加值率的估算方法为利用德国制造业增加值除以德国制造业销售额。与中国制造业增加值率估算类似，这种方法没有考虑存货、自制半成品、在产品期初期末差额价值，同样会高估制造业增加值率。

长。而在人口数量红利逐渐消失、人口质量红利尚需时日才能得见的条件下，制造业劳动力的高速增长也很难实现。也就是说，继续依靠资本和劳动力等生产要素持续投入来拉动制造业增加值增长可能难以为继。因此，转变制造业增长方式，推动制造业增长质量提升迫在眉睫。

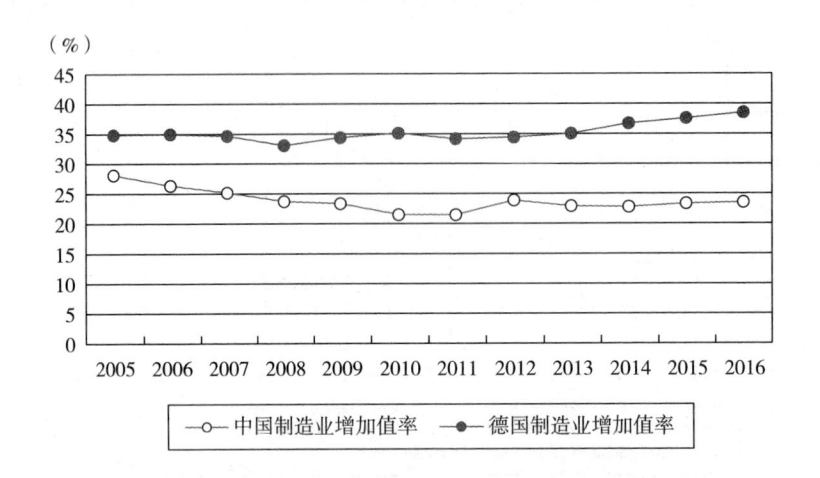

图 4-7 2005~2016 年中国和德国的制造业增加值率比较

注：德国制造业增加值率的估算方法是利用德国制造业增加值除以德国制造业销售额。
资料来源：中国制造业增加值率根据国家统计局数据估算；德国制造业增加值率根据德国联邦统计局数据估算。

四、政策建议

基于上述分析，加快建设质量强国，显著增强我国实体经济质量优势，要从质量监管、市场竞争、产业增长三个层面发力，全面提升制造业供给质量。

（一）质量监管要着力发挥"质量引领、标准先行"的基础性、先导性作用

要着眼产业结构和消费升级，着力质量供给创新，持续建立起覆盖各领域和全过程的"大质量、大标准"体系。推动标准、计量、检验检测、认证认可等合格评定体系建设和专业服务市场的发展，打造一流的质量基础设施支撑体系。对标国际领先标准，推动国际创新合作，促进我国产品、工程、服务和环境质量逐步达到世界先进水平。同时，要让质量监管"长出獠牙"，加强全方位质量监管，切实守住质量安全底线，强化质量信用惩戒。健全质量激励和约束相容制度，推进质量信用分类监管、失信联合惩戒。建立质量安全"黑名单"，依法严厉打击质量违法违规行为，形成优胜劣汰的质量竞争机制。

（二）国际市场竞争要持续向创新要动力，久久为功，逐步改变中国制造产品的质量形象

进一步完善促进研发创新和创新成果产业化的体系和机制，创造让企业敢于加大研发投入的知识产权保护环境和市场公平进入环境，协助制造业企业向全球价值链高端攀升。加强产学研结合，促进科技成果转化，从国家级的重大科技攻关、行业共性技术攻关到企业生产制造特别是质量管理难点攻关三个层面合力解决关键技术、核心技术能力不足的问题。实施制造业企业质量管理创新示范工程，加快质量管理创新知识扩散速度。

（三）深入推进供给侧结构性改革，加快转变制造业增长方式，实现从外延式增长向内涵式增长的转型

一方面，通过清理僵尸企业等手段，显著改善制造业存量资产的产出效率；另一方面，创造公平竞争的环境，建立以创新为导向的政策体系，减少投资导向激励，以有序竞争的市场机制倒逼企业技术进步和创新，增强企业创新动力和能力，实现竞争优势的升级。同时，要加快相关配套体系建设，通过制度供给挖掘质量型人口红利，推动制造业增长由"量"向"质"的转变。

本章参考文献

[1] 郭克莎. 工业增长质量研究［M］. 北京：经济管理出版社，1998：2-3.

[2] 陈诗一. 能源消耗、二氧化碳排放与中国工业的可持续发展［J］. 经济研究，2009（4）：41-55.

[3] 彭树涛，李鹏飞. 中国制造业发展质量评价及提升路径［J］. 中国特色社会主义研究，2018（10）.

[4] 余淼杰，张睿. 中国制造业出口质量的准确衡量：挑战与解决方法［J］. 经济学（季刊），2017（2）：463-484.

[5] 张纲. 供给侧结构性改革中的制造业质量升级［J］. 中国工程科学，2017（3）：29-38.

[6] Garvin D. A. What Does Product Quality Really Mean［J］. Sloan Management Review，1984，26（1）：25-43.

[7] 罗文，徐光瑞. 中国工业发展质量研究［J］. 中国软科学，2013（1）：50-60.

[8] 郑玉歆. 全要素生产率的再认识——用 TFP 分析经济增长质量存在的若干局限［J］. 数量经济技术经济研究，2007（9）：3-11.

[9] 林毅夫，任若恩. 东亚经济增长模式相关讨论的再探讨［J］. 经济研究，2007（8）：4-12.

[10] Shishido S, Nobukuni M, Kawamura K, Akita T, Furukawa S. An International Comparison of Leontief Input-Output Coefficients and its Application to Structural Growth Patterns

[J]. Economic System Research, 2000, 12 (1): 45-64.

[11] 徐大举, 尹金生, 李爱芹, 刘吉晓, 周玲丽. 直接消耗系数矩阵特征值的经济意义研究 [J]. 中国管理科学, 2010 (1): 33-38.

[12] 范金, 姜卫民, 刘瑞翔. 增加值率能否反映经济增长质量? [J]. 数量经济技术经济研究, 2017 (2): 21-37.

[13] Aiginger K. The Use of Unit Values to Discriminate between Price and Quality Competition [J]. Cambridge Journal of Economics, 1997, 21 (5): 571-592.

本章附录

附表4-1 2005~2015年中国制造业大类产品出口单价　　　单位：美元/吨

产品类别	2005年	2006年	2007年	2008年	2009年	2010年	2011年	2012年	2013年	2014年	2015年	2005~2015年年均增长率(%)
第4类	1479	1613	1782	2038	1926	1879	2214	1897	2066	2067	1870	2.37
第5类	5851	6167	6034	8133	6261	7671	8657	8609	10260	8327	7207	2.11
第6类	2225	2227	2638	2408	3090	2374	2350	1954	2369	2629	2058	-0.78
第7类	587	680	709	716	746	1039	1014	966	1017	997	1039	5.87
第8类	640	762	825	859	780	884	1047	1022	1137	1265	1263	7.04
第9类	1407	1406	1547	1724	1637	2117	2161	2015	2308	2926	2330	5.17
第10类	148	196	229	408	546	607	713	648	673	683	822	18.70
第11类	308	300	370	512	516	545	679	639	726	787	842	10.56
第12类	913	1046	1117	1377	1340	1771	1940	1983	2429	2429	2557	10.85
第13类	6354	7387	8007	9846	10196	10720	11117	12157	12422	13189	13413	7.76
第14类	602	651	696	778	846	896	943	916	990	1017	1029	5.51
第15类	1015	845	1150	1550	895	1810	1849	1950	2382	1984	1858	6.24
第16类	4117	4093	4078	4618	4497	4832	5410	5745	5448	5288	4619	1.16
第17类	741	740	925	981	838	976	1056	1081	1013	1115	1110	4.11
第18类	2830	3237	3270	4002	3026	3787	3866	4195	4488	4884	4588	4.95
第19类	1278	1352	1409	1467	1487	1613	1822	1941	1964	2013	1982	4.49
第20类	856	945	1058	1213	1149	1123	1316	1452	1456	1512	1444	5.37

注：产品类别按HS2012分类。第4类：食品、饮料、烟酒类；第5类：矿产品类；第6类：化学工业及相关类；第7类：塑料、橡胶及制品类；第8类：皮革、毛皮及制品、箱包类；第9类：木材、木制品、稻秸柳类编结品；第10类：木浆及纤维类、纸类及其废碎品、纸板及其制品；第11类：纺织原料及纺织制品；第12类：鞋、帽、伞、杖、鞭类及零件，羽毛及加工制品，人造花、人发制品；第13类：石料、石膏、水泥、石棉、云母及类似材料制品，陶瓷类，玻璃类制品；第14类：天然及养殖珍珠、宝石、贵金属、包覆金属及制品，仿首饰，硬币；第15类：贱金属及制品；第16类：机器、机械器具、电气设备及零件，录放音类、电视、音响类及零附件；第17类：车辆、航空器、船舶及相关运输设备；第18类：光学、照相、电影、计量、检验、医疗器材设备、精密仪器，钟表、乐器等及零件、附件；第19类：武器、弹药及零件、附件；第20类：杂项制品。

资料来源：根据CEPII、UN Comtrade数据计算。

第四章 制造业质量提升

附表 4-2　2005~2015 年德国与中国制造业大类产品平均出口单价差值

单位：美元/吨

产品类别	2005 年	2006 年	2007 年	2008 年	2009 年	2010 年	2011 年	2012 年	2013 年	2014 年	2015 年	2005~2015 年变化趋势
第 4 类	-195.873	-249.966	1.033	-159.541	-393.851	-266.227	-379.883	-163.185	-60.588	-64.156	-377.024	中国拉大差距
第 5 类	-4781.340	-5039.950	-4721.060	-6740.110	-5030.070	-6631.580	-7514.930	-7507.480	-9143.880	-7249.720	-6409.720	中国拉大差距
第 6 类	-124.247	-87.390	-172.363	331.738	-493.100	95.853	1262.312	535.296	203.134	-112.989	190.875	德国逆转
第 7 类	-201.868	-269.728	-234.029	-147.471	-224.162	-507.011	-454.451	-509.237	-471.295	-427.407	-546.232	中国拉大差距
第 8 类	787.432	677.427	804.761	901.591	910.287	805.519	764.384	748.303	897.619	865.170	715.587	德国保持领先
第 9 类	1811.610	2017.431	2184.586	2516.157	2328.377	2143.100	3661.698	3225.638	2772.928	2398.856	2635.414	德国拉大差距
第 10 类	2.152	-30.483	23.873	-56.632	-310.590	-324.386	-390.413	-328.854	-346.228	-395.822	-592.458	中国逆转且拉大差距
第 11 类	89.742	110.797	222.538	235.439	119.857	10.169	26.024	14.006	-30.975	-99.165	-273.393	中国逆转且拉大差距
第 12 类	-77.143	-205.101	-114.442	-82.524	-74.958	-716.780	-706.141	-722.132	-1057.840	-1210.560	-1428.960	中国逆转且拉大差距
第 13 类	3338.300	1972.064	3816.460	4640.619	3338.01	291.000	806.670	5.490	343.650	-631.540	-1274.660	中国逆转且拉大差距
第 14 类	357.063	158.473	161.191	107.708	-412.778	-439.325	-490.649	-472.733	-503.732	-460.787	-864.748	中国逆转且拉大差距
第 15 类	-211.674	19.161	-86.751	-120.613	228.109	-690.173	-352.466	-580.447	-1113.300	-806.555	-904.196	中国拉大差距
第 16 类	93.377	225.069	753.844	707.962	590.844	-66.444	-342.105	-967.537	-357.441	-254.730	-420.284	中国逆转且拉大差距
第 17 类	-140.623	-15.769	286.644	210.501	159.292	-44.717	2.807	49.550	182.334	41.587	-142.751	交替领先，胜负未定
第 18 类	739.171	468.547	941.034	716.922	1658.804	917.344	1244.799	660.730	341.343	258.910	137.922	德国领先，优势缩小
第 19 类	1067.455	1073.809	1311.242	1549.744	1263.920	1020.587	1088.383	869.791	892.851	916.940	505.376	德国领先，优势缩小
第 20 类	202.662	195.006	350.967	447.919	324.259	262.491	323.477	87.183	190.095	157.446	-69.033	德国领先，优势缩小

注：产品类别按 HS2012 分类，各大类产品定义同附表 4-1。

资料来源：根据 CEPII、UN Comtrade 数据计算。

第五章
服务业质量提升

制造业质量管理不能全盘用于服务业中,两者存在一些差别。制造业的质量管理存在一定的范畴,而服务业的管理标准则相对宽泛。对服务业质量管理的精确分析比较困难,只能是在无差别的提供或不能提供之间选择。服务业的产品建立在两个人或者两个组织之间,这种关系一旦建立起来,将绝不会因为未达到预先设定的标准而废弃。提升服务业质量需要根据服务业的发展现状和特征制定具体的目标和措施。

一、发展现状与成就

随着我国进入"新常态"和供给侧结构性改革的深化,我国服务业发展也逐渐从追求数量向高质量转变,继续保持稳中向好的发展态势,推动我国服务业向高质量发展迈进。

(一) 服务业整体发展现状

1. 服务业稳定快速发展,在经济发展中发挥了重要的作用

服务业增加值持续稳定增长,2013 年服务业增加值占国内生产总值的比重为 46.7%,2017 年上升为 51.6%(见图 5-1),2012 年服务业增加值占国内生产总值占比首次超过第二产业占比,并且 2013 年以来已连续 5 年超过第二产业增加值比重,服务业对 GDP 的贡献率逐年上升(见图 5-2),2015 年第三产业对 GDP 增长的贡献率超过第二产业。从三次产业对 GDP 的拉动来看,2016 年以后,第三产业成为 GDP 的重要拉动力,2015 年第三产业拉动 GDP 3.7 个百分点,分别超过第一产业和第二产业 3.4 个和 0.8 个百分点,首次超越第二产业,2016 年第三产业拉动 GDP 3.9 个百分点,分别超越第一产业和第二产业 1.3 个和 3.6 个百分点,第三产业成为拉动 GDP 的重要力量。

2. 服务质量和技术水平不断提高

国家质检总局发布的《质检总局关于服务业质量监测情况的报告(2017 年)》显示,总体来看,2016 年我国服务业质量稳中向好,服务业发展潜力进一步释放。新业态、新

模式竞相涌现，新兴服务业带动的产业融合特征更明显，服务品种更加丰富，较好地支撑了就业扩大、消费升级和产业结构优化。

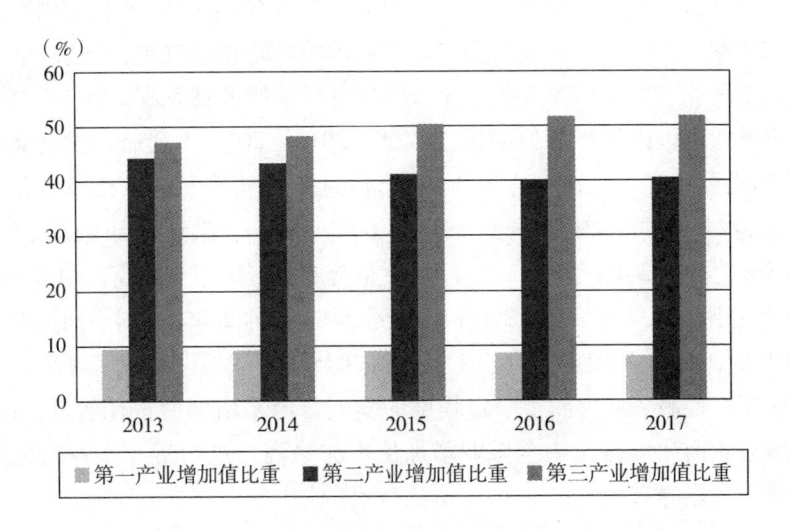

图 5-1 三次产业增加值占国内生产总值的比重比较

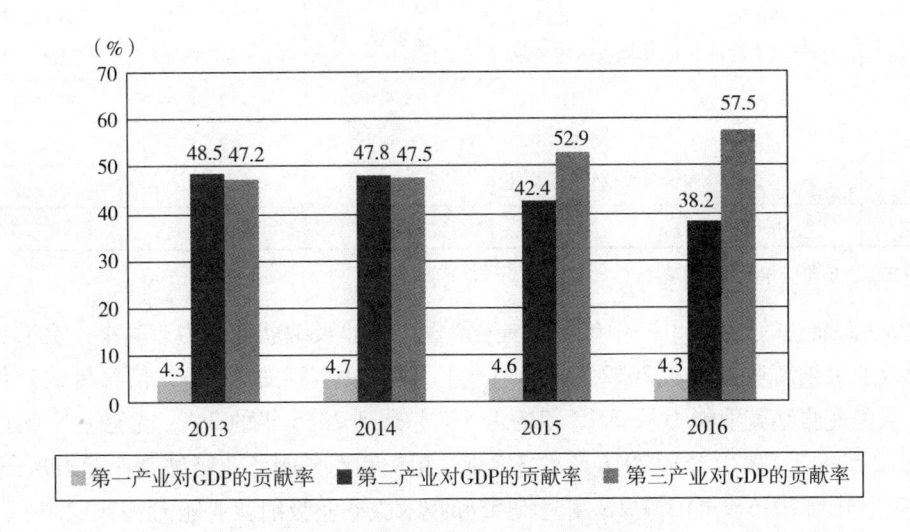

图 5-2 三次产业对 GDP 的贡献率

3. 服务业国际竞争力进一步提高，结构不断优化

从国际竞争来看，服务贸易占外贸比重持续提高，并且结构不断优化。从规模来看，2016 年，中国服务进出口总额为 6575 亿美元，比 2012 年增长了 36.8%，年均增长 8.1%，居世界第二位。服务贸易占外贸比重达到 18%，比 2015 年增加了 2 个百分点。从结构上看，广告服务、维修服务、金融服务 3 类高附加值服务出口增幅分别达到 47%、48%、50%。

(二) 生产性服务业发展现状

表 5-1 描述的是 2012~2015 年生产性服务业增加值占 GDP 的比重情况,由于受统计数据资料的限制,生产性服务业只选取了交通运输仓储和邮政业、信息传输软件和信息技术服务业、金融业、租赁和商务服务业、科学研究和技术服务业 5 类生产性服务业。其中,生产性服务业占国内生产总值的比重较低,2012~2015 年交通运输仓储和邮政业增加值占 GDP 的比重没有变化,一直为 4.4%;信息传输软件和信息技术服务业增加值占 GDP 的比重从 2012 年的 2.2% 上升到 2015 年的 2.7%;金融业增加值占 GDP 的比重从 2012 年的 6.5% 上升到 2015 年的 8.4%,金融业增加值占比相对较高;租赁和商务服务业增加值占 GDP 的比重从 2012 年的 2.1% 上升到 2015 年的 2.5%;科学研究和技术服务业增加值占 GDP 的比重从 2012 年的 1.7% 上升到 2015 年的 2%。从这五类生产性服务业来看,虽然我国生产性服务业得到了一定程度的发展,但是增加值占比较低,以 2015 年为例,生产性服务业增加值占比中金融业增加值占比最高,这与近年来我国金融业发展迅速、房地产投资过热等有关。

表 5-1 2012~2015 年生产性服务业增加值占 GDP 的比重　　单位:%

年份	交通运输仓储和邮政业	信息传输软件和信息技术服务业	金融业	租赁和商务服务业	科学研究和技术服务业
2012	4.4	2.2	6.5	2.1	1.7
2013	4.4	2.3	6.9	2.2	1.8
2014	4.4	2.5	7.2	2.4	1.9
2015	4.4	2.7	8.4	2.5	2.0

资料来源:历年《中国统计年鉴》。

表 5-2 描述的是 2012~2016 年我国生产性服务业吸纳就业能力,其中,交通运输仓储和邮政业吸纳就业能力从 2012 年的 4.4% 上升到 2016 年的 4.7%;信息传输软件和信息技术服务业吸纳就业能力从 2012 年的 1.5% 上升到 2016 年的 2%;金融业吸纳就业能力从 2012 年的 3.5% 上升到 2016 年的 3.7%;租赁和商务服务业吸纳就业能力从 2012 年的 1.9% 上升到 2016 年的 2.7%;科学研究和技术服务业吸纳就业能力从 2012 年的 2.2% 上升到 2016 年的 2.3%。从表中数据可以看出,我国生产性服务业就业能力偏低,生产性服务业中就业能力较高的主要集中于交通运输仓储和邮政业、金融业等,而科学研究和技术服务业、信息传输软件和信息技术服务业占比较低。

表 5-2 2012~2015 年生产性服务业吸纳就业能力　　单位:%

年份	交通运输仓储和邮政业	信息传输软件和信息技术服务业	金融业	租赁和商务服务业	科学研究和技术服务业
2012	4.4	1.5	3.5	1.9	2.2
2013	4.7	1.8	3.0	2.3	2.1

续表

年份	交通运输仓储和邮政业	信息传输软件和信息技术服务业	金融业	租赁和商务服务业	科学研究和技术服务业
2014	4.7	1.8	3.1	2.5	2.2
2015	4.7	1.9	3.4	2.6	2.3
2016	4.7	2.0	3.7	2.7	2.3

资料来源：历年《中国统计年鉴》。

（三）生活性服务业发展

表5-3描述的是我国2012~2015年生活性服务业增加值占GDP比重，其中，批发和零售业增加值占GDP的比重从2012年的9.2%上升到2015年的9.6%；住宿和餐饮业增加值占GDP的比重2012年为1.8%，这4年几乎没有发生变化，2015年还是1.8%；水利环境和公共设施管理业增加值占GDP的比重变化不大，2012年为0.5%，到2015年为0.6%；居民服务修理和其他服务业增加值占GDP的比重从2012年的1.5%上升到2015年的1.6%；教育业增加值占GDP比重从2012年的3.1%上升到2015年的3.5%；卫生和社会工作业增加值占GDP比重从2012年的1.7%上升到2015年的2.2%；文化体育和娱乐业增加值占GDP比重几乎没有变化，虽然在2013年出现了小幅度的变化，但始终在0.7%附近徘徊；公共管理社会保障和社会组织业增加值占GDP比重从2012年的3.7%上升到2015年的3.9%。从表中数据可以看出，生活性服务业变化幅度不大，但是一些行业出现了小幅上涨趋势，在生活性服务业行业中批发和零售业占比较高，并且生活性服务业增加值占GDP比重比生产性服务业增加值占GDP比重要大。

表5-3 2012~2015年生活性服务业增加值占GDP比重 单位:%

年份	批发和零售业	住宿和餐饮业	水利环境和公共设施管理业	居民服务修理和其他服务业	教育业	卫生和社会工作业	文化体育和娱乐业	公共管理社会保障和社会组织业
2012	9.2	1.8	0.5	1.5	3.1	1.7	0.7	3.7
2013	9.5	1.7	0.5	1.4	3.2	1.9	0.6	3.6
2014	9.7	1.7	0.5	1.5	3.3	2.0	0.7	3.7
2015	9.6	1.8	0.6	1.6	3.5	2.2	0.7	3.9

资料来源：历年《中国统计年鉴》。

表5-4描述的是2012~2016年生活性服务业就业人数占总就业人数比重，其中，批发和零售业就业人数占总就业人数比重从2013年开始没有发生变化；住宿和餐饮业就业人数占总就业人数比重从2012年的1.7%下降到2016年的1.5%；水利环境和公共设施管理业占总就业人数比重从2012年的1.6%下降到2016年的1.5%；居民服务修理和其他服务业占总就业人数比重没有发生变化，一直保持在0.4%不变；教育业就业人口虽然

出现下降,但是下降幅度较小,从 2012 年的 10.9% 下降到 2016 年的 9.7%;卫生和社会工作业人数占总就业人数比重虽然有小幅的下降,但是幅度不大,在 2016 年出现上升,从 2012 年的 4.7% 上升到 2016 年的 4.8%;文化体育和娱乐业人数占总就业人数比重的变化幅度不大,从 2013 年开始出现小幅度的下降;公共管理社会保障和社会组织业人数占总就业人数比重的出现小幅度的下降,从 2012 年的 10.1% 下降到 2016 年的 9.4%。从表中数据可以看出,生活性服务业就业人数占比出现小幅度下降。

表 5-4　2012~2016 年生活性服务业就业人数占总就业人数比重　　　　单位:%

年份	批发和零售业	住宿和餐饮业	水利环境和公共设施管理业	居民服务修理和其他服务业	教育业	卫生和社会工作业	文化体育和娱乐业	公共管理社会保障和社会组织业
2012	4.7	1.7	1.6	0.4	10.9	4.7	0.9	10.1
2013	4.9	1.7	1.4	0.4	9.3	4.3	0.8	8.7
2014	4.9	1.6	1.5	0.4	9.5	4.4	0.8	8.7
2015	4.9	1.5	1.5	0.4	9.6	4.7	0.8	9.1
2016	4.9	1.5	1.5	0.4	9.7	4.8	0.8	9.4

资料来源:历年《中国统计年鉴》。

二、存在问题与差距

(一) 整体发展

服务业劳动生产率大大低于工业劳动生产率,增速明显放缓。如图 5-3 所示,第三产业劳动生产率与第二产业劳动生产率还存在一定的差距,2013 年第三产业劳动生产率是 9.38 万元/人,到 2016 年上升到 11.36 万元/人,呈现上升态势,2016 年较 2013 年增加了 1.98 万元/人,第二产业劳动生产率从 2013 年的 11.31 万元/人上升到 2016 年的 13.27 万元/人,上升态势明显,2016 年较 2013 年增加了 1.96 万元/人,第三产业与第二产业相比,不仅劳动生产率存在差距,增速也存在一定的差距。

(二) 生产性服务业

1. 生产性服务业显著发展,但规模偏小、数量少

生产性服务业虽然获得了长足发展,但是占 GDP 比重不高,主要是因为生产性服务业都是企业内部的,只为本企业服务,发展空间受限制,从企业分离以后发展快,但规模小、数量少。

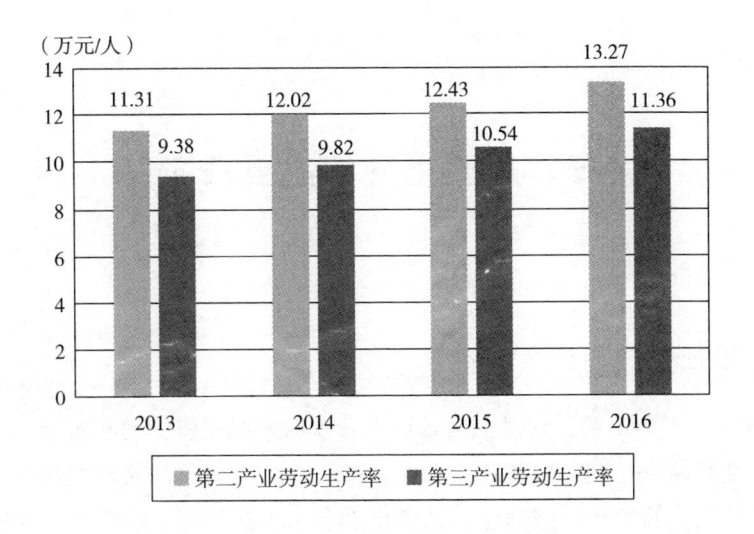

图 5-3 第二、第三产业劳动生产率

2. 生产性服务业整体结构不合理

从生产性服务业增加值占国内生产总值的比重和生产性服务业就业人数占总人口的比重来看，生产性服务业增加值占国内生产总值比重较高的是金融业，而且生产性服务业就业人数较高的也是金融业，这与我国经济出现脱实向虚趋势有关。近年来大家热衷于房地产开发投资，实体经济发展被挤压，并且由于房地产过度开发，导致科学研究和技术服务业、信息传输软件和技术服务业发展相对较为缓慢。

3. 生产性服务业与制造业的互动不充分

生产性服务业主要集中于制造业的辅助性行业，依附性较强，属于被动产业，而研发与设计等创新性产业发展相对较为缓慢，限制了制造业与生产性服务业的创新与融合。

（三）生活性服务业

1. 生活性服务业相较于生产性服务业比重较高

生活性服务业是为生活提供服务的产业，生活性服务业实现良性发展才能为社会发展提供强劲的动力，但是目前我国还存在生活性服务业较为薄弱的现象。

2. 生活性服务业劳动生产率偏低

从表 5-2 可以看出，生活性服务业就业人数较多，但是国内增加值比重较低，相较于生产性服务业，生活性服务业劳动生产率偏低。

三、质量提升的主要任务

（一）主要任务

1. 优化服务业内部结构，促进生活性服务业和生产性服务业协调发展

提高生活性服务业品质。在商贸、餐饮、家政、医疗护理、家电维修等重点领域，提升标准化、便利化、精细化、诚信化、品牌化水平。实施旅游、康养等领域质量标杆引领计划。提升餐饮业质量安全和绿色保障水平，确保社会大众饮食安全。引导行业增强品牌意识，发掘、培育一批具有时代特征、行业特色、示范性强、群众满意度高，具有丰富品牌内涵和良好社会形象的服务品牌，加大区域品牌特色发展，建设区域品牌集群。

2. 提升企业创新能力，促进企业提质增效

激发企业质量提升动力。引导企业树立质量第一的强烈意识，推广应用先进质量管理体系和方法，积极运用新理念和新技术加强服务质量管理。鼓励企业作出优质服务承诺，推动服务质量信息公开，引导服务企业全面、真实、准确、及时公开服务质量信息内容。大力弘扬创新发展、追求卓越的企业家精神，营造尊重和激励企业家干事创业的社会氛围，培育根植质量文化。

3. 加强政府监管力度，营造良好的营商氛围

（1）开展服务质量监测。加强服务质量测评指标、模型和方法研究，推进建立服务质量综合评价体系和完善服务质量监测机制。推进公共服务质量监测结果的运用，引导地方政府和有关部门改善公共服务供给结构和质量。

（2）加强服务质量监管。强化服务业领域市场监管综合执法，探索建立以"双随机、一公开"监管为基本手段、以重点监管为补充、以信用监管为基础的新型服务质量监管机制。积极适应服务经济新业态、新模式特点，坚持包容审慎监管，创新监管模式，为新兴服务产业营造良好的发展环境。

（二）主要目标

到2025年，我国服务业整体竞争力持续增强，服务业内部结构更加优化，服务质量标准达到或超过国际先进水平，初步形成以技术、标准、品牌、服务为核心的服务业质量竞争新优势，服务质量监管进一步加强，服务消费环境有效改善，消费产品和服务质量不断提升，消费者满意度显著提高。

（1）医疗、旅游、康养、物流、餐饮等服务行业质量水平稳步提高，人民群众满意度提高。

（2）内部结构进一步优化。适度提高生产性服务业的占比，保证生活性服务业的服务质量。高附加值和优质服务供给比重进一步提升，基本公共服务供给质量和均等化程度不断提升，培育一批民族特色的服务品牌和精品服务项目。

（3）培育一批质量水平一流的医疗、餐饮、康养等服务业品牌。

（4）重点领域服务业质量顾客满意度达到90%以上，骨干服务企业和重点服务项目的服务质量达到国内先进水平。

本章参考文献

[1] 许剑毅.2017年服务业稳定较快增长质量效益提升[J].服务外包，2018（2）.

[2] 许剑毅.服务业稳定较快增长质量效益提升[N].中国信息报，2018-01-22.

[3] 刘涛.我国服务业发展回顾及"十三五"发展思路和目标[N].中国经济时报，2016-08-09.

[4] 刘涛."十三五"时期我国服务业发展的总体取向[J].重庆社会科学，2015（12）.

第六章
建筑业质量提升

改革开放 40 多年来，伴随国民经济的巨大发展和社会的巨大进步，我国建筑业和房地产业蓬勃发展。随着建设规模的不断扩大，建筑总量逐年上升，对建设工程质量提出了更高的要求。建设工程质量关系到人民群众的切身利益、国民经济投资效益和建筑业可持续发展。我国正处于全面建设小康社会以及加速推进城镇化建设、建设美丽乡村的关键时期，现代化建设事业蓬勃发展，通过构建建设工程质量政府监管、社会监理、企业自控的监管体系，完善建设工程质量管理法规体系、建立统一有序的建筑市场，完善建设工程质量保险制度、提高建筑技术水平，进一步提高建设工程质量，实现建筑行业高质量发展，具有重要而深远的意义。

一、建设工程质量差距分析

在工程建设质量法律法规、监理制度、市场准入等方面，制度的完备性、科学性是一国建设工程质量的保障。经过几个世纪的发展，发达国家在工程建设领域逐步形成了较为完善的法律体系和监管机制，依据工程建设过程特征、工程质量的影响因素形成了一套以技术法规和标准为基础、以质量监管法规为准则的多层次的工程质量保障体系。发达国家在建设工程质量法规、工程质量监管、质量担保和质量保险方面具有深厚的历史渊源，立法机构和制度相对完善，形成了一些有借鉴意义的机制和做法。

（一）建设工程质量法规体系

高质量工程需要监督管理者的激励承诺。发达国家的建设工程质量法律、条例细则和建设工程质量监管体制发展得比较成熟，形成了一套行之有效的法律机制。政府主管部门监督、质量检查机构监管、施工单位自检等建设工程质量监管手段相互配合、共同发挥作用，国家的建设主管部门把建设工程质量管理法规及其监督执行作为自己的主要任务。这些国家的法律体系包括法律法规、部门法令、行业技术规范及技术标准三个层次。

就当前我国建筑工程质量的法制体系来看，我国已经形成了法律法规、条例细则和规范标准不同层次的工程质量规范体系，但在系统性、科学性等方面仍然存在欠缺。以技术规范和标准为例，我国近年来每年出台的各类标准平均有400项之多，但某些建筑领域并没有相应的标准规范；由于建设工程质量管理中的条块分割、区域分割，铁路、民航、公路、交通、水利等部门负责制定各自领域的工程建设技术标准和规范，国家、行业和地方层面都有相应的强制性条文散落在不同的标准文本里，导致条例和规范标准之间缺乏系统性和兼容性。作为我国建设工程质量的主要法规，《建筑法》和《建设工程质量管理条例》对工程质量监管中建设方的义务和责任没有做出明确规定，施工方的质量责任并未完全涵盖施工单位在工程质量控制中的主要责任和义务，从法律有效性角度看，两部法律从制定至今已有15年，尽管2011年曾对《建筑法》进行过修订，但也只涉及"施工单位应为职工缴纳工伤保险"等，这十几年来，我国建筑行业飞速发展，建设工程领域出现了很多新问题，需要明确参与各方的责任义务，保证工程质量。从法律实施手段来看，这些法律规定的违法处罚主要是行政责任，体现为停止违法行为、停产（停业）整顿、降低（吊销）资质、罚款、没收非法收入等，责任形式和强度偏轻，违法成本远远低于违法收益，不足以对违法行为产生震慑和约束。

在法规、标准的实施效果方面，尽管我国已经形成了较为完备的工程质量法律体系，但其实施效果仍有待进一步提高。另外，现行质量管理法规往往重在对单位质量责任的追究，对从业人员，如对项目经理、工程监理等的质量责任追究缺失，影响了法律的全面性。

（二）建设工程质量监管体系

1. 建设工程质量的政府监管

政府是发达国家工程质量监管的重要主体。在以市场为主体的经济环境中，政府一般较少直接干预市场。但因为工程建设关系公共利益和社会安全的特殊性，在美国，虽然联邦和州政府没有设立专门的建筑管理部门，但县级政府专门设立部门，在工程建设中参与质量控制和监督。政府部门对建设工程的质量进行积极监管，尤其对于政府投资的公共工程，政府主管部门的质量监控更加严格。在建设工程法规方面，《统一建筑法规》和《国际建筑规范》等法规明确规定，所有建设工程项目均应接受建筑主管官员的监督和检查，由政府派出检查人员对整个工程项目实施监督和检查。

日本政府对工程质量管理的干预更为深入和广泛。其建筑业最高行政主管部门是建设省，主要负责起草建设法规，主管技术标准、监督工程建设过程以及企业、个人资质审查。政府的监督管理主要侧重于工程质量对公共利益的影响，其《建筑基准法》在建筑物占地、结构、用途、面积、防火、环保等方面进行了严格限定。

德国政府不直接参与具体工程质量的监督与管理，而是通过立法手段对施工全过程进行规范。德国建筑业的最高政府主管机构是建设部，具体的建设行政管理职责则由各州和各市的政府来承担。政府对建设工程的质量监管以间接管理为主、直接管理为辅。政府对建设工程质量的直接管理主要体现在建设工程施工许可证和使用许可证的严格审批上。德国《联邦建筑法》规定，在建设工程施工前，业主需提交建设工程的设计文件以及施工图纸，经审核通过后政府主管部门才颁发施工许可证。使用许可证的颁发同美国相似，任何房屋和建筑物在取得政府主管部门颁发的使用许可证之前，一律不得使用或占用。政府对建设工程质量的间接监管主要体现在通过对质量监督的审核与认可，对机构的资质和行为进行监督管理。政府专门制定了《根据（建筑产品法）对检测、监督与发证机构的认可规定》对质量监督机构（检测机构、监督机构、认证机构）人员的准入、构成、职责及操作程序等都作出了明确规定，通过委托具备资质的质监机构监管建设工程的全程施工，来实现政府建设主管部门对工程质量的控制。

自《建设工程质量管理条例》实施以来，我国工程质量政府监管水平有了很大的提高。但是，随着我国建筑市场整体规模的不断扩大，对工程质量的政府监管水平提出了更高、更具体的要求。目前来看，我国工程质量政府监管中主要存在以下问题：一是监管体系未理顺，多头管理、条块分割。依据该条例，住建部对全国建设工程质量实施统一监督管理，铁路、交通、水利等有关部门负责对各自领域的建设工程制定技术标准，并实施质量监督管理；县级以上住建部门对本行政区域的工程质量实施监督管理，这实质上形成了多头管理、条块分割的局面，不利于工程质量的政府监管的统一、协调和系统运作。二是监管机构责任缺失，侧重事后监管，缺乏过程控制。该条例将政府监管从"审核制"改为"备案制"，将建设工程质量交由建设方组织勘察、设计、施工、监理单位自验自评，质量监管部门主要对施工过程中参与方的质量保证体系和工程质量验收进行监督，较少参与质量监督检查的微观活动，这种结果导向的制度侧重事后监督，导致现场监控和过程控制不足。

2. 建设工程质量的社会监理

独立性、客观性、公正性是建设工程监理发挥质量监管作用的基本保障，独立的第三方监理机构是发达国家建设工程监理的主要力量，监理行业应完全独立于设计单位与施工单位，客观地行使其监理职能。

美国的工程监理有两种形式：一类被称为工程咨询公司或顾问公司，其业务范围较广，负责规划、设计和施工；另一类为建设管理公司（CM公司），直接管理施工。后者大致相当于我国传统意义上的工程监理公司。美国的监理制度贯穿工程建设项目的始终，包括投资决策阶段、设计阶段、施工招投标阶段、施工阶段（含保修阶段）。业主委托的咨询公司或者CM公司在每个施工阶段结束时都要根据《统一建筑法规》及合同要求的各项规定，分阶段、分环节对工程进行质量检查验收。咨询工程师在整个质量控制过程中起到核心作用，通过全过程现场巡视检查形成各阶段工程质量检验报告，对质量问题提出技术分析及解决方案，建设方有法律义务向咨询工程师提供工程建设数据资料，且必须按照咨询工程师建议进行质量问题整改。

在日本，建筑工程监理一般只限于施工监理（日本称之为工事监理）。施工监理者由业主选定，具体负责施工过程中的监督管理。在行业规则方面，日本咨询工程师协会制定了《咨询工程师职业行为规范》，其基本原则是坚持监理工作的科学性、公正性、中立性、服务性，不论是业主选定的施工监理者还是依政令任命的建筑监视员，皆由独立于业主和承包商的第三方所担任，这充分体现了《FIDIC合同条件》对日本监理工程师制度中中立性和公正性的重要影响。

总之，不论是《FIDIC合同条件》还是发达国家法律及行业规则，以工程监理独立性作为其公正性的基础都得到了相当的体现，而工程监理的公正性是工程质量得到有效监管的前提，因此从法律层面保障工程监理的独立性显得尤为重要。从目前我国建设工程社会监理的实际情况看，业主的不当干预、承包商的抵触阻挠、监理人员责任不明共同造成了工程监理独立性的严重缺失，使监理职责得不到有效发挥。我国《建设工程质量管理条例》规定，国家对部分工程实行强制监理制度，监理人应在执业过程中保持独立和公正，但在工程实践中，监理人与业主签订监理合同，受业主委托，按照合同约定和业主授权从事工程监理活动。从承包商角度看，中标价过低等问题往往导致其对工程监理活动产生抵触，甚至可能通过与业主的"协调"，妨碍监理工作的独立开展。从监理方自身角度看，我国工程监理市场发育不成熟，尚未形成良好有序的竞争机制、信任机制、价格形成机制以及风险防范机制，监理单位低价中标、监理工程师违规渎职成本过低。另外，《建设工程质量管理条例》、《工程建设监理规定》等法规只规定了监理单位的监理责任，而监理工程师并不直接承担法律责任，充分履行监理职责的激励约束不足，导致其不能将工程监理义务落实到位。

3. 建设工程参建主体的质量控制

在美国，关于建筑工程质量有着非常专业而清晰的技术规范，同时，建筑主管官员对于工程的监督也相当严格，因此，工程质量安全成为承包商的一项市场竞争战略，为了避免质量事故的发生，施工单位都会编制自己的质量安全规范，这些企业层面的规范要求一般要高于政府的要求。施工单位的质量监管人员主要由项目施工经理和现场工程师组成。其中，项目施工经理主要负责施工质量的总体控制，现场工程师则具体负责施工过程中的质量监督工作。如果是大型项目，现场工程师会委派质监人员全过程监督施工现场的操作；如果是小型项目，则只在关键阶段实施监督检查。对于施工过程中必要的现场试验，如混凝土强度检验等，以及实施定位放线、混凝土浇筑、焊接等工作也由现场工程师负责。这些试验的数据以及检测报告必须存档，以便在项目完成后交付业主。

日本的施工单位也非常重视自身的工程质量。一方面，建立规范而严格的管理制度和质量监督体制；另一方面，采用先进技术以完善对工程质量的检测。在建设工程施工过程中，通过采用操作者自身、技术人员以及施工小组层层检验的方式，充分保证施工的质量。

"质量责任由个人承担"是法国建设工程质量管理体系的核心精神。早在《拿破仑民法典》中就有关于建设工程质量责任的规定，"建筑师和设计师必须在建筑完工10年内负有对房屋结构缺陷做维修的责任，在10年保证期满后，除非证明建筑师或设计师有欺诈行为，否则建筑工程所有者将对建筑工程负完全责任"。但是，由于建设工程完工后往往难以找到施工单位来承担质量责任，因此法国提出《斯宾那塔法》，对《拿破仑民法典》进行了全面修订，规定建筑工程项目中的质量责任由个人承担，并且属于无限责任。由于个人往往无力承担质量问题的赔付，该法规定建筑工程的参建各方必须向保险公司投保。在这样的强制工程保险制度下，各个施工单位为了获得保险费的优惠，不得不增强自身的质量意识。

在我国建设工程质量法律框架下，建设单位和施工单位是工程质量的主要责任方。但是，由于现行法律对工程建设参与主体质量责任规定不明确、不全面，现实操作中违规成本过低、政府监管不力、建筑市场管理混乱、社会监理职能缺位等，参建主体不能充分履行质量责任和义务，违法招标投标、违法承揽工程、降低质量标准、不按质量要求施工、违法指定材料供应商、建筑材料质量不合格、逃避工程质量保修义务等行为大量存在。

（三）建筑行业市场准入和资质管理

发达国家对建筑工程行业的市场准入有一套严格的法律机制，对企业和从业人员采取审核、评估、许可制度，不合规行为会被取消资质甚至受到法律制裁。在我国，建筑行业市场准入与资质管理业也已经形成了较为完整的法规体系，如《建筑企业资质管理规定》、《房地产开发企业资质管理规定》、《注册建造师管理规定》等规定了企业和人员的市场准入条件和资质。总体来看，我国建筑行业仍然存在企业和从业人员资质过低、市场准入制度执行不力的状况。如《房地产开发企业资质管理规定》规定，注册资本达到800万元的三级资质开发企业就可以承担建筑面积25万平方米以下的开发项目。资质过低、投入资金有限、技术能力不足的企业进入市场必然导致行业恶性竞争和建筑质量问题。同时，资质管理规定执行不力导致建筑市场中普遍存在资质挂靠行为。尽管《建筑法》明确规定"禁止建筑企业超越本企业资质等级许可的业务范围或者以任何形式用其他建筑企业的名义承揽工程"，但现实中大量企业通过挂靠协议、设立空壳分公司等形式，使不具备相应资质或资质不足的企业大量进入建筑市场。另外，项目经理、工程师资质要求不严，违规成本过低；一线施工人员主要由没有受过任何专门培训和没有资质的农民工组成，整体素质偏低，也是导致建筑工程质量的主要问题。

二、提升建设工程质量的对策建议

（一）完善建设工程质量政府监管

建设工程质量政府监管是政府公共管理的一部分，政府对建设工程质量实施监管的过程实质上就是监管机构对建设工程运行各个阶段相关主体之间责任、义务、利益进行调控和协调的过程。根据我国工程质量监管中存在的问题，应当从健全政府监管的组织体系、监管机构的定位与职责以及政府监管的制度体系等多方面入手，寻求更合理、更优化的监管模式和运行方式。

1. 理顺建设工程质量监管的组织体系

组织机构及其体系是实施建设工程质量监督管理的主要因素。建设工程质量监督管理的组织体系需要改变多头管理、条块分割的现状，依据统一管理、资质管理、社会化、专业化、形式多样化等予以调整。在统一管理体系上，由住建部门统一行使政府监管职能，以《建设工程质量管理条例》、《房屋建筑和市政基础设施工程质量监督管理规定》等相关规定为基础，设置建设工程质量监督机构，监督人员须经专业考核合格后方可从事工程质量监督工作。工程质量监督机构应当坚持社会化和专业化相结合的原则，组建整合技术、经济、管理等综合知识和经验的复合型团队，同时，在组织体系的具体建设方面应当保证工程质量检测机构与工程质量监督部门分离。

2. 厘清政府监督管理机构的职责定位

政府工程质量监督管理部门应明确职责定位，通过授权执法和监督执法，由符合资质条件的第三方监管机构对建设工程进行强制监督；通过施工许可制度和竣工验收备案制度对工程的地基基础、主体结构、环境质量以及相关工程建设各方主体的行为进行监督。在监管职责上，政府监督管理机构的质量监管，目前主要以建筑物为标的，对建设工程参与各方主体的资质、行为、责任及其落实的监管不充分。为此，建设工程质量政府监管的主要工作内容和职责需要进行调整和转换。首先，将工程质量监督的重心调整为对工程建设参与各方主体行为和质量责任落实状况的评价、监督，而不是仅仅注重工程实物质量检测。其次，将建设工程质量监督从施工环节延伸至建设全过程，包括规划设计、原材料、施工、成本、人员、分段验收、竣工验收等工程建设全过程。再次，强化对建设工程竣工验收的监督，完善竣工验收备案制度，同时对已完工工程质量等级评估进行核验。最后，发挥基层工程质检部门的专业技术能力，加强对重点工程、关键环节和部位的随机性检查。

3. 充实建设工程质量政府监管内容

建设工程质量政府监管制度是保证监督管理规范化、增强监督管理能力、提高质监机构水平和质监人员素质、保证监督工作顺利和高效进行的重要措施。从监管内容看，应当包含监管市场准入制度、工程项目监督委托制度、资质考核制度、业绩考评制度、验收核准制度、全过程控制制度以及业主监督验收制度等。

在市场准入上，遵循《建筑业企业资质管理规定》、《房地产开发企业资质管理规定》的市场准入的资质条件，针对建筑行业中资质挂靠、非法分包转包、超范围超资质承接工程、监理—施工同体等行为，对工程各参与主体进行严格的资质审查。同时，严格建筑行业从业人员的资质管理，通过注册类资质证书、现场管理岗位证书、特种操作工类证书等对专业从业人员进行资质管理；通过建筑劳务实名制等措施对建筑劳务用工进行管理，以提高建设工程从业人员队伍素质。

（二）发挥建设工程监理的质量监管职能

我国工程监理制度设计的主要目标是控制工程项目目标，即控制工程项目的投资、进度和质量目标，这是监理工作的"三大控制"。依据我国《建筑法》的规定，工程监理作为独立第三方，应当遵循客观、公正原则。目前，建设工程监理中存在的主要问题是监理方的独立性不足，妨碍了其在工程建设过程中作用的发挥。因此，未来应当着重培育工程监理方的独立性，充分发挥建设工程监理的质量监管职能。

工程监理独立性缺失的主要原因是监理方与业主之间权利和责任配置失衡。对于这一问题，应加强对业主不充分授权及滥加干涉监理活动行为的规范与限制，促使工程监理与业主间权利、义务、责任配置趋于平衡。具体而言，可以考虑设立工程监理合同的备案制度，加强对工程监理合同的监管。在业主对监理单位的授权问题上，我国《建筑法》、《建设工程质量管理条例》、《工程建设监理规定》都对保障监理单位的独立性和权利有强制性规定，业主应当依法将这些权利（权力）全面授予监理单位，而不得在委托监理合同中以约定的形式排除法律的强制性规定。设立工程监理合同的备案制度，将业主和监理单位签订的工程监理合同交由行政主管部门备案，可对监理合同的授权是否充分进行有力监管。对授权不充分的工程监理合同，行政主管部门应履行告知提示义务或执行行政处罚，确保工程监理服务能得到有效开展，以保证工程质量。此外，可以在相关法规中赋予行政管理部门对业主滥加干涉监理行为的处罚权，并使之操作性得到细化，使实行该类行为的业主在承担违约责任的同时受到相应的制裁，努力使工程监理与业主之间的权责配置达到平衡。

通过专家责任来强化监理单位的独立性。专家责任是广义的侵权责任中的一种，其责任主体因是特定领域具有专业知识或技能之人而具有特殊性。专家责任的实质是在侵权行为发生时，避免受害人处于合法权利无法得到保护的困境。在业主与监理单位所签订的建设工程监理合同中，由于双方在工程建设领域中对信息和知识的掌握不对称，故业主不会也不可能在合同中列举穷尽工程监理一方应承担的各项义务。相反，监理工程师是具有专业知识或者专业技能，为公众提供专业服务的专家，其职业活动应当达到自身资质要求的专门服务标准。构建工程监理专家责任、规定监理人员的法定义务有利于增强监理人员的责任感，强化其地位和行为的独立性，确保业主的工程质量达标。

（三）强化落实建设工程参建各方的质量责任

根据我国《建筑法》、《合同法》、《建设工程质量管理条例》的规定，参建主体违反工程质量义务时，一般应承担民事责任、行政责任，只有在造成重大安全事故时才承担刑事责任。由于违规成本远远低于违规收益，建设单位、施工单位以及其他参建主体违反工程质量义务的现象比比皆是，而政府监管失灵和社会监理不到位进一步加剧了违法现象的蔓延。可以从以下两方面来强化参建主体的法律责任：一方面，加强建设工程质量责任立法，明确参与方违法责任。针对参建主体的工程质量违法行为，不仅追究行政责任，还要坚决适用民事责任、刑事责任措施，如提高罚款金额、降低或吊销开发资质证书、扩大刑事责任适用范围等。对承担民事责任不以弥补损失为限，对故意或者存在重大过失造成严重工程质量问题的应当考虑引入惩罚性赔偿制度。另一方面，严格执法，加大工程质量违法处罚力度。为保证建设工程质量监管法律机制的有效运行，应加强施工单位的义务，强化其违法责任。

（四）完善建筑市场信用制度

构建和完善我国建筑市场信用制度的基本框架，包括信用信息管理制度、信用评价制度、诚信激励与失信惩戒制度。

1. 建筑市场信用信息管理制度

信用信息是信用制度的基础，建筑市场信用信息的主要内容包括建筑企业以及建筑从业人员两方面的基础信息和市场行为记录。建筑市场信用信息管理包括提高信息完善度和准确度以及完善信用信息披露制度两个方面。在具体的建构过程中应当建立多层次的信息管理体系，增强信息平台之间的互联互通，提高信息的时效性。多层次信息管理体系包括政府、行业协会、企业、中介服务机构等平台，即各级政府的政务信息公开披露系统、行业协会的同业信用信息系统、企业的内部信用信息系统，最终形成不同层面、互联互通、信息共享的建筑市场信用信息系统。

2. 建筑市场信用评价制度

建筑市场信用评级是建筑市场信用评价制度采取的最主要方式。建筑市场信用评级制度包括企业信用、项目信用、融资信用等不同角度的评级内容，业主、承包商、专业人士以及金融机构等信用主体围绕企业或项目形成一个"信用链"。我国建筑行业失信、违约等问题主要集中在工程参与主体之间的主观性失信，这就要求未来一段时间建筑行业信用评价应当重点对建设工程参与主体的信用行为和信用记录进行综合评价。

3. 建筑市场诚信激励与失信惩戒制度

诚信激励与失信惩戒机制是诚信体系的重要组成部分，是对守信者进行保护，对失信者进行惩罚，发挥社会监督和约束作用的制度保障。建设行政主管部门应当依据国家有关法律法规，制定建筑市场诚信信息的管理和使用办法，逐步建立诚信奖惩机制，并联合其他行政主管部门，采取社会、行政、经济、法律等综合惩治措施，对有失信行为的企业和人员可以依法曝光、给予行政处罚和经济制裁甚至追究失信者的法律责任，以提高失信成本，使失信者得不偿失。

（五）推行建设工程质量保险制度

在建设领域引入工程质量保险制度，引入社会力量和市场机制参与行业管理，是规范市场秩序、建立市场主体质量内控机制、创新质量管理体制机制的迫切需求。工程质量保险制度在法国、英国、日本、新加坡、加拿大等国家推行，在确保工程质量、保障工程质量缺陷引起的损害赔偿方面都发挥了很好的作用。我国从2005年开始推行工程质量保险制度，但由于政策法规、市场环境、监理制度等方面进展较为缓慢，未来应在完善法规体系、培育规范市场、引入独立质检机构等方面尽快推进工程质量保险制度。

在法规支撑体系方面，在《建筑法》、《建设工程质量管理条例》等法律法规修订过程中应加入强制购买建筑工程质量保险等相关内容。地方政府应在地方法规、规章层面着力探讨工程质量保险强制执行的政策措施，为推进工程质量保险工作创造良好的政策环境。

在规范市场环境方面,依托房屋销售环节,采取多种措施手段推进建筑工程质量保险,如要求开发商在房屋销售前公示质量保证方案、对没有质量保险的住房严格核验相关手续、从协会角度建议购房者不购买无质量保险住房等,形成推进工程质量保险的闭合链条和良好的市场氛围。同时严格工程质量保险市场准入门槛,各级建设行政管理部门要联合本地区金融管理部门严格保险公司准入。对拟开展建筑工程质量保险业务的保险公司要设置准入标准,如承保能力、偿付能力、技术水平、管理手段等,确保质量保险工作稳健推进。

推行建筑工程质量保险制度可以选择政府投资工程、建设示范工程,建议选择保障性住房项目作为工程质量保险试点工程,积累数据和经验,完善操作流程,为全面推行工程质量保险制度奠定基础。

本章参考文献

[1] 武振. 我国新型建筑工程质量保险模式研究 [J]. 建筑经济, 2016, 37 (8): 5-9.

[2] 张媛, 陆津龙, 宋婕, 顾泰昌. 发达国家建设工程的质量监督管理分析 [J]. 建筑经济, 2017, 38 (2): 5-9.

[3] 刘敬爱, 高会芹. 房屋建筑工程质量保修权益问题研究 [J]. 建筑经济, 2018, 39 (4): 8-11.

[4] 建设部关于加快推进建筑市场信用体系建设工作的意见 [J]. 工程质量, 2006 (1): 1-3.

[5] 王承军, 王鑫, 王永青. 加强法制保障全面提升首都建设工程质量水平——《北京市建设工程质量条例》要点解读 [J]. 工程质量, 2016, 34 (1): 7-11.

[6] 宋宗宇, 曾林. 建设工程质量监管的机制失灵与制度补救——以上海"莲花河畔景苑"楼房整体倾覆案为视角 [J]. 建筑经济, 2010 (2): 5-7.

第七章
农业发展质量提升

在质量强国战略背景下，我国不仅要实现后发赶超式发展，还要实现质量立国。产业是经济发展的主要支撑，如何在赶超式发展中实现产业质量提升，对于我国实现质量强国的目标意义重大。本章以农业为对象，分析农业质量发展的关键影响因素、标准、现状及问题，并给出针对性建议。需要说明的是，根据《国民经济行业分类》（GB/T 4754 – 2011）的规定，农业是指农、林、牧、渔业（不含农、林、牧、渔服务业），本章中的农业与此范围相同。

一、提升我国农业及农产品质量的关键因素

农业及农产品质量是影响农产品安全的主要因素，涉及的问题主要包括农业生产投入品的安全问题，如土壤重金属超标、灌溉水污染、肥料农药使用过多等，以及农产品加工成终端食品过程中的安全问题，如加工运输中的二次污染等。要提升农业及农产品质量，关键的因素除了农业生产过程中投入的监管、加工过程中的监管，还需要建立一些科学的标准，衡量农产品质量水平，以及建立可追溯系统，监测惩罚质量没有达标的生产者、加工者和销售者等责任人。

（一）农业生产投入要素的质量

农业生产投入要素一般包括土壤、灌溉水、肥料或饲料、农药、种子、劳动力、资金、技术、机械等，这些生产投入要素的质量是影响农业及农产品质量的关键因素之一。根据舒尔茨的观点，传统农业与现代农业的最主要差别是是否使用了现代生产要素，对于农业和农产品质量，传统生产要素会影响农业及农产品安全，现代生产要素会影响满足农业及农产品安全后的质量水平。投入要素的质量差，如重金属超标的土壤、灌溉水污染超标、肥料使用过多、农药或兽药使用过多、转基因种子、饲料添加剂（瘦肉精）等，都会导致农业及农产品质量达不到安全的标准。现实中存在着大量投入要素质量差导致农产品存在食品安全问题的典型案例，主要表现为：有些容易生虫的农产品，生产者为了拥有

好的卖相，在农产品进入市场之前就已经喷洒了大量农药，如豇豆、小白菜、洋葱、韭菜等蔬菜，橘子等水果；有些农产品在自然成熟的状态下收割容易损耗，农户为了提高产量，会在作物还未完全成熟时进行收割，再喷施农药进行催熟处理，如油菜籽收割中使用的百草枯、草莓种植中使用的催红素和膨大剂。此外，农业生态环境破坏造成土壤重金属污染严重，水体富营养化，使得农业生产环境被污染，造成食源性疾病和源头性污染。

（二）农产品加工运输的质量

农产品从生产到食用还需要经历加工运输等过程。为了防止储存时农产品腐烂变质，不法商贩会使用化学物质进行加工处理，如毒生姜、毒娃娃菜、毒大蒜等食品安全问题的出现都是因为使用了甲胺磷、福尔马林等有毒化学品对农产品进行了处理。有些农产品被深加工成商品，在加工的过程中添加了大量的食品添加剂、色素和防腐剂，如曾经轰动一时的三鹿牛奶三聚氰胺超标事件。除了添加物以外，农产品在加工过程中还可能会因为加工过程、环境、包装物或人员的不清洁而造成二次污染，如传染病、微生物、细菌、塑化剂、打蜡等。在运输的过程中，为了减少农产品损耗和保持运输过程中农产品的新鲜，大量的化学物质被使用在农产品上。如活鱼运输中使用的孔雀石绿、丁香油水门汀、巴比妥钠等化学物质。另外，不合理的装运、包装及存储可能会造成农产品腐败变质或被污染。

（三）终端农产品的质量

终端农产品主要包括市场上销售的新鲜农产品和加工销售的农产品，这些农产品的质量一般是依据农产品标准化建设来衡量的，如农兽药残留限量标准、"三品一标"、农产品质量安全追溯系统等。现存的问题主要有两方面：一是相关的农产品质量标准体系没有建设完备；二是已经建设好的质量标准难以按标准执行。前者，很多在市面上进行销售的农产品不存在基本的质量标准底线，造成很多质量不达标的农产品流入市场，危害人们的健康。后者，我国已经建立了一些农兽药残留限量标准，但是各种超标事件仍然发生，一些"有机"农产品实则不是有机产品，形成了一个农产品的"柠檬市场"。

二、我国农业的质量现状及问题分析

本部分主要对我国包括农产品、林产品、牧产品和渔产品在内的农业质量现状及存在的问题进行分析。

(一) 我国与美国农业产业竞争力的比较分析

在使用产业竞争力来测度产业层面发展质量的分析框架下，使用市场占有率、贸易竞争力及显示性比较优势指数来测算我国农业的产业竞争力，并与美国进行横向对比。

1. 我国农业市场占有率偏低，牧业、渔业相比农业、林业具有较高的市场占有率

本部分使用联合国商品贸易数据库的数据计算了中国和美国2015年农业中农产品、林产品、牧产品和渔产品的国际市场占有率，结果如表7-1所示。从中可以发现，与美国相比，我国的农业市场占有率仍较低。在农业产品分类上，与美国相比，我国农产品中有部分产品优势明显，具有较高的市场占有率；牧产品和林产品市场占有率较低；渔产品具有明显的优势，市场占有率比美国高。从细分产品来看，我国在大宗粮食作物产品上的市场占有率较低，除了特色的丝、茶、蔬菜、调味料具有一定的市场占有率，其他产品的市场占有率普遍较低。总体来看，我国农业市场占有率偏低，主要存在的问题是：粮食等大宗农产品的市场占有率偏低；林产品市场占有率整体处于较低水平；牧产品虽然相比林产品市场占有率高，但整体仍较低；细分渔产品虽然具有一定的市场占有率，但整体仍不高。

表7-1 2015年我国与美国农业产品国际市场占有率情况　　　　单位：%

农业产品分类	农业细分产品	市场占有率（中国）	市场占有率（美国）
总计	总计	3.8320	6.2720
	农产品	2.3856	3.2864
	林产品	0.2001	1.3579
	牧产品	0.5377	1.4109
	渔产品	0.7086	0.1513
农产品	蔬菜	0.1154	0.0720
	根茎类蔬菜	0.2273	0.0941
	果酱或水果制品，不包括果汁	0.1395	0.1048
	糖果	0.1013	0.0531
	茶	0.2281	0.0462
	调味料	0.1289	0.0220
	丝	0.8167	0.0036
	植物纺织纤维	0.0089	0.0042
	不挥发蔬菜油，轻质油	0.0852	0.0467
	不挥发植物油，非轻质油	0.0546	0.0188
林产品	燃料木材、木炭	0.0995	0.0356
牧产品	羊毛及其他动物毛	0.1252	0.0071
	动物油脂	0.2065	0.1329

续表

农业产品分类	农业细分产品	市场占有率（中国）	市场占有率（美国）
渔产品	鱼，新鲜、急冻或冷藏	0.1466	0.0665
	鱼（干、腌、熏）	0.0916	0.0064
	水产品，仅包括甲壳类、软体动物	0.1787	0.0549
	其他鱼类加工制品	0.2917	0.0235

资料来源：根据联合国商品贸易数据库资料计算。

2. 我国农业整体不具有贸易竞争力，农业、林业、牧业贸易竞争力较低

本部分使用数据和贸易竞争力指数测算了中国和美国2015年农业的贸易竞争力情况，具体如表7-2所示。整体来看，我国农业贸易竞争力指数为负值（-0.39），表明我国农业贸易竞争力不仅低于世界平均水平，而且还处于很低的竞争力水平。相比较而言，美国农业的贸易竞争力高于世界平均水平，且具有一定的贸易竞争力。在细分产品上，以贸易竞争力指数等于0.6为界限，我国农产品具有一定竞争力的产品有：面粉及面食（0.65）；根茎类蔬菜（0.92）；果酱或水果制品（不包括果汁）（0.67）；糖果（0.69）；茶（0.85）；调味料（0.87）；丝（0.96），其中竞争力最高的是丝。林产品除了燃料木材、木炭具有一定的贸易竞争力，其他林产品的贸易竞争力极低。牧产品中蛋，蛋黄、蛋清；腌制的肉杂碎具有较高的贸易竞争力，肉杂碎（干、腌、熏）、动物油脂具有一定的竞争力，活动物具有微小的但高于世界平均水平的竞争力，其他牧产品不具有竞争力。渔产品整体具有一定的竞争力，均高于世界平均水平，且鱼（干、腌、熏）和其他鱼类加工制品具有较高的竞争力。总体来看，我国农业整体不具有贸易竞争力，存在的主要问题是：大宗农产品的贸易竞争力普遍较低，低于世界平均水平，且林产品和牧产品的竞争力处于非常低的水平。

表7-2 2015年我国与美国农业贸易竞争力情况

第一产业分类	细分产品	中国	美国
第一产业	整体	-0.3949	0.0169
农产品	小麦	-0.9973	0.7684
	大米	-0.6926	0.4456
	大麦，未碾磨	-0.9999	-0.2669
	玉米，未碾磨	-0.9913	0.8883
	其他谷物，未碾磨	-0.9684	0.5870
	面粉及面食	0.6506	-0.1443
	其他谷物食品，面粉	-0.9031	-0.1571
	谷物制品	0.0173	-0.2485
	蔬菜	0.4298	-0.3666
	根茎类蔬菜	0.9195	-0.0492
	水果和坚果，鲜的或干的	-0.0864	-0.0083
	果酱或水果制品，不包括果汁	0.6725	-0.2993

第七章　农业发展质量提升

续表

第一产业分类	细分产品	中国	美国
农产品	果汁、蔬菜汁	0.5387	-0.2768
	糖及蜜糖	-0.3237	-0.3698
	糖果	0.6917	-0.5062
	咖啡及咖啡代替品	-0.0101	-0.7059
	可可	-0.5353	-0.7786
	巧克力及其他配制食品	-0.2133	-0.2034
	茶	0.8509	-0.3615
	调味料	0.8741	-0.8265
	动物饲料	-0.2998	0.6078
	其他可食用品	-0.1196	0.3113
	无酒精饮料	0.3260	-0.3927
	酒精饮料	-0.5058	-0.6195
	未制成的烟草、烟草废料	-0.3823	0.2164
	制成的烟草	0.1511	-0.2200
	生产轻质油的油籽	-0.9581	0.9058
	生产非轻质油的油籽	-0.1024	0.4734
	丝	0.9614	0.4777
	棉	-0.9642	0.9899
	黄麻纤维	-0.9822	-0.6379
	植物纺织纤维	-0.9697	-0.8560
	不挥发蔬菜油，轻质油	0.3976	-0.5230
	不挥发植物油，非轻质油	-0.0204	0.1718
	加工的动物、植物油	-0.8495	-0.7007
	淀粉、菊粉及小麦麸质	-0.9599	0.0984
	未加工的动物材料	-0.9954	-0.3778
	未加工的植物材料	-0.9998	0.4979
林产品	天然橡胶	-0.9953	-0.8741
	软木、原木、废料	-0.9375	0.1957
	燃料木材、木炭	0.3740	-0.3481
	木屑、刨花、废木	-0.9774	0.8164
	原木或略呈方形木	-0.9990	0.8577
	简单加工的木材及铁路枕木	-0.8158	-0.3198
	浆及纸废料	-0.9875	0.4357
牧产品	活动物	0.0401	-0.6272
	牛肉	-0.9623	-0.1063
	其他肉类、肉杂碎	-0.6307	0.5202

103

续表

第一产业分类	细分产品	中国	美国
牧产品	肉杂碎（干、腌、熏）	0.3185	0.1976
	腌制的肉杂碎	0.9892	0.3489
	牛奶及冰激凌	-0.9585	0.6579
	黄油	-0.9703	-0.3287
	乳酪（芝士）及凝乳	-0.9943	0.0151
	蛋，蛋黄、蛋清	0.9959	0.5121
	兽皮（未加工的毛皮除外）	-0.9874	0.9455
	未加工的毛皮	-0.9941	0.4355
	羊毛及其他动物毛	-0.5685	-0.0266
	动物油脂	0.5835	-0.3157
	皮革	-0.6040	0.4019
渔产品	鱼，新鲜、急冻或冷藏	0.3516	-0.3920
	鱼（干、腌、熏）	0.9221	-0.8072
	水产品，仅包括甲壳类、软体动物	0.3263	-0.6370
	其他鱼类加工制品	0.9293	-0.7811

资料来源：根据联合国商品贸易数据库资料计算。

3. 我国农业不具有显示性比较优势，在出口结构中占比较低

本部分使用显示性比较优势指数测算了中国和美国2015年农业显示性比较优势情况，具体如表7-3所示。整体来看，中国和美国的农业都不具有显示性比较优势，且中国的比较优势要小于美国。从细分产品来看，中国只有6种农业产品具有一定的比较优势，分别是根茎类蔬菜；茶；丝；动物油脂；水产品包括甲壳类、软体动物；其他鱼类加工制品，其中，比较优势最强的是丝。总体来看，存在的主要问题是：我国农业国际市场占有率较低，且在我国出口结构中占比较低。

表7-3 2015年我国与美国农业显示性比较优势情况

农业分类	细分产品	中国	美国
农业	整体	0.3163	0.7308
农产品	根茎类蔬菜	1.4870	0.6156
	茶	1.4922	0.3024
	丝	5.3430	0.0233
牧产品	动物油脂	1.3510	0.4263
	皮革	0.1437	0.9728
渔产品	水产品，仅包括甲壳类、软体动物	1.1692	0.3589
	其他鱼类加工制品	1.9087	0.1537

资料来源：根据联合国商品贸易数据库资料计算。

使用产业竞争力指数对我国农业竞争力进行测算后发现，我国除了特色农产品和渔产品具有一定的国际市场占有率外，其他农、林、牧、渔产品的国际市场占有率普遍较低；农业整体不具有贸易竞争力，且低于世界平均水平；具有比较优势的农业产品种类太少。

（二）我国农业产品质量现状及问题分析

1. 农产品生产投入要素存在质量问题，难以保障产品质量水平

农产品生产过程中投入要素的质量是农产品质量的基础保障，一旦生产环节出现了质量问题，很容易发生食源性质量安全事件。在我国，与农业产品质量直接相关的农产品生产投入要素包括土地资源、水资源、种子、肥料、饲料、农药等。土地资源和水资源主要与农产品生产的环境有关，我国还存在土壤重金属超标、水体富营养化（化学需氧量和总磷超标）等问题，据《2017年中国生态环境状况公报》数据显示，我国地下水较差级和极差级的比例分别达到了51.8%和14.8%，主要是锰、铁、三氮、重金属超标；全国耕地质量七至十等的比例为27.6%，生态环境质量较差和差的县域比例达到33.5%，在较差质量的农业环境中生产出的农产品是无法达到产品质量安全底线的。在种子方面，我国的粮食种子质量合格率已经达到97%以上，良种覆盖率也稳定在96%以上，但其他品种的良种率并不高，且良种商品化率较低。另外，转基因作物的种植仍然是现实问题，到2017年，中国的转基因作物种植面积已达到280万公顷，排名全球第八，转基因作物带来的食品安全担忧一直存在。在化肥施用方面，我国虽然印发了《测土配方施肥技术规范》，但真正能够使用这一技术的仍然很少，现实中存在大量的过度施肥，不仅对农作物有害，对土壤产生危害，还会造成附近水域的富营养化。在农药的使用方面，我国虽然已经制订了一些标准，如2017年6月1日正式实施的新修订的《农药管理条例》，列出了禁止使用和限制使用的农药名录，也确立了相应的法律责任，但监管效果较差。即使我国的农药残留标准在一些方面比欧美发达国家的标准更严厉，但真正能执行的程度相比发达国家仍太低。其中存在的原因是，一方面，绝大多数市场消费者不会检测农产品中的农药残留，超标的农产品不会对人体造成即时反应伤害，存在滞后效应且周期较长，因此，消费者不能及时反馈农产品的质量信息。另一方面，我国的农产品虽然已经形成了一个较为完善的市场经济体制，但仍存在价格信号扭曲、"柠檬市场"普遍存在的问题。例如，市场上销售的高价有机农产品仍难以保障其真实性，存在以次充好的现象。同时，在农业生产过程中，为了产品的卖相好看或是迎合市场的需求，生产者往往使用一些不利于健康的激素、添加剂或化学物质，如甲醛、瘦肉精、膨大剂等。

2. 产品质量标准不完善，与发达国家相比还存在一定差距

目前的产品标准主要包括国际标准、国家标准、行业标准和企业标准等。而对于农产品[①]，我国现有的产品国家标准和质量管理措施主要包括"三品一标"等认证、专项整治、农产品食品可追溯体系、《农药管理条例》等。以国家地理标志产品为例，我国正在

---

① 此处的农产品指的是大农业产品，包括农、林、牧、渔产品。

进行国家地理标志产品示范区建设，已经进行的有四川省成都市蒲江县的丑橘、猕猴桃、雀舌、米花糖、杂柑和郫都区的郫县豆瓣等，四川省广元市朝天区的核桃，广东省江门市新会区的陈皮，吉林省延边州安图县的长白山人参，贵州省铜仁市德江县的天麻和黔南州都匀市的毛尖茶，安徽黄山市太平县的猴魁茶，辽宁省沈阳市辽中县的葡萄、鲫鱼等，上海市松江区的仓桥水晶梨，江苏省无锡市阳山县的水蜜桃，浙江省衢州市的椪柑，广西壮族自治区南宁市横县的茉莉花等。与国外相比，我国在国外注册的地理标志产品数量仍然偏少（见表7-4）。

表7-4 中国与外国的地理标志产品注册情况

地理标志产品注册	中国在国外注册的地理标志产品	外国在中国注册的地理标志产品
产品	龙口粉丝、蠡县麻山药、陕西苹果、琯溪蜜柚、龙井茶、金乡大蒜、镇江香醋、盐城龙虾、平谷大桃、东山白芦笋	干邑、苏格兰威士忌、孔泰（乳酪）、洛克福（乳酪）、苏格兰养殖三文鱼、马吉那山脉（橄榄油）、阿让李子干、布列高科尔多瓦（橄榄油）、帕尔玛火腿、哥瑞纳—帕达诺（奶酪）、斯提尔顿白乳酪/蓝乳酪、纳帕河谷（葡萄酒）、香槟、龙舌兰酒（特其拉）、波尔多

资料来源：国家质检总局。

（1）农产品质量分级标准与欧盟和美国相比仍太笼统。依据不同要求，农产品质量分级标准将功能和用途相同的农产品质量进行分级和归类，从而形成规范性文件。它是实现农产品按质定价、促进农产品国际贸易的基础。国际上比较认可的农产品质量分级标准有：联合国欧洲经济委员会（UN/EDE）的农产品质量标准和美国农业部的农产品分级标准。这是因为：它们的分级标准比较细化，使产品在市场中能够被买卖双方以较低成本获得其质量信息，促进了市场秩序的规范。而我国的农产品质量分级标准还存在相对简单笼统、与安全卫生规定混杂、同一产品存在不同的分级标准、分级标准与检验认证不结合等问题。

（2）农产品质量安全标准与发达国家相比仍不完善。农产品质量安全标准大致包括农业投入品类标准、安全卫生标准、农业资源环境类标准、动植物防疫检疫类标准、农产品品质规格类标准、管理规范类标准、生产技术规程、名词术语类标准。一般而言，国际上通常把强制性标准归入技术法规范畴，如农业投入品标准、农药与兽药残留限量等安全类标准；而把非强制性标准归入自愿性标准范畴，如生产技术规程。我国在农产品质量安全标准的制定和管理上与国外都存在一定差异。如表7-5所示，我国农产品质量安全标准还存在法律法规体系保障不完全、标准种类相对单一、标准制定与管理主体混乱、职责不明确、出口产品的国内标准与国际标准不统一等问题。已有数据表明，2015年，我国农产品质量安全例行监测总体合格率为97%，仍存在一定的提升空间。

表 7-5 我国与发达国家农产品质量安全标准比较

	发达国家	中国
法律法规体系保障	法律法规体系保障比较完善。如美国有《禽类产品检验法》、《联邦肉类检验法》、《蛋类产品检验法》、《食品质量保护法》等	2006年以来，我国出台了《农产品质量安全法》及其配套规章，但农产品质量安全法律体系仍不完善，针对细分种类的农产品质量安全的立法缺乏
主导作用主体	政府	政府
标准种类	以国家标准或技术法规为中心，制定严密的标准体系。如日本以国家标准（JAS）为中心，针对农林牧渔产品及其加工品制定了严密的标准体系，其中，农产品品质分级标准就有351项，农药残留、兽药残留限量国家标准近3000项	标准相对单一，与农业产业发展结合不紧密。如农药标准只设定了一种农药的最低标准，并没有根据不同种类农产品进行最低农药标准的设定，使得生产受限。如甲胺磷，中国的标准是不得检出，美国的标准是：果菜（1.0毫克/千克）、叶菜（0.5毫克/千克）、豆类（0.5毫克/千克）、其他菜（0.5毫克/千克）
职责	分工明确，职责分明。如美国的农业标准化管理由食药局、农业部、环保署共同进行，食品添加剂和兽药标准由食药局制定，农药标准由环保署制定，农产品标准由农业部制定	标准制修订主体混乱、管理错位，存在多头管理及多种标准混杂的问题。以水果为例，卫生部门规定了58项农药残留限量指标，而质监部门仅规定了20种农药残留限量指标，且差异较大
标准制定与市场准入的主体是否统一	管理市场准入的主体与标准制定的主体有机统一。如在美国，农药的登记部门是环保署，由环保署负责制定农药标准	并不能实现有机统一。如农业部虽然管理农药、兽药登记，但只负责其中的制定兽药残留限量指标，而农药残留限量指标则由卫生部负责

资料来源：魏启文等.国内外农产品质量安全标准的比较研究[J].世界标准化与质量管理，2006（1）：8-12.

（3）农产品质量安全追溯体系的发展远远落后于发达国家。可追溯性被国际食品法典委员会（CAC）定义为能够追溯食品在生产、加工和流通过程中任何特定阶段的能力。按照中心词的定义，农产品质量安全追溯体系即为一个追溯农产品生产、加工和流通全过程中的质量安全系统，它的建立源于20世纪80年代欧洲疯牛病的暴发。目前，一些国际组织和许多国家都建立了农产品质量安全追溯体系。如英国通过基于互联网的牲畜跟踪系统（CTS），可以记录牲畜整个生命周期的情况；欧盟各国采用由国际物品编码协会推出的EAN.UCC系统开展质量安全追溯；美国推出NAIS项目进行牛肉追溯。我国国家质检总局于2003年启动了"中国条码推进工程"，开始建立我国农产品质量安全追溯体系，目前，已经形成了一些典型性农产品追溯系统，如中国产品电子监管网、国家食品安全追溯平台、农垦农产品质量追溯系统等，但与发达国家还存在一定差距。

3. 产品品牌在国际市场上的品牌效应弱，国际知名品牌稀少

我国在农业的质量标准建设上落后于发达国家且意识薄弱，使得我国农业产品国际品

牌较少，竞争力较弱。我国主要实施了"三品一标"等农产品认证制度，并促使农业产品进行商标注册及品牌提升。截至2016年底，全国"三品一标"农产品总数达到10.8万个，种植面积达到3000万公顷，约占同类农产品种植面积的17%。农产品注册商标已达到240余万件，被国家质检总局实施保护的地理标志产品有1992个。全国"一村一品"主导产品获得无公害产品、绿色产品、有机农产品认证的专业村已达到2.3万个，其中，拥有注册商标的占26.9%，拥有省以上名牌产品的占8.1%，拥有地理标志产品保护认证的占17.4%。这些措施虽然促使我国农业已经形成了一些区域性公用品牌（见表7-6），但这些产品在国际市场上并没有形成较好的品牌效应，因而也不能提升我国农业产品的竞争力。另外，虽然我国的大宗农产品基本能实现世界第一位的生产规模，但在国际市场上的占有率并不高，且不具有贸易竞争力和比较优势，主要原因还是没有形成国际知名品牌。如2015年，我国绿色食品认证企业总数已达到9579个，认证产品总数为23386个，年销售额达到4383.2亿元，出口额却只有22.8亿美元，在境外认证的企业只有4家，产品数只有32个。

表7-6 农产品十大区域公用品牌

农产品品种	品牌
茶叶	西湖龙井、安溪铁观音、信阳毛尖、普洱茶、安化黑茶、黄山毛峰、蒙顶山茶、武夷岩茶、六安瓜片、都匀毛尖
苹果	烟台苹果（山东）、宽城苹果（河北）、万荣苹果（山西）、瓦房店小国光苹果（辽宁）、灵宝苹果（河南）、昭通苹果（云南）、洛川苹果（陕西）、扁担沟苹果（宁夏）、庆阳苹果（甘肃）、阿克苏苹果（新疆）
大米	五常大米、遮放贡米、响水大米、宣汉桃花米、安庆大米、射阳大米、盘锦大米、兴化大米、宁夏大米、罗定稻米

资料来源：乔金亮. 我国农产品品牌建设任重道远 向世界展示中国农业力量 [EB/OL]. 中国经济网, http://www.ce.cn/cysc/newmain/yc/jsxw/201707/12/t20170712_24159294.shtml, 2017-07-12.

4. 有机农业、生态农业等保障农业产品质量的生产方式发展相对缓慢

国外提高农产品质量水平的典型做法是推动有机农业和生态农业的发展。有统计资料显示，全球有机农业种植面积排名前三的国家是澳大利亚、阿根廷、美国，欧洲和北美洲是全球有机农产品的主要消费市场。在亚洲，日本、韩国和新加坡等发达经济体是有机农产品最主要的消费市场。无论是在有机农业的发展上，还是在生态农业的发展上，我国都落后于欧美国家。主要原因是：我国的农产品市场还是一个存在价格信号扭曲的"柠檬市场"，不利于有机农业、生态农业这些保障农业产品质量的生产方式的发展。且与欧美等国家相比，我国不存在完善的保障条件来促进有机农业和生态农业的发展，欧美国家不仅在法律法规上给予保障，还制定具体的标准和产业政策加以监督和引导。以美国为例，主要通过法案、标准和政策推动有机农业的发展。国会在1990年通过了有机食品生产法案（Organic Foods Production Act），并授权成立国家有机标准委员会。从2001年开始正式施行有机标准，到 2002 年，已经建立了全国统一的有机认证体系。除此之外，美国还在《农业法案》中对有机认证成本采取补贴，并进行各种优惠支持。关于有机农产品的认证机构，大致有官方、私人或非营利三类认证机构，认证标识主要有 4 级。同时，美国也是世界上最早发展生态农业的国家之一。1990 年，颁布的《污染预防法》就对生态农业进行了明确规定，国会通过的《1990 年农业法》更是对农业生产种植的标准进行了规定。通常，一般农产品的种植必须遵循《物种保护法》、《种子法》、《自然资源保护法》、《肥料使用法》、《土地资源保护法》、《植物保护法》、《水资源管理条例》和《垃圾处理法》8 项法律法规。在法律法规的限定下，通过绿色补贴等优惠政策对生态农业的发展给予政策支持，如在生态农业基础设施建设方面、科研设计等技术方面的费用全部由联邦政府支付，同时联邦政府还支付一半的灌溉工程建设费用，其余的一半费用由地方政府或由政府提供担保的优惠贷款支付（李伟娜等，2013）。

三、提升我国农业质量的途径

为了实现质量强国的战略目标，我国必须从要素、产品、企业、产业和国家层面同时实施质量提升策略。经过上文的分析，至少可以从以下四条途径提升农业质量。

（一）保障耕地、水资源等农业生产投入要素质量，进行原产地控制

耕地、水资源等生产要素不仅对农业发展至关重要，对于人类发展也具有十分重要的意义。因此，要优先保障耕地、水资源等生产投入要素质量，为农业质量提升提供良好的要素条件。在耕地方面，要进一步进行土壤改良和土质提升，提高一至三等地的比例；对于重金属超标的土壤，应该先进行改善后再种植农产品。在水资源方面，要加强力度治理水资源污染问题，实施更为严格的测土配方施肥和科学的农药使用，防止面源污染；禁止使用污染超标的水资源来灌溉农产品。在种子方面，进一步提高良种的商品化率；在转基因种子的使用中区分食用商用和非食用商用，科学论证转基因农产品的安全性，消除人们对转基因农产品的安全恐慌。在农药施用方面，应严格实施《农药管理条例》，并结合农药残留标准进行管理。在化肥使用方面，应推广测土配方施肥器的使用，提高测土配方施肥的比例，引导农业生产者科学施肥。在养殖业的饲料使用方面，应严格执行养殖标准，对于违反标准的生产者进行处罚。

（二）完善产品标准体系，深化产品品牌提升计划

在产品质量管理措施方面，严格按照《农产品质量安全法》的规定，尽快促进农、林、牧、渔产品质量安全管理细则的出台，为保障农业产品质量安全提供法律保障；实施农业标准化战略，坚持质量兴农，突出安全、优质、绿色导向，细化和健全包括农药、兽

药、饲料添加剂在内的农产品质量和食品安全标准体系，建立和完善农产品全产业链质量追踪体系，进一步实现国内标准与国际标准的对接；加强农、林、牧、渔产品的标准制定与管理机制完善工作，实现产品市场准入与管理的主体有机统一；深化产品产地管理和质量安全县（市）建立管理。在产品品牌方面，推进农产品商标注册便利化，支持新型农业经营主体申请"三品一标"认证，打造知名公共品牌、合作社品牌、企业品牌和农户品牌，并强化品牌保护；加快提升国内绿色、有机农产品认证的权威性和影响力，引导企业争取国际有机农产品认证，多形成一些具有国际品牌效应的农业产品品牌。

（三）大力发展有机农业和生态农业，完善原产地标识制度建设

学习欧美国家在有机农业和生态农业上的发展经验，加快出台促进有机农业和生态农业发展的法律法规，在法律效力上保障不同模式的绿色农业发展方式的应用。在法律法规的保障下，制定细化的绿色农业发展标准，结合标准制定引导绿色农业发展的产业政策，通过补贴或优惠税收促进绿色农业认证机构发展。另外，加大原产地标识示范区的建设，提升国家地理标识产品在国外注册的数量。同时，完善原产地标识制度建设，结合优势农产品、特色农产品的建设对原产地域产品的通用技术要求、专用标志、质量以及特性制定强制性国家标准。

（四）完善农产品质量安全追溯体系建设，建立农产品质量负面清单

选择一些品种的农产品和企业进行试点，逐步建立农产品质量安全追溯体系。可以学习美国经验，制定《食品安全跟踪条例》，要求所有涉及农产品生产、加工、运输、进出口的企业进行全过程记录。促使农产品质量安全追溯体系建设覆盖农业生产的全产业链，并将违反农产品标准的生产者、加工者、运输者和销售者记入农产品质量负面清单。对于已经申请"三品一标"的产品，根据质量负面清单建立进入和淘汰机制，对违反标准的生产者、加工者、运输者和销售者进行经济惩罚，并追究相应的法律责任。

本章参考文献

李维娜等．美国发展生态农业的成功经验［J］．世界农业，2013（1）：92-94．

第八章
企业质量管理的发展

质量是企业的生命，是企业整体素质的展示，也是企业综合实力的体现。随着质量管理工作的不断发展和完善，质量管理理论日臻完善。本章以质量管理的发展为脉络，分别从质量内涵、管理方法、代表性观点等维度对质量管理发展历史做出简要介绍，并对质量管理的发展趋势进行了描述。

一、企业质量概念演变

20世纪，质量管理的发展经历了质量检验、统计质量控制和全面质量管理等阶段。从质量管理理论的发展轨迹可以观察到，随着经济的发展和社会的进步，质量理念也在不断演变。

（一）符合性质量

40年代，符合性质量概念以符合现行标准的程度作为衡量依据，符合标准就是合格的产品质量，符合的程度反映了产品质量的水平，即狭义质量的核心要求是质量的符合性，如符合图样规定、符合技术标准。与之相对应的是符合性质量管理，符合性质量管理是以检验中心为质量管理，将检验作为一种管理职能从生产过程中分离出来，建立专职的检验机构，由检验人员按照产品质量标准对产品生产过程的符合性进行检验。符合标准就合格，就是高质量，不符合标准就是不合格，相应地产生了"质量是检验出来的"的说法。

（二）适用性质量

60年代，适用性质量概念以适合顾客需要的程度作为衡量的依据，从使用的角度定义产品质量，认为质量就是产品的适用性。美国的质量管理学家朱兰博士认为质量是"产品在使用时能够成功满足用户需要的程度"。质量涉及设计开发、制造、销售、服务等过程，形成了广义的质量概念。从符合性到适用性反映了人们在对质量的认识过程中，已经开始把顾客需求放在首要位置。即广义质量的核心要求，符合标准不一定就是高质量，只有适应市场需求才是高质量。市场需求是多方面的，企业只有对形成产品质量的各个环节实施控制，才能确保影响产品质量的所有因素符合要求，生产出合格的产品。此阶段的质量管理特征是：立足企业，面向市场。通过提高员工的工作质量，控制质量产生、形成和实现的全过程，产出满足市场要求的产品，相应地产生了"质量是管理出来的"的说法。

（三）满意性质量

80年代，质量管理进入到全面质量管理阶段，将质量定义为"一组固有特性满足要求的程度"。它不仅包括符合标准的要求，而且以顾客及其他相关方满意为衡量依据，体现"以顾客为关注焦点"的原则。全球经济一体化的时代，质量已成为了效率、完美、合理和进步的同义词，生活质量的提出把质量渗透到社会的各个领域，全面质量的概念被公认，全面质量的核心要求是顾客持续满意，这种满意性质量管理以顾客为中心，不仅要满足顾客对产品质量、价格、服务的要求，还要满足顾客个性化、风土人情、心态习惯的需求。企业主动满足顾客需求，甚至顾客还没想到，企业就超前考虑顾客需求。全面质量是从市场角度定义的，质量由顾客来评价，根据顾客的需求，全面质量强调了质量与成本的统一，强调了质量创新，包含了质量文化、质量道德的内容。

（四）卓越质量

90年代，摩托罗拉、通用电气等世界顶级企业相继推行六西格玛管理，逐步确定了全新的卓越质量理念——顾客对质量的感知远远超出其期望，使顾客感到惊喜。根据卓越质量理念，质量的衡量依据主要有三项：一是体现顾客价值，追求顾客满意和顾客忠诚；二是降低资源成本，减少差错和缺陷；三是降低和抵御风险。其实质是为顾客提供卓越的、富有魅力的质量，从而赢得顾客，在竞争中获胜。

二、质量管理历程

随着社会生产力的发展，科学技术和社会文明的进步，质量管理也在不断进步和发展，质量管理的发展大致经历了产品质量管理阶段、标准化质量管理阶段、质量文化管理阶段。

（一）产品质量管理阶段

产品质量管理包括质量检验管理、统计质量管理、全面质量管理，主要围绕生产和产品质量实施科学管理。质量检验管理的主要代表人物是科学管理的创始人泰罗

(F. W. Taylor)，其主要贡献是：将检验作为一种管理职能从生产过程中分离出来，建立专职检验制度。美国贝尔的休哈特（W. A. Shewhart）博士提出了预防缺陷的概念。道奇（H. F. Dodge）和罗米格（H. G. Rommig）共同设计了抽样检验表，并提出了第一个抽样检验方案。

统计质量管理方法利用数理统计原理预防产生废品并检验产品质量，专职检验人员转为由专业质量控制工程师和技术人员承担。在统计质量管理的发展过程中，美国的质量管理专家戴明（W. E. Deming）博士做出了重要贡献。

全面质量管理的代表人物是费根堡姆（A. V. Feingbaum）和朱兰（J. M. Juran），他们主张用全面质量管理的思想去加强质量管理，提倡讲究质量成本，加强企业经营中的全面质量管理。

（二）标准化质量管理阶段

随着ISO9000系列标准的逐渐完善及其被世界绝大多数国家所采用，有力地促进了质量管理的普及和管理水平的提高。质量体系作为质量管理的载体开始被大家所接受，大多数企业推行质量管理都是在质量检验的基础上起步的，按照ISO9000标准要求建立健全质量管理体系，使影响产品质量的各因素和各项活动处于受控状态成为广大企业的选择。

（三）质量文化管理阶段

20世纪90年代以来，随着全球市场竞争的日益激烈，科技文化的不断发展，追求卓越、质量经营等质量文化理念开始盛行。质量文化是企业在长期生产经营实践中逐步形成并相对固化的一系列与质量相关的管理理念的综合。质量文化的形成和发展的基本路径是质量改进、全面质量管理和质量文化的形成，其在管理对象上不同于以往的以产品质量、工序质量和工作质量为中心，开始强调以人为中心，通过人的行为管理和激励促使全员正确地工作以保证质量的改进和提高；在管理方法上，从侧重维持性质量保证的监测控制开始向着眼于持续性质量突破改进；等等。

总之，从发展历程看，质量管理经历了四次革命：第一次革命是建立专门的QC（Ouality Control，质量控制）部门，第二次革命是建立专门的QA（Quality Assurance，质量保证）部门，第三次革命是将所有QA工作转交给所有职能部门（生产、采购、物流、营销等），第四次革命是消灭专门的质量部门，开启了质量"免费"时代。产品质量控制工作由生产人员承担，质量管理职能已经分解到企业的各个部门，无须专门的质量部门。

三、发达国家质量管理的发展

质量管理的理念首先在美国发轫，在日本得到发扬光大。美国和日本两个国家经济的发展与质量管理理论体系的构建和成熟密切相关。

（一）美国质量管理历程

美国是现代质量管理的发源地。美国科学技术发达、工业基础雄厚，在质量管理的实践中形成的理论、技术和方法对世界各国都产生了很大的影响，特别是在西方工业化国家中具有一定的代表性。

美国重视质量管理理论的研究和创新，如质量检验理论、控制图理论、全面质量管理理论等都产生于美国。美国企业的质量管理更强调程序化、规范化，注重质量控制。在管理方法上，重视标准化在质量管理方面的作用。美国注重个人的职责权限和划分，希望建立完善而细致的管理制度，同时强调强有力的领导作用和突出的企业价值观念。美国企业对质量方面的改善主要集中在关键程序和主要问题上，而且要能在财务上体现出来，或者寻求整体的大突破或创新。因此，美国比较重视成本分析工作，其质量改进的曲线是阶梯式向上的。

20世界80年代，日本的成功迫使美国转身来学习日本的全面质量控制，并创立了马尔科姆·波多里奇质量奖，该质量奖帮助美国重新夺回了世界霸主地位，它的成功也充分证明了政府在推动质量进步方面的重要作用。

（二）日本质量管理历程

第二次世界大战后，日本从美国引入了全面质量管理。多年来，日本在推行全面质量管理时结合本国国情，形成了一套具有日本独特风格的质量管理理论、方法体系，引起了世界各国的普遍重视。

与美国相比，日本更注重将引进的各种现代质量管理理论与方法本地化，并应用于生产实践。日本质量管理的特点是强调自主、主动管理，重视质量改进。日本强调集体的力量而不是个人英雄主义，非常典型的日本式质量管理方式就是QC质量小组。在质量改进方面，日本推崇的是质量至上的文化，在这种文化的推动下进行持续地改善，全员通过团队方式参与。在质量改进方面，日本主导的改进方式是现场改善和质量小组的小项目推进，其质量改进曲线是平滑向上的。

日本在1951年设立了戴明奖，戴明奖的总目标是确保对产品质量和服务质量的控制。它对质量概念的描述侧重质量是由过程决定的。戴明奖创立后，许多企业都将获取戴明奖作为提高本企业质量管理水平的手段，促进了日本质量管理的广泛深入开展。

四、质量管理的发展趋势

回顾质量管理的发展历史，可以清楚地看到质量的概念在不断地拓宽和深化，人们在解决质量问题中所运用的方法、手段，也是在不断发展和完善的；而这一过程又是同科学技术的进步和生产力水平的不断提高密切相关。同样可以预料，随着新技术革命的兴起、知识经济的到来以及由此而提出的挑战，人们对质量的认识也将促进质量的迅速提高。

（一）质量的载体不再局限于产品

随着质量管理理论和实践的不断发展，质量管理的载体不再只针对企业产品以及过程和体系或者它们的组合。质量载体将由以制造业为主的工业企业产品向全社会的各种组织所产出的产品、服务甚至工程转变，涵盖医疗卫生、交通运输、政府银行等单位，而质量载体不仅包括生产制造过程，还将包括设计、规划、供应、销售和服务等相关过程。

（二）质量管理更注重质量改进和质量保证

从内容上看，传统质量管理的核心是通过对生产过程的控制来防止不合格产品的产生，以保证产品符合规定的质量标准。激烈的市场竞争和国际环境将促使企业在关注质量控制的同时转向质量改进和质量保证。通过质量控制和质量保证活动发现质量工作中的薄弱环节和存在问题，再采取针对性的质量改进措施，进入新一轮的质量管理PDCA循环，以不断获得质量管理的成效。

（三）质量管理方法与互联网等紧密结合

在质量管理方法方面，对质量管理的单一检验方法将发展为各种管理技术和方法的一起应用。在质量管理活动中引入更多的互联网、大数据甚至人工智能等新一代信息技术。在自动化生产中对产品的设计、生产过程采用一系列在线检测技术取代传统的事后成品检验方法。

（四）质量管理监督主体不只是企业和相关质检部门

传统的质量管理监督的主体只是企业的质量检测人员以及政府的质监部门等，随着新科技革命以及新一代信息技术与实体经济的融合，质量监督的主体、形式都将更加丰富。企业内部的质量监督不再局限于专业质检人员，而是全员参与；企业外部的政府监督、行业监督和社会监督将会发挥更大的积极作用。质量管理会更加公开和透明，更加社会化，形成全员共治的质量治理机制。

（五）质量管理的空间范围朝着国际化发展

以信息技术和现代交通为纽带的世界一体化潮流正在迅速地发展，各国经济的依存度日益加强。其中生产过程和资本流通的国际化是企业组织形态国际化的前提；技术法规、标准及合格评定程序等是质量管理的基础性、实质性内容，采用国际通用的标准和准则，传统的质量管理必然跨越企业和国家的范围而国际化。质量认证制度得到市场的普遍认同，也从一个侧面展现了质量管理的国际化。

本章参考文献

[1] 蔡耀华. 民用建筑工程施工质量管理［J］. 企业导报, 2009（6）.

[2] 董东铭, 陈运焘. 质量概念的演变与新世纪质量管理的发展趋势［J］. 中国科技信息, 2010（6）.

[3] 刘宇. 现代质量管理学［M］. 北京：社会科学文献出版社, 2009.

[4] 哈里·赫兹. 波多里奇卓越绩效评价准则20年与质量概念的演变［J］. 中国质量, 2008（12）.

[5] 郝玉玲. 浅议全面质量管理与ISO9000族标准之间的关系［J］. 黑龙江科技信息, 2008（1）.

[6] 杨焕, 乔志杰. 论质量管理的发展趋势［J］. 企业导报, 2013（6）.

[7] 郑立伟, 商广娟, 采峰. 质量文化评价及实证研究［J］. 世界标准化与质量管理, 2008（10）.

第九章
质量管理方法与工具

20世纪初以来，管理学研究者和实践者对质量管理内涵的认识不断深化，经历了从单纯强调事后质量检验和质量保证到事前计划和控制与事后检验和保证并重，再到运用系统工程思维和标准化管理思维实施全员与全过程质量管理的多次变化。在这一进程中，学术界和实践界开发出了大量具有普遍应用价值的质量管理方法和工具，以帮助各类组织（包括企业、高校、医院、政府部门、非政府组织等）在不同导向、不同类型的组织活动中取得优异的质量结果。进入21世纪后，社会产出逐渐从以有形产品为主向以服务和信息为主转变，质量管理的方法和工具也得到了进一步拓展，如精益六西格玛、卓越服务、生态质量管理等。本章按照质量管理理论与实践的发展脉络，首先介绍统计质量控制、全面质量管理、六西格玛管理等20世纪产生的经典质量管理方法和相关工具，其次介绍这些经典方法和工具在21世纪新社会需求形态和新经济增长范式下的拓展与演变。

一、统计质量控制

统计质量控制（Statistical Quality Control，SQC）即统计过程控制（Statistical Process Control），其产生是质量管理超越单纯的事后质量检验，开始关注事前预防和质量控制的标志，更是质量管理发展为独立学科领域的起点。所谓统计质量控制，主要是指应用统计分析技术区分生产过程中产品质量的随机波动与异常波动，据此对生产过程中造成产品质量变化的异常趋势提出预警，以使管理人员采取措施，消除异常，控制并提高产品质量，降低对事后质量检验的依赖度，通过系统的控制替代大量检验工作。

第一次世界大战后期，美国的休哈特（W. A. Shewhart）等率先将数理统计原理引入质量控制环节，提出了以控制图和抽样检验为代表的统计质量控制。1929年，休哈特的同事发表了名为《一种抽样检查方法》的论文，将统计抽样方法应用于产品质量检验，用抽样检验替代全数检验。在生产率提高、生产规模扩张的战后，抽样检验方法科学地提高了事后质量检验的效率，帮助企业有效地应对大批量产品的快速检验问题，但并未突破产品生产—质量检验的二分思维。休哈特则进一步提出，要提高产出质量，不仅需要完善事后检验方法,更需要从事前预防入手,在发现生产过程中不良率提高的先兆时立即开展分析改进工作,从源头上降低不良率,将产品生产和质量控制融为一体。1931年,休哈特出版了《工业产品质量的经济控制》一书,正式提出控制图这一运用数理统计原理进行事前预防和质量控制的工具。作为新统计学的发源地,英国对统计质量控制的研究也起步较早。统计学家皮尔森(E. S. Pearson)等陆续发表了一些有关统计质量控制的著作。1935年,英国推出了本国质量标准B.S.600,并开展了许多关于统计质量控制和质量标准推广的实践活动。

尽管统计质量控制方法早在20世纪30年代即被美、英两国的组织所采用,但直到第二次世界大战期间才得到了广泛的应用和长足的发展。战时,复杂武器系统和军用电子设备(如雷达网络)的复杂程度剧增,而工期要求和成本控制却越来越严格。军工企业必须保证大规模生产的武器产品的高可靠性,传统的事后质量检验方法已经无法应对这种压力。相关企业迫切需要应用新的方法和工具,减少浪费,使不合格产品在即将形成或刚开始形成时就能被及时发现并纠正。因此,1941~1942年,美国军政部门陆续发布《质量管理指南》、《数据分析用控制图法》、《生产过程质量管理控制图法》等文件,强制军工企业运用统计质量控制工具,质量提升成效显著,统计质量控制对产品质量提升的作用自此得到了广泛认可。此后,英国引进了美国的Z1标准,并直接将其作为本国新的B.5.1008标准。第二次世界大战结束后,统计质量控制方法与工具更被快速推广到多个国家的民用部门中。欧洲各国自1953年后纷纷从美国聘请专业人士,指导实施质量控制,并于1965年设立了欧洲质量控制组织。

简易统计图表、休哈特的控制图、全面质量管理中的"老七种"和"新七种"工具等,都是传统的统计质量控制工具的典型代表。例如,简易统计图表类型多样,变种繁多,是用于分析现场问题的、简单而不可或缺的统计质量控制工具。在工作现场测得的各种原始数据难以解读,必须经过统计整理转化成易于理解和运用的统计图表,才能向管理者和现场工作者揭示过程中的随机波动与异常波动,使其及时采取措施,消除异常。休哈特的控制图就是通过测定、记录并比较过程当前状态的样本信息与根据过程固有变异建立的控制界限,以评估过程是否处于统计控制状态。控制图上绘有中心线、上控制界限和下控制界限(统称为控制线),并有按时间顺序抽取的样本统计量数值的描点序列。若描点落在上控制界限和下控制界限之外,或描点在上控制界限和下控制界限之间的排列不随机,则表示过程中出现了异常波动,需要立即介入,以恢复过程的稳定。石川馨(Ishikawa Kaoru)总结的全面质量管理"老七种"工具就是基于统计分析方法或为了支持统计分析方法而发展出的工具。其中:①直方图用于了解产品的平均值、波动大小、超出质量标准的比例等信息;②折线图用于了解产品质量相关数据随时间的变化情况;③排列图用于确定造成产品质量不合格的主要原因;④因果图用于寻找影响质量、时间、成本等问题的潜在因素;⑤检查表用于以简单、便利的形式获取现场数据;⑥分层法用于归纳性质相同的、在同一条件下收集的数据以进行比较分析;⑦流程图用于认识过程,识别其中可能的问题源头和改进机会。

统计质量控制奠定了现代质量管理学科的发展基础。迄今为止,虽然质量管理早已由事后质量检验和事前质量控制拓展到全员参与、全过程保障的全面质量管理，但统计质量控制工具仍然是各种质量管理方法最基础、最重要的工具之一，被生产制造部门和其他众多社会经济部门广泛应用。近年来，随着计算机运算能力的提升和数理统计软件的普及，质量控制越来越多地借助包含复杂方程和符号的、高度依赖于计算机系统的复杂统计手段来实现。不过，许多传统工具尽管只利用了简单的计算方法和图表展示方式，但由于实用性强，运用简便，能采用初级的统计数据和统计方法得出客观结论，因此具有很强的生命力，已经渗透到了质量管理的方方面面，至今仍然常见于各类组织的质量管理实践中。

二、全面质量管理

全面质量管理（Total Quality Management，TQM）又称为综合质量管理，是以质量为中心、以全员参与为基础、通过使顾客和所有利益相关者受益而达到长期成功的一种质量管理方法，也是近半个世纪以来最具革命性的质量管理方法之一。美国波多里奇奖、欧洲质量奖等各种质量奖及ISO9000质量管理标准等众多新的质量管理模式都借鉴了全面质量管理的思想。20世纪五六十年代，行为科学学派日益兴盛，它将对人的管理提升到所有管理活动中最重要的地位。这一变化对质量管理产生了重大影响，使质量管理思想从片面强调基于客观数据的统计方法和质量检验，转变为通过调动人的积极性来保证产出质量。其中最突出的成果就是全面质量管理的出现。1961年，通用电气公司质量管理部部长菲根堡姆（A. V. Feigenbaum）在《全面质量管理》一书中，首先定义了全面质量管理，即"全面质量管理是为了能够在最经济的水平上、在充分考虑到满足用户要求的条件下进行市场研究、设计、生产和服务，把企业内各部门研制质量、维持质量和提高质量的活动融为一体的一种有效体系"。此后，质量成本（经济地生产出满足用户要求的产品）成为美国全面质量管理体系的中心维度。第二次世界大战之后，日本企业管理界引入全面质量管理方法并将其本地化，又形成了一套具有本国特色的、重视现场小组与持续改善的质量管理方法。

全面质量管理中的"全面"二字至少包含三方面的含义。第一，质量是经济性与顾客需求的统一。全面质量管理强调适用性质量，并不盲目追求产品性能最优，而必须综合考虑性能、成本、价格、服务和交货期。离开经济效益和质量成本谈质量没有实际意义，透支成本的质量不值得追求。"质量并不等于最佳，而是顾客使用和售价的最佳。"第二，质量管理既需要对物进行管理，也需要对人进行管理。在全面质量管理的早期发展阶段，戴明等专家普遍认为统计质量控制是解决质量问题的重要而唯一的工具。但随着全面质量管理思想与应用的推广，管理学理论取代了统计学理论，成为这一方法的重要理论基础。与统计质量控制单纯依赖数理统计工具不同，全面质量管理需要综合运用管理学、系统工程学、运筹学、心理学、组织学、计算机科学等多个学科领域的工具，充分发挥所有组织成员的作用，以更加全面地解决质量问题。第三，质量管理是一项涉及组织活动全部环节的工作。质量检验和统计质量控制仅仅针对生产制造环节,全面质量管理则强调产品生命周期所有相关环节都应参与到质量管理之中。产品质量的形成与实现覆盖市场、研发、设计、采购、检验、售后等多个产品价值链环节,仅仅控制生产制造环节并不足以保证质量。

全面质量管理方法很快被全球各国广泛接受,各国加入了不少符合自身国情的实践成果,形成了美国、日本、苏联三大各具特色的体系,其中又以日本体系最具特色。1946年,由于质量不佳的通讯器材造成驻日美军频繁遭遇电话故障,美军建议日本电气通讯工业界采用美国的质量管理新方法。日本学界和产业界组成质量管理调查小组,开始调查、引入质量管理方法。同时,政产学三方人员在日本科学家与工程师联合会中成立了质量控制研究组,致力于向日本企业推广质量管理方法。1950年,该研究组邀请戴明前来日本,举办面向企业高级管理者和技术人员的讲习会。最初,讲习会以引入相对成熟的统计质量控制方法为主,但是,美国的质量控制方法在某些情况下容易造成工人与基层管理人员之间的对立情绪,并不适合重视集体主义的日本企业。为此,1954年,该研究组邀请重视人际关系的质量专家朱兰来到日本,将结合日本企业实际编写的教材用于高层讲习会。当企业高层接受质量控制方法之后,开始在工作现场和各个部门推广质量控制工具。在工作现场的质量管理活动中,出现了后来成为日本式全面质量管理典型工具的QC(质量控制)小组。1962年,《现场与质量管理》杂志创刊号号召日本企业实行QC小组,使其在全日本范围内迅速普及,形式更趋多样化,对建立全员质量管理意识、推动质量管理实施起到了重要的积极作用。随着全部门、全员以团队形式参与质量控制活动成为常态,日本企业的质量管理开始由统计质量控制向全面质量管理的转变。注重全员参与、团队协作的全面质量管理方法扭转了日本企业的质量表现,得到了全球的广泛关注。

在菲根堡姆、戴明、朱兰、石川馨、新卿重夫等专家的不懈努力下,全面质量管理糅合了来自不同学科领域的思想和工具,已经演变为一整套以质量为中心、多方法、多工具的综合管理方法。其基本特点是将质量管理从对生产制造职能的分散管理转变为以系统工程观念为支撑的综合管理、从以事中控制和事后检验为主的结果管理转为以事前预防和改进为主的过程管理、从基于统计数据的机械管理转为强调个人能力和人际关系的人本管理。

从方法逻辑来看,休哈特提出的PDCA循环、朱兰提出的质量管理"三部曲"和新卿重夫提出的源头检验体系共同奠定了全面质量管理划分管理环节、改进工作程序的基础。具体而言,休哈特提出的PDCA循环(又称戴明环)是一种能使任何活动有效进行的工作程序,包括四个环节的管理循环:①计划(Plan):确定目标和原则,制订活动规划;②实施(Do):从已知信息出发,设计并实施具体的管理方案和布局,实现计划内容;③检查(Check):总结计划执行成果,明确效果,找出问题;④处理(Action):总结成功经验和失败经验,将成功经验予以标准化,将未能解决的问题提交给下一轮PDCA循环解决。朱兰在《朱兰质量手册》中将全面质量管理过程划分为质量计划、质量控制、质量改进三个普遍环节,但其基本逻辑与戴明环并无二致。PDCA循环和质量管理"三部曲"建立了全面质量管理体系运行的科学程序,是企业组织开展质量管理活动的基础规则。在此基础上，新卿重夫进一步指出，产品质量不仅取决于生产企业自身的质量管理水平，还取决于供应商的质量管理水平。因此，企业应将质量形成的源头追溯到上游供应商处，将供应商纳入质量管理体系中，全面质量管理的覆盖范围也从生产企业自身延伸到了上游供应商。

从工具运用来看，戴明总结的14条质量管理原则是全面质量管理的指导原则，也是引导企业组织持续消灭整个管理系统中影响效率和良率的因素。这14条原则是：①建立持之以恒改进产品和服务的长期目标和实施计划；②采用能应对竞争的质量管理新思想；③停止仅靠大规模检验来保证质量的做法；④改变仅以价格为标准选择供应商的做法，以全过程总成本最低为标准选择供应商；⑤发现问题并持续改进生产和服务系统；⑥采用现代化的岗位技能培训方法；⑦采用新的领导方式，提升领导能力；⑧消除员工的恐惧感；⑨消除不同部门之间的壁垒，推动跨部门团队合作；⑩低质量和低生产率是制度问题而不是员工问题，应取消面向一般员工的口号、标语和告诫，着眼于从制度上消除质量和效率问题的根源；⑪取消简单的定额管理和目标管理，用信任代替控制，强化领导职能；⑫消除打击员工工作情感的、妨碍员工因质量提升而感到自豪的障碍；⑬鼓励学习和自我提高；⑭建立高层管理者推动实施上述原则的机制。尽管全面质量管理专家认为戴明的14条质量管理原则仍有值得商榷之处，如朱兰提出第10条原则并无必要，应使员工在思想上重视质量，感受到低质量产出带来的压力。但总体来看，这14条原则整合、串联起了众多关键工具，使全面质量管理成为一个原则清晰、工具丰富的体系。

在14条质量管理原则的指导下，全面质量管理实践综合运用了石川馨"老七种"工具等各种统计质量控制工具以及QC小组等组织管理手段。正如石川馨所指出的，数据和事实是全面质量管理的出发点，但统计工具和专业技术只是服务于全面质量管理的手段。只有在全面质量管理的观念下，结合QC小组、QC诊断等多种手段，活用统计质量控制工具，才能真正实现持续的质量提升。作为全面质量管理最重要的执行手段，QC小组指的是针对特定的质量改善项目，由同一工作现场的所有人员自发组成，遵循科学的质量管理工作程序（如PDCA循环）共同协作，以民主方式相互启发，集思广益，持续不断地改善工作现场，促进该项目和整个公司的质量发展。1960年，石川馨在《现场与QC》期刊中首次提出了QC小组活动，并于1963年在日本仙台召开了首届QC小组代表大会。QC小组的最初目的并不是改善工作现场，而是创造快乐的工作环境，使员工感受到工作的价值和意义，但由于QC小组非常有利于基层员工随时共同研究解决生产过程中出现的问题，有助于在工作现场运用各种工具、落实全面质量管理，因此发展成为以质量和现场改善为主要任务的工具。

三、六西格玛管理

六西格玛管理是一套系统的过程改进方法,旨在通过持续改进业务流程,实现生产服务的零缺陷,以带动质量成本大幅度降低,同时提供顾客满意的产品和服务质量。字母Sigma(σ)在数理统计中表示标准差,在六西格玛管理中则代表着质量尺度,用于衡量产品、服务和过程的缺陷水平。当组织达到六西格玛水平时,其缺陷率不高于百万分之3.4;即在100万次可能的出错机会中,组织出现的缺陷不超过3.4个。六西格玛管理诞生于20世纪80年代中期,继承并发展了全面质量管理方法,尤其是其中的过程改进方法。当时,日本企业已经实施全面质量管理20余年,产品质量和对外出口持续攀升,致使美国企业逐渐失去了国内市场。美国企业受此警醒,开始学习日本企业的质量管理思想,不再将提升产品质量简单视为一项成本增加活动,转而寻求同时实现产品质量提升和总成本降低的途径,由此走上了"六西格玛"这条新的质量改进之路。

六西格玛管理诞生于摩托罗拉公司,但直到1995年在通用电气实施之后,才对管理界产生了广泛而深刻的影响,并由全面质量管理方法上升为企业经营战略。1980年,摩托罗拉公司为了应对日本产品在收音机、电视机、半导体等多个细分市场上的挑战,启动了一项工作提升计划,该计划包括四个方面的目标,其中之一是在5年内将质量改进10倍。这项质量改进计划也成为六西格玛管理最初的雏形。1987年,摩托罗拉公司开始在内部全面推行六西格玛管理,质量改进目标快速提升,很快从每5年改进10倍提高到每2年改进10倍,直至1992年达到六西格玛水平。此后,大量美国企业被摩托罗拉公司的重大成功所触动,相继引入了这一管理方法,并将许多有关领导力提升和组织变革的"软工具"补充到原本以使用统计分析工具为主的六西格玛管理方法中。在这些企业里,以通用电气对六西格玛管理方法的改造和拓展最为突出。1995年,在韦尔奇(J. Welch)的强力推动下,通用电气开始大规模开展六西格玛项目,并逐渐将六西格玛管理从以实现六西格玛质量水平为目标的过程改进方法发展为一整套顾客驱动下的解决问题、提高绩效的系统方法,进而上升为与全球化、服务化、电子商务等并列的战略性活动。统计意义上的六西格玛质量水平不再是六西格玛管理的唯一目标,彻底、持续地改善组织业务流程,全面实现顾客满意成为六西格玛管理的重点。六西格玛管理也逐步发展为全球企业追求管理卓越的重要举措,并很快从制造业部门走向了服务业部门。

经过几十年的发展,六西格玛管理已经形成了一套科学而完善的实施流程,并发展出了大量相关工具。最常见的六西格玛实施流程简称为DMAIC流程,由过程界定(Define)、测量(Measure)、分析(Analyze)、改进(Improve)、控制(Control)五个阶段构成。DMAIC流程已经发展为一个逻辑严密的过程循环,是由项目管理技术、统计分析技术、现代管理方法等综合而成的系统。其常用工具不仅包括直方图、折线图、排列图、因果图、检查表、分层法、流程图的质量管理"老七种"工具，还包括测量系统分析、失效模式与效应分析、调优运算、测量系统分析等更加复杂的工具。

作为六西格玛管理的重要工具，DMAIC 流程已经具有一套成熟的操作方法，但在产品和流程质量提升上仍存在一定的局限性。例如，实践表明，至少 80% 的产品质量是由早期设计所决定的，但 DMAIC 流程专注于改进现有的生产和服务流程，并没有将设计流程纳入分析和改进系统之中。近年来，针对 DMIAIC 流程的局限性，六西格玛设计（Design of Six Sigma，DFSS）等新的管理方法和流程模式被引入到六西格玛管理中。

四、精益管理

精益管理（Lean Management）是一种通过去除工作流程中的非价值创造步骤从而实现流程改进、缩短价值创造时间的管理方法。从价值创造的角度出发，精益和质量的概念异曲同工，即所有产品和服务都必须能够提供顾客所认同的价值。精益管理始于定义价值，即在合适的时间以合适的价格向顾客提供产品、服务或利益；任何不为顾客提供价值的事物或活动都应被视为浪费。与其他流程改进方法相比，精益管理更注重通过整体流程改造实现结构性改进。工作流程中的多数环节都是冗余环节，只有少数环节真正创造价值。传统的流程改进方法（包括早期的六西格玛管理）是在整体工作流程和工作环节固定不变的前提下寻找提升局部效率的方法，如检查机器设备以降低产品不良率、运用自动化设备加快生产周期等，因此只能提升各个环节局部效率，并不能从根本上消除整个工作流程中的结构性浪费。运用这些传统方法改进后的流程仍然存在许多不创造价值的冗余环节，并持续面临着这些环节造成的浪费。与此相比，精益管理则着眼于整个工作流程的全面优化，通过减少或彻底消除各种非增值活动，压缩造成浪费的冗余环节，更好地创造价值。

精益管理源自丰田公司，是丰田公司对当时主流的福特制生产管理方式的重大变革。第二次世界大战结束后，日本制造业企业受限于本国极度匮乏的资源条件，无法有效地实践当时盛行的福特制批量生产方式。福特制需要充足的资金、庞大的市场和完整的供应链予以支持，而战后的日本既缺少现金和本土需求，又没有完善的国内供应体系。在这种情况下，日本企业如果遵循福特制的一般原则很难提高流程效率，必须突破福特制，设法调整生产流程，以寻找能同时达成高质量、低成本、短前置期、灵活弹性等多个目标的生产管理方式。丰田公司汲取了福特制生产管理模式、服务业作业流程、全面质量管理等多种管理思想，发展出独有的精益生产方式，并将其传授给主要供应商，打造出整条精益产业链。20 世纪 70 年代第一次石油危机爆发后，日本企业普遍陷入困境，丰田公司却凭借精益生产方式快速恢复了盈利能力。此后，精益生产方式在日本快速传播开来。不过，直到 90 年代《改变世界的机器》一书出版后，这一生产方式才广为人知，并成为质量管理的重要方法。

丰田精益生产方式的精髓是 14 项原则，这些原则最初仅应用于质量控制领域，随后延伸到质量计划领域，意在使产品或服务从源头开始即便于实现从客户需求到客户使用的转变。在 14 项原则的引导下，价值流程图、6S 管理、快速改进、过程防错等都是精益管理模式下用于识别浪费、消除浪费、提升质量、降低成本的有效工具。具体而言，价值流程图（Value Stream Mapping，VSM）是描述物流和信息流的可视化工具，通常包括对当前和未来两种状态的描述。反映当前状态的价值流程图记载着当前组织中产品或服务从创意构思到商品化的全过程价值流，即过程中的所有业务活动和相关指标（如工作周期、停机时间、生产能力、等待时间、产量、库存等）。因此，该图能够帮助识别出整个过程中哪些活动属于增值活动（将原材料或信息改造成满足顾客需求的产品或服务的活动），哪些活动属于非增值但必要的活动（无法创造满足顾客需求的价值，但对组织自身而言必不可少的活动），哪些活动属于非增值且非必要的活动。组织可以据此找出问题与改进机会，减少非增值且非必要的活动，绘制出反映期望中的"未来状态"的价值流程图，以此推动价值流改进。

6S 管理是一种建设清洁、整齐、高效的现场工作环境的精益管理工具。该工具旨在合理组织预防工作现场可能出现的缺陷和意外事故，消除浪费在寻找各类物品上的时间，使员工养成认真、严谨的工作习惯，更加安全、迅速地执行工作，实现更低成本。6S 管理得名于其各个步骤的日文罗马标注发音首字母缩写，主要包括以下六个基本步骤：①整理（Seiri）；②整顿（Seiton）；③清扫（Seiso）；④清洁（Seiketsu）；⑤素养（Shitsuke）；⑥安全（Security）。6S 管理看似简单，易于理解和应用，若能持之以恒，往往会带来巨大的收益。

快速改进又称现场快速改进，是一种对特定对象进行集中、快速的现场改善的工作方式，与日本式全面质量管理方法中的 QC 小组在原则上有颇多相似之处。快速改进多以小团队形式定期开展，利用各种标准化工具箱针对选定的目标、现场、工序等寻找并实施可行的改善方案，在一定时间内快速迭代，达成可观的改善成果。为了在短期内根除浪费，加快改善速度，快速改进团队应由来自多个级别、多个部门的成员组成，保证团队能将与改进相关的整个过程和所有问题都考虑在内，使各层次员工和相关部门都能快速理解和接受改善方案。快速改进团队的工作思想，是通过渐进性的细节改进实现从量变到质变的转变。改善活动并不需要一次达到最高标准，而且多数为基于常识的低成本改进，并不刻意追求基于突破性创新的改进。但是，通过反复的系统性工作，快速改进团队却往往能攻克深藏在组织机体中的浪费问题，实现高难度的改善目标。此外，由于有明确的数据作为活动和奖励的依据，快速改进团队也能够很好地调动各级、各部门员工的积极性，深挖平日难以发现的浪费问题。

过程防错是一种运用预防手段提高产品和服务质量的工具。设计防错是使用最为广泛的过程防错手段之一，旨在通过恰当的设计（如重新设计机器和工具等硬件）降低发生人为错误的可能性（如将部件设计成有凸槽和凹槽的形式，避免错误组装）。消除（Elimination）、替代（Replacement）、简单化（Facilitation）、检测（Detection）、缓和（Mitigation）是过程防错的五项基本原则。其中，消除是指通过产品和过程的再设计消除出现差错的可能性；替代是指用更加可靠的工作程序替代原有工作程序；简单化是指将工作程序改进得更易执行；检测是指通过检测避免有差错的产品流入下一道工序；缓和是指在未能避免差错的情况下将差错带来的不良影响最小化。消除、替代、简单化和检测都强调了预防差错的积极努力，缓和则体现了差错发生后的被动应对。由此可见，过程防错是一种既主动又被动的工具，而其重点在于运用主动手段、从源头上防止差错的产生。

五、质量管理的最新发展

社会经济发展和顾客需求变化要求质量管理方法和工具能够与时俱进。20世纪，各国响应本国社会经济发展和市场竞争需要，陆续发展出了全面质量管理、六西格玛管理、精益管理等质量管理方法与相关工具。21世纪以来，经济增长方式与社会需求结构快速变化，产品创新和服务部门的重要性日益凸显。为了应对产品创新、服务质量、环境保护等方面的挑战，新的质量管理方法不断涌现，补充或替代了传统的质量管理方法。在这些新方法中，又以精益六西格玛、卓越服务和生态质量最受瞩目。

（一）精益六西格玛

精益六西格玛是精益管理与六西格玛管理相融合的产物。近年来，信息技术快速进步，缩短了产品生命周期和创新周期，大大提高了业务流程与最终产出的复杂程度。要在时间压力增加、定制化水平提高的情况下保证产品与服务的质量，必须同时提升生产和服务过程的有效性（Effectiveness）和效率（Efficiency）。为此，一些组织将精益生产的思想和工具应用于六西格玛管理，形成了精益六西格玛。事实上，六西格玛管理与精益管理虽然源起不同，解决问题的方法也存在差异，但在核心理念上都强调基于顾客满意的持续改进，二者的结合是六西格玛管理应用于系统性业务流程改进的必然结果。六西格玛管理源于西方国家重视制度、工具化的管理思想，其以数据分析为基础，优点在于能够应用大量统计工具精确界定问题，不断提高流程效率；缺点则在于过分强调量化统计工具，对整个流程的增值性和有效性关注不足。精益管理模式源于东方世界以人为本的管理思想，可以将任何情况作为改进起点，其优点在于能够与相关利益主体建立全面合作关系，着眼于流程的整体优化和持续的全面变革，改进整个过程的有效性；其缺点则在于过多依赖经验管理，缺乏定量分析，在部分环节上可能存在效率不高的问题。对比可见，六西格玛管理和精益管理具有很强的互补性，将二者整合为精益六西格玛有助于发挥二者的优点，摒弃各自的不足。

精益六西格玛结合了精益生产与六西格玛的方法和工具来解决复杂问题。在结合精益方法之后，六西格玛管理模式下的 DMAIC 流程被拓展为精益六西格玛模式下的 DMAICL

流程，即定义（Define）—测量（Measurement）—分析（Analysis）—改进（Improvement）—控制（Control）—推广（Leverage）。其中，各个环节的主要活动如下：①定义：运用精益思想，定义顾客价值，提出流程框架，进而结合六西格玛工具定义具体的改进项目。②测量：综合运用精益管理的时间分析技术和六西格玛管理工具，测量过程管理的现状。③分析：综合运用精益流动原则和六西格玛管理工具，分析过程中的变异和浪费。④改进：从流动和拉动这两项基本原则出发，运用精益管理和六西格玛管理模式中所有可以利用的工具，增加、删除、简化、重排或合并流程环节，提高整个流程的稳健性和有效性。⑤控制：在完成六西格玛管理的控制内容之外，对精益六西格玛实施中产生的新问题进行总结，以便在下一个循环中进一步完善系统。⑥推广：在形成可推广的模式后，由点到面地大范围推广应用项目成果。

（二）卓越服务

卓越服务是服务业质量管理的主要方法。许多以提供服务为主要业务的组织认为"质量"多针对制造业产品，因而用服务卓越一词取代了服务质量一词。与制造业产品相比，服务质量往往难以量化，只能依赖定性判断。服务"虚拟化"的本质决定了服务业组织在推进质量改进项目时，会遭遇比生产制造业组织更严重的数据不足、测量不准等问题。不过，从实施理念和具体工具来看，实现卓越服务与提高服务质量不存在本质差别。随着制造业与服务业走向融合，生产性服务占经济部门的比重快速增加，服务部门的社会经济影响日益提升，加之信息技术进步降低了服务业数据收集和量化评价的难度，无论是对生产制造业企业还是对服务业企业而言，卓越服务的应用范围都将越来越大。

（三）生态质量

生态质量是质量管理响应环境可持续性需求的全新发展。质量管理领域正在发生着根本性的观念转变，企业发展质量、产业发展质量与可持续性发展已经成为相互依存的主题。质量提升不应损害环境已成为新时代质量管理的共识。更重要的是，质量管理不应局限于控制质量提升活动对自然环境的危害，更要从根本上改进现有产品、服务和流程的环境特性。环境可持续性既是顾客需要，也是社会责任，质量管理要在产品和服务的设计阶段即以设计环境友好、面向未来的产品、服务和流程为目标。目前，新生的生态质量管理工具主要包括：①ISO14000 环境管理体系。ISO14000 系列标准在许多方面借鉴了ISO9000 系列标准的成功经验，其基本思路是建立环境管理的自我约束机制，推动组织中从最高领导到基层员工对环境绩效的持续改进。ISO14000 适用于所有企业组织，而不论其规模、地点或行业。企业组织可以对照 ISO14000 标准建设环境管理体系，最大限度地降低产品或服务对环境的负面影响。②生命周期评价。环境管理的生命周期评价是对产品或服务在全生命周期过程中造成的环境影响进行分析，对象包括温室气体、臭氧层消耗、荒漠化等多种环境损害形式。生命周期评价始于 1969 年美国中西部研究所受可口可乐公司委托对饮料容器从原材料采掘到废弃物处理的全过程进行的跟踪与定量分析，目前已被纳入 ISO14000 系列标准，成为环境管理和产品设计的重要支持工具。③能源审计。这是对工作过程或系统的能源流的检查和分析，目的在于提高能源效率，减少总能耗。根据能源审计结果，组织能够发现改进机会，减少能源浪费，降低二氧化碳排放和运行成本。

本章参考文献

[1] Cudney, E. A. Design for Six Sigma in Product and Service in Development Applications and Case Studies [M]. Boca Raton, FL: CRC Press, 2012.

[2] DeFeo, J. A. and J. M. Juran. Juran's Quality Handbook: The Complete Guide to Performance Excellence (7th edition) [M]. New York: McGraw – Hill Education, 2016.

[3] Deming, W. E. Out of the Crisis [M]. Cambridge: MIT Press, 1986.

[4] Dodge, H. F. and H. G. Romig. A Method of Sampling Inspection [J]. Bell Labs Technical Journal, 1929, 8 (4): 613 – 631.

[5] George, M. L. and D. Rowlands. What is Lean Six Sigma [M]. New York: Mc Graw – Hill Education, 2003.

[6] Ishikawa, K. How to Operate QC Circle Activities [M]. Tokyo: QC Circle Headquarters, Union of Japanese Scientists and Engineers, 1985.

[7] Ishikawa, K. QC Circle Koryo (General Principles of the QC Circle) [M]. Tokyo: QC Circle Headquarters, Union of Japanese Scientists and Engineers, 1980.

[8] Liker, J. K. The Toyota Way: 14 Management Principles from the World's Greatest Manufacturer [M]. New York: McGraw – Hill, 2004.

[9] Pande, P. S., R. P. Neuman and R. Cavanagh. The Six Sigma Way: How to Maximize the Impact of Your Change and Improvement Efforts [M]. New York: McGraw – Hill Education, 2014.

[10] Shewhart, W. A. Economic Control of Quality of Manufactured Product [M]. New York: D. Van Nostrand Company, 1931.

[11] Shewhart, W. A. Statistical Method from the Viewpoint of Quality Control [M]. Washington: The Graduate School, the Department of Agriculture, 1939.

[12] Srinivasan, K., S. Muthu, S. R. Devadasan and C. Sugumaran. Six Sigma through DMAIC Phases: A Literature Review [J]. International Journal of Productivity and Quality Management, 2016, 17 (2): 236 – 257.

[13] Womack, J. P. The Machine that Changed the World: Based on the Massachusetts Institute of Technology 5 – million dollar 5 – year Study on the Future of the Automobile [M]. New York: Rawson Associates, 1990.

[14] 大森信. 清扫的力量：日本企业从清扫中悟出的管理真谛 [M]. 赵鲲译. 北京：人民邮电出版社，2018.

[15] 何桢. 六西格玛管理（第三版）[M]. 北京：中国人民大学出版社，2014.

[16] 苏比尔·乔杜里. 六西格玛设计的力量 [M]. 张彦玲和胡楠译. 北京：电子工业出版社，2003.

第十章
品牌质量与管理

我国正处于由制造大国向制造强国转变、由注重规模扩张和发展速度向注重发展质量提升转变的关键阶段。在制造业与服务业广泛深度融合的全球新一轮工业革命背景下,保障并提升产品与服务质量、培育高质量的自主品牌已经成为当前刻不容缓的重要任务。高质量自主品牌是本土企业和整个国家综合实力的集中体现,推进品牌质量战略是释放产业转型发展空间、促进产业链和价值链向高端跃迁、加快供给侧结构性改革的必要举措。近年来,党中央、国务院高度重视品牌建设工作。早在 2011 年,《工业转型升级规划(2011～2015年)》已经提出应大力实施质量和品牌战略,引领和创造市场需求,提高工业产品附加值和竞争力。2014 年,习近平总书记做出了推动"中国产品向中国品牌转变"的重要指示。2016 年,《"十三五"规划纲要》明确提出要"开展质量品牌提升行动"。2017 年,国务院批准了《国家发展改革委关于设立"中国品牌日"的请示》,将每年5月 10 日设立为"中国品牌日"。

根据质量与品牌之间的紧密关系,针对中国提高品牌质量的迫切需求,本章将遵循从理论到实践的分析脉络,首先阐述品牌质量的内涵与价值,继而讨论品牌质量提升的主体与途径,再分析中国品牌质量建设的战略意义及其在新业态新领域中面临的新挑战,最后讨论政府与企业这两类关键主体在中国品牌质量提升进程中应有的对策和举措。

一、品牌质量的内涵与价值

品牌质量是消费者对品牌所标示的商品或服务质量的感性认知,兼具客观性和主观性。品牌质量源于产品质量和服务质量,必须以真实的产品质量或服务质量为依托,因此具有客观性。然而,品牌质量并不等同于产品质量或服务质量本身,而是最终取决于顾客对产品质量或服务质量的实际体验与感性认知,因此具有主观性。由于消费过程和体验过程不同,消费者对同一产品或服务体现的品牌质量的判断可能存在巨大差异。考虑到品牌质量客观性与主观性并存的基本特点,品牌质量提升既需要重视提升产品和服务质量,也需要把提升产品与服务质量和提升顾客感知质量有机地结合起来,后者建立在前者的基础上。如果品牌标示的产品或服务质量下降，顾客感知质量也将随之下降（尽管可能存在一定时滞）。特别值得注意的是，随着数字平台和社交媒体的爆发性增长，企业与顾客之间的信息不对称性正在降低。由于品牌质量时刻都在公众中通过数字化途径快速传播，个人对特定品牌标示的产品或服务的体验会很快影响整个消费者群体对该品牌质量的认知，产品质量和服务质量降低传导为品牌质量下降的速度更快、影响范围更加广泛。在这种情况下，消费者更加关注"说到做到的品牌"，而不是"光说不做的品牌"；一旦品牌质量受到产品或服务质量降低的影响，以后很难恢复。没有一流的产品质量和服务质量的保障，品牌质量必然难以为继。

与非品牌产品相比，品牌产品多数具有高产品质量、高服务质量、高品牌质量，由此获得了众多优势。首先，高质量的品牌可获得较高的市场占有率。1991 年，美国总审计署在一项调查报告中指出，相对于质量低下的产品，质量优良的产品可快速扩大市场占有率。统计显示，20 家接受调查的美国企业在实现产品质量提升后，市场占有率增长了 13.7%，消费者投诉率降低了 11.6%，消费者满意率提高了 2.6%，品牌知名度和美誉度也都随之增加。在贸易全球化、信息全球化的今天，品牌带来的市场集中度必将更为可观。其次，高质量的品牌可获得更高的品牌溢价。品牌产品并不必然是高价产品，但具有更高的溢价（Brand Premium）能力。在成本接近的前提下，品牌产品与同类产品的差异化程度更高，可替代性更小，更有可能以更高价格出售，使企业获得更高利润。最后，国家品牌质量直接影响该国各行业的品牌质量。世界品牌实验室发现，"国家品牌"对企业或产品品牌的贡献率达到了 29.8%。国家品牌形象一旦形成，就会塑造全球消费者对该国家产品与服务的第一印象，从这个视角判断该国产品与服务的质量。

由于高质量的品牌具有众多优势，当社会经济发展到一定阶段后，加强产品或服务质量、以品牌质量在国际竞争中取胜是发达国家和新兴经济体共同的选择。从发达国家的历史经验来看，产品品牌质量和国家品牌质量往往需要经历一个由低到高的提升过程，即使是当前以优质品牌著称的德国、日本等国也概莫能外。尽管扭转产品品牌与国家品牌形象的任务非常艰巨，但只要坚定目标、提高标准、长期投入，这项任务并非不可实现。以德国为例，早期的德国制造曾经被英国人贴上劣质产品的标签，但如今已成为优质品牌的代名词。20 世纪 50 年代，德国开始实施"以质量推动品牌建设、以品牌推动产品出口"的国家质量战略。各行各业以及贸易和标准化组织也致力于建设领先的质量认证和监督体系，减少企业的机会主义行为，确保产品质量，向国际市场传递德国产品高质量、高稳定性的积极信号，最终塑造出德国产品与服务的优质品牌形象。

再以日本为例，日本出口产品曾因质量低劣而闻名。但时至今日，日本制造已经给全球消费者留下了精益求精、工艺至臻的印象，以人性化的设计、精巧的细节和稳定的质量吸引着购买者。20 世纪 60 年代，日本大多数企业模仿国外已有产品，销售低价低质的仿冒产品。为扭转这一状态，日本政府开始实施质量救国战略。日本通产省制订了"优秀设计商品选定"制度，设立"G 标志"（Good Design Rewards，优秀设计大奖），鼓励日本企业提高正向设计能力，为消费者创造精致时尚的新产品，打造高质量的品牌。2009 年，日本政府又制订了全新的国家品牌发展战略，在多个方面采取措施，通过改善创新环境、强化品牌宣传、构筑推进机制等手段，进一步提高日本品牌质量的全球影响力。

近年来，全球各大新兴经济体也在积极打造高质量的国家品牌与企业品牌。以韩国为例，1998年，韩国推出了"21世纪质量赶超计划"，旨在通过质量创新突破中等收入陷阱，以应对具备价格优势的中国和具备技术优势的日本。2006年，为了在国家层面上整体改善全球消费者对韩国企业、产品等各类品牌的认知，韩国政府提出了国家品牌营销理念，将民族品牌推广纳入国家品牌的对外宣传计划之中。2009年，韩国成立国家品牌委员会（Presidential Council on National Branding），制定评价标准，将技术领先、设计出色的产品评选为韩国名品，再通过全球知名媒体在海外市场打包宣传，提高外界对韩国品牌的认可度。再以俄罗斯为例，2003年5月，俄罗斯推出了《国家产品与服务质量政策构想方案》，旨在通过强化全民质量理念、推广质量管理方法、创造内外部环境条件、改革技术法律法规等手段，全面提升产品与服务质量，以获得未来竞争优势。

二、品牌质量提升的战略意义

建设品牌质量是推动供给侧结构性改革的重要抓手。中共十九大报告指出，必须坚持质量第一、效率优先，以供给侧结构性改革为主线，推动经济发展质量变革、效率变革、动力变革，提高全要素生产率。当前，我国供给体系产能强大，但多数生产能力只能满足低质量、低价格的中低端需求，关键核心技术受制于人，不少优质产品（特别是高端资本品和消费品）依赖进口，旅游、体育、健康、养老、家政等领域的服务供给不能满足居民需要。要解决这样的结构失衡矛盾，就要提高供给体系质量，品牌质量建设就是其中的关键一环。首先，安全是消费的底线，保障消费安全是通过品牌质量建设改善国内消费环境、扩大内需消费的前提条件。在我国产品质量发展不平衡、质量安全事件不断发生的客观形势下，质量安全问题应当成为品牌质量提升的重中之重。其次，企业治理与社会治理双管齐下，从主动与被动两个方面形成全社会品牌质量提升的良好环境。在企业层面建立质量管理体系，提高品牌知名度和美誉度，增强消费者对产品与服务的认可度；在国家层面建立质量诚信体系和征信制度，强化质量法制建设，促进企业履行社会责任，进而提升企业和产品品牌形象，增强国内消费者对本土品牌的消费信心。

提升品牌质量是实现产业结构转型升级的关键环节。过去5年，我国经济结构出现重大变化，消费贡献率由54.9%提高到58.8%，服务业比重从45.3%上升到51.6%，成为经济增长的主动力。但正如习近平总书记强调的，推动经济高质量发展，要把重点放在推动产业结构转型升级上，把实体经济做实做强做优。我国有半数以上行业规模居世界第一，但关键技术自给率低，高中低端产能比例失调，劳动生产率和工业增加值率不高。例如，我国工业资本品的质量亟待提升。由于国内产品质量不稳定，精度保持性和可靠性低，产品生产过程的精度一致性与国外差距明显，因此国内需要的生产重大设备的母机、高端医疗仪器、高级精密仪器以及核心元器件等高端设备大量依赖进口。这不仅是我国产业发展与升级的瓶颈，而且影响了我国的产业安全，而培育具有国际竞争力的工业品牌正是解决问题的关键节点。加快新产品、新服务的开发与推广，积极应用新技术改善新产品、新服务的质量，创造更多满足甚至引领最新需求的产品与服务，打造标识这类产品与服务的优质品牌，营造重视质量、排斥劣质产品的和谐消费环境，才能将高质量的消费潜力转化为对高质量生产能力的实际需求，引导产业结构转型升级，促进企业主动追求以技术、质量、品牌为核心的新优势。

提升品牌质量是优化产业组织结构、推动新旧动能转换的有效措施。2017年5月17日，李克强总理在国务院常务会议上指出，对于中国制造业的下一个10年，大中小企业融通发展是关键。近年来，我国从工业大国向工业强国升级的社会共识已深入人心，各类企业实施创新发展战略的自觉性、主动性不断增强。但总体看，我国产业组织结构还没有完全克服传统发展模式的惯性，与创新发展模式不匹配的矛盾仍较为突出。当前，大中小企业融通发展的主要障碍之一是竞争型供应链抑制了大中小企业高质量发展的长期激励水平。大量中小企业的装备和技术水平还比较落后，资本和技术投资存量较小，循序渐进地进行自动化、信息化和智能化升级的投资规模大、投资周期长、投资风险高、投资专用性强。如果大企业继续沿用低成本导向的竞争性供应链管理策略，广大中小企业进行专用性技术能力投资的长期激励水平将被进一步抑制。作为供应商的中小企业技术能力投资激励不足，反过来又给大企业的产品质量带来了不确定性因素。未来，通过完善中小企业公共科技服务体系，加强中小企业知识产权保护和知识产权援助服务，建立鼓励大企业向高技术中小微企业采购的渠道，出台相关政策，着力发展专、精、特、新型中小微企业，进而引导大企业将专、精、特、新型本土中小微企业导入自身生产制造和供应链体系，将有助于全产业链整体突破质量瓶颈，以全新的组织形态加快形成具有国际竞争优势的行业品牌与行业力量。

提升品牌质量是建设资源节约、环境友好型社会的重要保障。绿色元素广泛渗入品牌，是当前国际知名品牌的发展趋势。2018年5月12日，首届中国品牌博览会在上海举办，汇聚了600余家企业的知名品牌，绿色、生态、环保等概念成为许多品牌形象推广的重点。同时，也应该看到，我国经济发展中的生态质量发展仍然处于较低水平。一方面，不少工业领域的技术和管理水平相对落后，资源能源利用率过低，相关工业产品距离环境友好型产品尚有较大差距。根据国务院的《关于化解产能严重过剩矛盾的指导意见》，2012年底，我国钢铁、水泥、电解铝、平板玻璃、船舶产能利用率分别仅为72.0%、73.7%、71.9%、73.1%和75.0%，明显低于国际水平。提升工业产品质量（特别是石化、钢铁、有色、建材、家电等传统工业产品质量）的重要任务之一是大幅度提高产能利用率，降低质量损失、原材料成本和能耗，减少生产过程中的有毒有害物质排放，实现绿色制造。另一方面，我国农业部门长期通过增加物资投入的方式实现粗放型增长，农业生态环境持续恶化。在未来的乡村振兴战略中，应通过"互联网+"以及新能源利用等手段推动互联网技术、生物技术在农业领域的进一步应用，推进农业的低碳化、生态化发展，减少农业污染物累积，延缓甚至扭转农业资源退化态势。

三、品牌质量提升的主体与途径

品牌质量提升不仅需要生产者善尽自身义务，而且需要生产者、消费者、社会组织、政府等多类主体共同参与。不同主体在品牌质量提升活动中承担的角色和作用的途径各有差异。

（一）生产者提升品牌质量的途径

生产者是高质量产品或服务品牌的创造者和供给者，是提升品牌质量的第一责任人和第一增值者。为了更好地履行自身责任，使品牌质量提升融入企业成长过程，生产者应从企业发展和社会责任的双重需要出发，提供符合法律法规和顾客要求的、符合质量约定的产品与服务，并在提供产品或服务的过程中避免给环境和社会造成危害，保证资源的可持续利用，实现与人类社会的共同发展。为实现上述目标，生产者可从以下方面着手。第一，全面树立品牌意识和质量意识，深刻认识到品牌质量是产品质量和服务质量的伴生品。质量意识是从高层团队到基层员工对质量工作的认识和理解的整体，对质量行为起着极其重要的影响和制约作用。只有全员保持较强的质量意识，生产者才能在创造产品或服务的每个环节上一丝不苟，建立和维护良好的品牌质量形象。第二，建立科学合理的质量管理和品牌管理体系，努力提高员工的生产技术与服务技能，提高整个企业的质量管理和品牌管理水平。提升品牌质量不仅需要一批高效尽责的生产员工，而且需要一批践行质量管理与品牌管理理念的管理人员和市场人员。要使各个环节的工作完美结合，协同支撑品牌质量提升，就必须建立完善的品牌质量管理体系。第三，实施全员品牌管理乃至全产业链品牌管理，推动企业内外部价值链向打造高质量品牌的方向协同努力。全员品牌管理，是指企业内部价值链上的所有部门、所有人员都参与到品牌质量建设中。全价值链品牌管理是指企业运用品牌质量原则逐步影响价值链上下游相关组织，推动全行业质量意识和质量活动的进步。

（二）消费者对品牌质量提升的影响与作用

消费者是优质品牌产品或服务的使用者与品牌质量的传播者，对质量的需求和重视是品牌质量建设的根本动力。生产者创造生产或服务的最终目的是满足消费者的物质或精神需求，消费者是优秀质量的直接受益者，更是低劣质量的直接受害者。随着市场经济体制的建立和我国居民生活水平的提高，国内消费者的消费需求正在由数量型向效益型转变，注重产品与服务质量、扩大对高质量品牌的消费日益成为广大消费者的追求。只有广大消费者在经济生活中都重视品牌所标示的产品和服务质量，习惯于根据品牌质量选择高质量的产品或服务，熟知自身应享有的合法权益，在合法权益受到侵害时能够依法行使权利，依法提出对产品和服务质量的要求，防止自身消费高质量品牌的合法权益受到侵害，才能从需求侧提高生产者对品牌质量的重视程度，鞭策生产者提高品牌质量，鞭策销售者选择并向消费者提供高质量品牌，形成全民追求品牌质量、摒弃低劣产品的价值观。为使消费者更加充分地发挥自身作用，切实推动品牌质量提升，政府应注意创造制度环境。首先，大力提高消费者的质量意识，通过社交网络、销售渠道、科普网络等多种途径，向消费者普及各种商品知识和服务知识。其次，有针对性地开展质量普法工作，建立产品与服务质量法律援助机制，确保消费者懂质量、会维权，在遇到质量问题、消费权益受到侵害的时候能够及时寻求并获得法律援助。

（三）社会组织对提升品牌质量的作用

与提升品牌质量相关的社会组织至少包括以下三类：一是生产者组成的行业组织；二是维护消费者利益的消费者组织；三是对质量进行检验、鉴定、检测和认证以及对品牌进行评定的中介组织。这三类组织的角色和作用各不相同。其中，行业组织应组织本行业的生产者提高质量管理和品牌管理能力，在品牌质量推进方面搭建专业的行业合作体系。消费者组织应通过多种形式，普及产品知识、质量知识、法律知识，使广大消费者深入了解产品和服务质量，同时切实利用法律武器，鼓励并帮助弱势的消费者维护其合法权益。中介组织应依法向社会提供真实、客观、公正的信息，充分发挥衔接相关群体与政府的桥梁作用，促进社会整体品牌质量意识的提升，在品牌质量提升过程中起到积极作用。

在加强产品与服务质量、打造高质量品牌等方面，发达国家的行业组织和中介组织发挥了至关重要的作用。一方面，这类组织积极加强行业标准建设，严格社会化的质量监督，推动生产者致力提升品牌质量。例如，德国标准化协会（DIN）是国际标准化组织ISO的重要成员，拥有6000多个工业公司和组织类成员，下设120多个标准委员会和3600多个工作委员会，每年发布上千项行业标准，广泛覆盖建筑工程、冶金、化工、电工、环境保护、运输等各个领域，以严格的标准体系约束成员企业的质量行为，同时向国际市场持续传递德国品牌高标准、高质量的积极信号。德国技术监督协会（TUV）是德国最主要的技术组织，专门从事安全检查和质量监督，确保各类产品符合必要的安全、环保、质量标准以及其他法规。另一方面，这类组织通过品牌测试和分析等手段，改变消费者偏好，引导消费者购买高质量的品牌产品和服务。例如，德国技术监督基金会（The Stiftung Warentest）属于独立的民事机构，经由政府授权和委托，长期进行工业设备和技术产品的安全认证及质量保证体系和环保体系的评估审核，提供独立客观的分析报告。该基金会使用的测试样品均在商店匿名购买，其报告在德国及欧洲具有极高知名度和信誉，发布的商品测试和比较结果往往会直接影响产品的销售趋势。

（四）政府提升品牌质量的途径

政府是品牌质量提升的制度打造者和环境塑造者，其责任在于运用正确的政策和措施，营造有利于品牌质量培育的良好环境，激励各方主体追求品牌质量。具体来看，政府参与品牌质量建设具有以下几个特点。第一，重点打造少数高质量的品牌，以点带面地推广国家品牌战略。不少国家和地区的政府在品牌质量建设初期都注重选择符合全球经济发展趋势、具有较强国际竞争潜力和相对优势的品牌企业或行业作为重点支持对象。第二，通过政府采购等方式，为高质量产品与服务创造领先和试验性需求，开辟市场空间，帮助具有品牌质量建设潜力的企业打通国内外销售渠道，扩大市场份额，通过保证利润空间为品牌扩张提供资金支持。第三，将提高本土品牌质量上升到国家战略的高度。回溯历史，发达国家政府对培育和推广民族品牌均给予长期支持。应落实对应的国有品牌与民族品牌推进机构，发挥社会民间力量，搭建专业的合作体系，树立国家品牌形象。

四、中国品牌质量提升的现状与问题

2001年中国加入世界贸易组织之后，特别是2007年金融危机以来，得益于中国制造贸易额的增长和产业转型升级的推进，中国本土企业纷纷加强品牌质量建设投入，加之各级政府与行业协会共同努力，中国品牌质量提升显著，形成了一批能够代表中国经济实力和发展趋势的品牌。就数量而言，跻身全球知名品牌的中国品牌日益增加。美国品牌评估机构世界品牌实验室（World Brand Lab）和英国品牌评估机构 Brand Finance 历年发布的全球品牌排行榜都非常直观地反映出这一进步。从世界品牌实验室发布的"世界品牌500强"来看（见表10-1），2007~2017年，入选前500名的中国品牌数量从12个递增至37个，入选前100名的中国品牌数量从3个递增至9个。从 Brand Finance 发布的"全球品牌价值500强"来看（见表10-2），2007~2017年，入选前500名的中国品牌数量从3个增至65个，入选前100名的中国品牌数量也从1个增至22个。就质量而言，创新型高技术企业正快速成为中国品牌扬名国际市场的生力军。移动互联等新兴技术的巨大推力缩短了品牌建设周期，大幅提升了新生品牌的影响力。腾讯、华为、联想、阿里巴巴等新兴科技品牌不仅快速进入了"世界品牌500强"榜单，而且位次攀升明显，充分显示了中国科技品牌在海外市场的活力。

表10-1 2007~2017年中国企业入选世界品牌实验室"世界品牌500强"榜单情况

单位：个

年份	入选前500名的中国品牌数量	制造业品牌数量	入选前100名的中国品牌数量	制造业品牌数量
2007	12	3	3	1
2008	15	4	2	0
2009	18	5	4	0
2010	17	5	4	0

续表

年份	入选前500名的中国品牌数量	制造业品牌数量	入选前100名的中国品牌数量	制造业品牌数量
2011	21	6	4	0
2012	23	6	4	0
2013	25	6	4	0
2014	29	4	5	1
2015	31	6	7	2
2016	36	7	8	3
2017	37	9	9	3

表10-2 2007~2017年中国企业入选Brand Finance"全球品牌价值500强"榜单情况

单位：个

年份	入选前500名的中国品牌数量	入选前100名的中国品牌数量	制造业品牌数量
2007	3	1	0
2008	13	2	0
2009	19	5	0
2010	21	6	0
2011	23	5	0
2012	30	6	0
2013	29	8	0
2014	33	10	0
2015	40	10	0
2016	50	15	1
2017	57	16	1
2018	65	22	3

尽管少数优质本土品牌在全球范围内获得了很高的知名度和美誉度，但整体来看，中国的品牌建设并不充分，高质量企业品牌、国家品牌形象亟待改善仍然是制约中国品牌走向全球市场的瓶颈。这一点在制造业部门表现得尤其突出，具体表现在：

（一）高质量品牌的数量与产业发展规模不匹配

2014年，中国单位制造业增加值（万亿美元）对应的"世界品牌500强"制造业企业数量仅为2.80家，法国、英国、美国、日本等国则分别高达61.05家、33.99家、32.53家和25.16家（见表10-3）。2015年，中国有32家制造业企业进入全球"财富500强"榜单，但仅有9家制造业企业进入Brand Finance"全球品牌价值500强"榜单。同年，不少欧美发达国家进入Brand Finance"全球品牌价值500强"榜单的企业数量却超过了进入全球"财富500强"榜单的企业数量（见表10-4）。由此可见，中国制造业企业尽管营业收入规模扩张迅速，但在品牌价值塑造与品牌形象推广方面仍然欠缺。现有的全球知名品牌数量还不足以使中国制造业整体品牌建设出现"质"变。

表10-3　2014年主要国家入选"全球品牌价值500强"制造业企业情况

国家	制造业企业数量（个）	制造业增加值（万亿美元）	每万亿美元增加值拥有的"世界品牌500强"制造业企业（个/万亿美元）
法国	19	0.31	61.05
英国	9	0.26	33.99
美国	68	2.09	32.53
日本	22	0.87	25.16
韩国	8	0.42	18.91
德国	15	0.85	17.70
印度	4	0.35	11.38
巴西	2	0.26	7.75
俄罗斯	1	0.28	3.58
中国	9	3.21	2.80

资料来源：Brand Finance和《财富》杂志。

表10-4　2015年主要国家入选"全球品牌价值500强"和"财富500强"制造业企业情况

单位：个

国家	"全球品牌价值500强"制造业企业数量	"财富500强"制造业企业数量	"全球品牌价值500强"数量/"财富500强"数量
法国	9	5	1.80
英国	19	11	1.73
美国	68	41	1.66
德国	15	10	1.50
巴西	2	2	1.00
日本	22	25	0.88
印度	4	5	0.80
韩国	8	11	0.73
俄罗斯	1	2	0.50
中国	9	32	0.28

资料来源：Brand Finance和《财富》杂志。

（二）缺少高价值的全球顶级品牌

中国现代服务业部门已出现了阿里巴巴、腾讯、京东等全球顶级品牌，但制造业特别是先进制造业部门始终缺少全球顶级品牌的支撑,大而不强仍然是中国制造的显著标志之一。从品牌价值来看,以中国入选"全球品牌价值500强"榜单的制造业企业的平均品牌价值为例,2018年,中国制造业上榜品牌总价值不到美国上榜品牌总价值的1/10,也远远落后于德国、韩国等国家。从品牌排名来看,以2017年世界品牌实验室"世界品牌500强"榜单为例,入榜的37个中国品牌仅有9个来自制造业,入选前100名的9个中国品牌仅有海尔、华为、联想3个制造业品牌。以2018年"全球品牌价值500强"榜单为例,中国制造业品牌排名集中在后半部分,仅有3个品牌进入前100名。日本整体上榜品牌数量(33个)尽管少于我国(65个),但进入前100名的品牌数量(4个)却多于我国(3个)。由此可见,尽管中国制造业已经涌现出一批自主知名品牌,但仍然缺少全球顶级品牌。

(三) 负面历史形象影响较大,对新进优质品牌的感知壁垒较高

如前所述,顾客感知质量是品牌质量的重要组成部分;顾客对品牌的感知质量一旦降低,生产者需要付出巨大的努力才可能扭转品牌形象。随着中国制造质量水平和创新水平的提高,中国制造业品牌正从早期的"低价劣质"转变为"价廉质符",即价格低廉且产品合乎合同(或标准)要求。然而,全球消费者对中国制造产品的品牌整体认知还没有发生根本转变,源于改革开放初期的"低成本、低价格、低技术含量、低质量"印象仍在延续。2016年,上海质量管理科学研究院调查了国内外消费者对中国制造品牌的认知。结果显示,35%的受访者认为中国产品价格低廉但质量较差(见图10-1)。此外,在国外受访者中,33%的受访者认为中国品牌档次低,46%的受访者认为中国产品的安全性水平低;在国内受访者中,71.4%的受访者承认自己会因为质量原因而选择购买国外品牌,且这一比例有扩大趋势。世界品牌实验室对中、美、日三国产品的声誉调查也得出了同样的结果(见图10-2)。在激烈的国际竞争中,质量平平、品牌无名的产品虽然能以高性价比吸引中低端客户,但也意味着低附加值和低效益。随着本土生产成本的上升,个性化需求日益凸显,改变国内外消费者对中国制造的负面认知刻不容缓。

正面
- 价格便宜。55%左右的英美消费者认为中国商品价格便宜
- 大规模制造能力。60%以上的英美消费者认为中国制造意味着海量生产

负面
- 质量。35%的受访者认为中国产品价格便宜但质量较差
- 安全性。46%的受访者认为中国产品的安全性水平低(相对而言,仅有9%的受访者认为美国产品的安全性水平低)
- 可靠性。57%的专家认为可靠性是中国品牌产品的劣势
- 设计时尚。只有12%的消费者认为中国产品是时尚的产品,43%的专家认为中国产品缺乏创新和设计
- 社会责任。超过半数的专家认为环保是中国品牌产品的劣势

图10-1 国外消费者对中国制造品牌的感知调查结果

资料来源:上海质量管理科学研究院课题组. 中国制造业品牌现状、问题及成因[J]. 上海质量,2016(6).

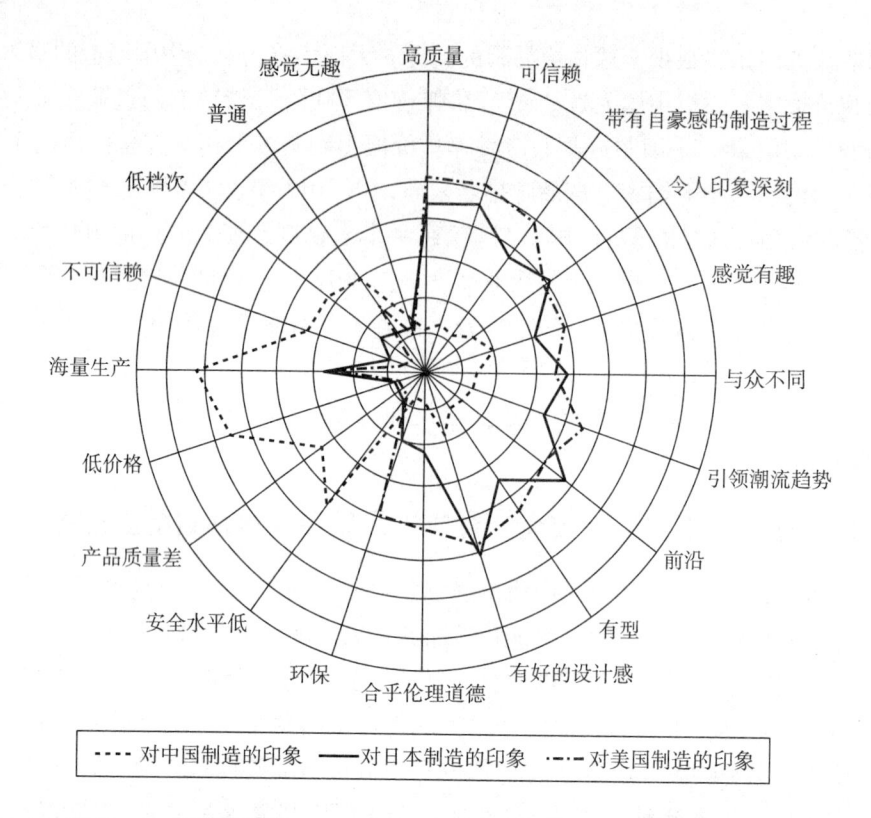

图 10-2　世界品牌实验室对中国、日本、美国三国产品的声誉调查结果
资料来源:"制造质量强国战略研究"课题组. 制造质量强国战略 [J]. 中国工程科学, 2015, 17 (7).

五、全面推动品牌质量提升的对策

针对中国品牌质量提升存在的诸多问题与挑战,生产者和政府必须各尽其责,通过加强微观努力和宏观治理,以锲而不舍、务实奋进的态度,积极倾听和响应国内外顾客对产品与服务更新的需求和期望,扭转"批量生产、低质低价"的印象,打造中国品牌的优质形象。

(一) 企业加快品牌质量提升的对策建议

1. 强化质量管理

建立严格的产品企业内部质量管理体系和供应商质量管理体系,保障产品与服务质量。

2. 丰富品牌价值

从品牌内涵出发,选择性地突出创新、服务、文化等差异化重点,促进品牌的差异化发展;通过新创品牌、品牌延伸、兼并收购等方式优化品牌组合。开展品牌价值评估,提供公允品牌信息，促进品牌增值。

3. 品牌责任承诺

公开企业的产品和服务标准，接受公众监督，塑造负责任的企业形象；投入资源开展社会服务工作和社会赞助活动，传递企业的社会责任形象。

4. 传递品牌文化

建立持续创新、持续变革、质量第一的品牌文化，并积极运用多种媒介方式将之传递给员工、客户以及合作伙伴，向大众显示企业改进质量、安全性、可靠性的决心与努力。例如，日本高铁与中国高铁在国际市场上激烈竞争。日本高铁在国际上的形象是"质量好、技术先进"，中国高铁的国际形象是"成本低廉"，实际上中国高铁的"质量、安全性、技术先进程度和运营经验"都远超日本，其品牌差异主要是日本和中国的传播策略造成的。

5. 重塑工匠精神

工匠精神是热爱并享受工作，对所生产的产品或所从事的服务精益求精的职业精神和专业态度。工匠精神有助于激发员工的工作潜能和内在动力，鼓励专业技术人才和优秀拔尖人才脱颖而出，是质量强企、品牌强企的根本。

（二）政府推进品牌质量提升的对策建议

1. 重塑国家形象

站在战略高度，消除海外消费者对中国制造的刻板印象和负面感知，建立起"负责任、重安全、亲绿色"的全新国家形象，实现国家形象、品牌形象和产品形象的相互促进。改革开放之后，中国在很长一段时间内依靠廉价劳动力、低土地租金、低材料成本的优势，大量出口高污染、低附加值、缺乏核心技术的大规模制成品，使得中国制造在国际市场成了"质次价廉"的代名词。而由于意识形态的差异，西方媒体进行有关中国的报道时常常有失公允，渲染、夸大中国产品存在的质量问题，放大了中国制造出现问题时的负面影响，致使中国国家品牌的实际形象远逊于我国的总体实力。尽管我国正逐渐摆脱纯粹低附加价值产品的生产，产品技术含量、安全性和环境友好程度快速提高，但并未从根本上改善既有的国家形象。为此，我国有必要建立国家层面的机构和机制，整合政府、企业、社会组织等力量，形成国家品牌推广和提升体系，通过建立国家级会展平台、打造知名展会等方式，加大中国高质量品牌的海外推介力度，整体扭转并重塑国家形象。在这方面，日本的经验值得借鉴。例如，日本驻外使馆的一项重要职能就是宣传国家形象，外务省还专门成立了海外公关课，整理驻外大使馆的优秀公关案例。

2. 品牌协同治理

在国家层面，明确品牌质量提升的基本原则、总体目标、主要任务和保障措施，健全多元协同共治的质量治理与品牌治理机制。第一，持续健全品牌质量发展的市场机制，着重解决市场中质量信息不对称的问题，发挥消费群体"用脚投票"的效应，引导生产要素围绕高效率产业和优质品牌聚集。第二，健全品牌质量公共服务，加强相关社会中介组织建设，推动品牌质量提升服务市场化、平台化发展，为各类主体提供专业化的品牌质量提升服务。第三，发挥政府、企业和社会组织的合力，促进质量和品牌指标体系的建设与共享。第四，针对国民健康、国家安全等重点领域，完善产品质量安全风险预警机制，完善强制性的产品认证监管。第五，建立多元协商的品牌质量安全危机的紧急磋商机制，在出现品牌质量危机时，由政府和行业协会共同磋商，寻求应对方案。

3. 品牌环境优化

第一，完善并落实品牌保护法律法规，消除地方保护，落实法律法规对品牌保护的要求。第二，健全质量监督检查机制，建立品牌保护的监管与公开机制，消除地方保护，落实品牌保护的法律法规。第三，健全质量责任追究机制和质量法律援助机制，营造依法守规、诚信经营的良性市场竞争环境，缩小有质量安全风险的品牌的生存空间。第四，健全质量诚信体系，加大失信"黑名单"公开力度和实施力度，推动企业主动发布质量信用报告。第五，完善国家品牌价值评价机制，着力提升中国产品的质量标准水平，鼓励在产品质量与安全性方面采用国际标准和更高的行业标准。第六，发挥行业协会的积极作用，规范品牌价值评价活动，增强品牌领域国际话语权。

本章参考文献

[1] 郭政, 林忠钦, 邓绩, 王金玉. 中国制造品牌发展的问题、原因与提升研究 [J]. 中国工程科学, 2015, 17 (7): 63-69.

[2] 胡海臣, 林汉川, 张思雪. "日本制造"海外形象重塑的策略与反思 [J]. 甘肃理论学刊, 2017 (5): 140-146.

[3] 李捷, 任海峰. 实施质量品牌战略, 促进工业转型升级的路径分析 [J]. 工业技术创新, 2014, 1 (4): 508-512.

[4] 林忠钦. 中国制造 2025 与提升制造业质量品牌战略 [J]. 国家行政学院学报, 2016 (4): 4-9.

[5] 上海质量管理科学研究院课题组. 中国制造业品牌现状、问题及成因 [J]. 上海质量, 2016 (6): 56-60.

[6] 邵安菊. "中国制造"向"优质制造"升级的路径及对策 [J]. 经济纵横, 2016 (6): 42-46.

[7] 沈志渔. 品牌质量管理 [M]. 北京: 经济管理出版社, 2012.

[8] 张厚明. 借鉴国外先进经验加快培育我国世界级工业品牌 [J]. 中国工业评论, 2017 (8): 50-55.

[9] "制造质量强国战略研究"课题组. 制造质量强国战略 [J]. 中国工程科学, 2015, 17 (7): 24-28.

第十一章
质量立法

2017年10月18日,习近平总书记在中共十九大报告中16次提到"质量",范围涵盖建设现代化经济体系、深化供给侧结构性改革、加大生态系统保护力度、发展教育事业、解决就业矛盾、加强党建工作等内容,其中,"质量第一"、"质量强国"更是首次出现在党代会报告中。可以说,中国政治、经济、文化、社会的发展已全面进入质量时代,质量强则国家强,质量兴则民族兴。2017年9月12日,《中共中央 国务院关于开展质量提升行动的指导意见》(下文简称《指导意见》)首次提出"将质量强国战略放在更加突出的位置",而"加强质量制度建设"成为实施质量强国战略的重要措施。由此可见,质量强国作为国家层面的战略,在新时代下将具有更加重要的意义。而在兴国之道、强国之策中,质量立法显然能够发挥举足轻重的作用①。

然而,什么是质量立法?质量立法的内涵有哪些?当前我国质量立法体系存在哪些问题?现实中却少有学者尤其是经济学领域内的学者对此展开论述。本章试图弥补这一缺憾,首先,在现有文献研究的基础上,讨论质量立法的内涵;其次,从经济学的视角出发,立足经济增长理论、结构转型理论和企业成长理论,分析质量立法的作用;再次,立足现有法律法规文本,讨论当前我国质量立法体系存在的问题;最后,对完善我国质量立法体系的途径进行分析。

一、质量立法的内涵特征

围绕"质量"立法的文献非常多,而本章仅关注作为一个整体概念的质量立法的内涵,所以,以"质量立法"为关键词进行搜索,并对相关文献进行述评。综合来看,现有相关文献大致可分为以下五类:

(一)讨论整体立法质量和地方立法评估等问题

郑功成(2015)认为我国当前的立法质量不高,主要表现在法律体系尚不完备、立

---

① 本部分内容已作为阶段性成果公开发表。王海兵.质量立法与经济高质量发展的关系研究[J].河北科技大学学报(社会科学版),2018(3):1-10.

法空白较多、可操作性较弱、内容过时、立法层次较低、规制过于宽松、重复立法普遍等方面，未来提升我国立法质量可从创新立法工作方式，优化立法组织与人员机构，发挥行政、司法与立法机构的良性互动，发挥政协、民主党派的积极作用等角度实现突破。史建三和吴天昊（2009）在综合考量合法性、适应性、操作性和特色性指标的基础上，对上海市人大制定的142件地方性法规进行了立法评估，得出了数量上应尽快修订、质量上应防止"衰落恶化"、修订时间应及时变动、地方特色应有针对性、废除机制应尽快建立、部门利益化应得到遏制等结论。此外，作者还从立法方式、立法主体、立法导向、立法内容、立法价值、立法程序等方面提出了完善建议。

（二）聚焦于与质量相关的特定法律法规的解读

范兴成等（2003）讨论了农产品质量立法中的现实必要性、相关争议和体系结构等基本问题，认为未来应重点关注农产品界定、利益衡量、价值目标取向、标准确定、监督体制、推进理念等内容。孙波（2003）聚焦产品质量法，从立法性质定位、立法模式选择、立法内容制定等方面，对2000年修订的《中华人民共和国产品质量法》提出对应的补救措施。江博伶（2004）从与国际标准接轨、生产者利益的保护、消费者权益的保护等角度对我国WTO框架下农产品质量立法提出建议。

（三）探索立法制度改革的措施

张云（2005）以成本—收益分析范式为基础，从经营者、消费者和政府三类主体出发，分析了治理假冒伪劣顽疾的途径，并从完善行政立法、建立产品责任立法和合理配置刑罚力度等角度提出了制度改革建议。蒋冬梅（2008）认为，企业社会责任在产品质量立法中能够发挥重要作用，应将这一理念融入产品范围界定、产品召回与售后服务、产品归责、消费者权益保护等制度性建设上。

（四）梳理国际经验

万高隆（2008）从地方立法权限划分、地方立法程序和立法监督模式等角度分析了西方国家的地方立法质量标准，并从立法权的统一、行政立法的规范、立法听证程序与表决制度的完善、立法结果的公开等角度对提升我国地方立法质量提出了建议。戴宇欣和邵逸超（2015）从政府职责、企业责任主体、市场机制、信息采集、促进措施等角度分析了美国、日本、俄罗斯等国家的立法实践与政策规划，认为我国质量立法应在数据采集、消费者教育、发挥社会技术机构作用等方面实现突破。孙娟娟和陈松（2016）梳理了欧盟共同农业政策的转型过程，发现从20世纪80年代后期开始，转型的主要特征是从数量保障到质量保障，具体表现在食品卫生法律法规的建立、多层级官方控制体系的形成和产品识别标准构建等方面。这对我国落实农产品安全的主体责任、针对从业者进行灵活监管、完善市场准入的多重标准、协调利益导向和环境导向等方面有重要启示意义。

(五) 讨论质量立法在特定目的中所能发挥的作用

何永军（2011）讨论了我国传统商人文化与质量立法的关系，认为质量立法所存在的诸多缺陷导致奸商文化盛行，而为了传承与弘扬良贾文化，一方面要从法律的激励措施出发进行引导，另一方面要从法律的惩罚措施出发进行打击。高仰光（2010）认为德国环境质量较好的重要原因是有针对性的质量立法，而建立欧盟—联邦—州三级法律体系、鼓励公众积极参与、多元化污染物量化评估标准等内容是德国大气质量立法实践的主要内容，未来国内环境立法要注重立法层级的多元化、评价主体的多元化、评价标准的多元化和信息渠道的多元化。

二、质量立法是推动经济发展之基

从中国过去几十年的经济发展历程来看，国内生产总值（GDP）增长速度较高，平均值为9.66%[1]；产品种类日益丰富，多种大类产品在世界范围内排名第一[2]；居民消费能力逐渐上升，消费水平指数均值为8%[3]；人民生活质量显著增强，人均国内旅游花费增加了1.61倍[4]，人均公园绿地面积增加了6.49倍[5]；人民受教育程度普遍提高，高中阶段毛入学率增加了61.5个百分点[6]，文盲率降低了18.74个百分点[7]。这些都与质量强国战略的内涵和目标高度契合。也正是"坚持以质量第一为价值导向"，"以提高发展质量和效益为中心"，"以满足人民群众需求和增强国家综合实力为根本目的"，才"有力支撑了经济社会发展"，创造了"中国奇迹"。

质量立法与改革创新一脉相承，而后者是完善供给侧改革、提升经济增长效率、实现中国民族伟大复兴中国梦的根本途径，因此可以说，质量立法是推动经济发展之基。

(一) 广义层次

质量立法需要梳理新旧法律法规关系，推陈出新；需要引导更多主体参与，调动其积极性；需要缓解消费结构配置扭曲程度，创造价值；需要集中资源主攻方向，实现大突

---

[1] 国家统计局。统计区间为1978～2016年。
[2] 据武汉大学质量发展战略研究院数据显示，我国烟草类、纺织品类、衣服皮毛类、皮革皮革制品鞋类、碱性金属类、电力装备类的产品品种在世界范围内名列第一，占比分别为49.8%、29.2%、24.7%、33.4%、23.8%、28.2%。
[3] 国家统计局。统计区间为1978～2015年，以上年为100。
[4] 国家统计局。统计区间为1997～2015年。
[5] 国家统计局。统计区间为1990～2016年。
[6] 教育部。统计区间为1992～2016年。
[7] 国家统计局。统计区间为1982～2010年。

破。这些都能够在很大程度上解放和发展生产力，从而推动经济健康、稳步、高质量发展。

如果以全要素生产率增长率及其分解因子作为经济发展的代理指标，再进行阶段性的典型事实考察，会发现农村包产到户，双轨制，经济特区，财税、金融、国有企业等一系列改革创新的措施，都曾产生重要的推动作用（王海兵和杨蕙馨，2016）。以财政分权改革为例，我国财税体制主要经历了1978年之前的统收统支的集中制，1993年之前的逐步放权的分成和包干制，1994年以后的统一税法、公平税负、简化税制、合理分权的分权制三个阶段，而1994年的分权制改革的影响最为重大。张晏和龚六堂（2005）构造了四类财政分权指标，利用1986~2002年的面板数据进行研究，发现1994年分税制改革前财政分权与经济增长显著负相关，而之后两者显著正相关，这种改善作用在分地区检验中仍然存在，但作用大小却有差异。林春（2017）构造了三类财政分权指标，利用2000~2014年的面板数据进行研究，发现财政分权对全要素生产率增长率具有显著的促进作用，这一作用在地区层面依然成立，但作用效果具有差异性[①]。

（二）狭义层次

相关政府部门所出台的一系列部门规章、规范性文件等，不仅是质量立法的重要组成部分，也是保障经济发展的微观基础。

以国家质检总局历年出台的规范性文件为例，考察其与经济增长的关系。如图11-1（a）所示，历年国家质检总局公布的规范性文件数量可被划分为四个阶段，分别是低速提高（1983~1989年）、缓慢上升（1990~1997年）、快速增加（1998~2009年）和波动

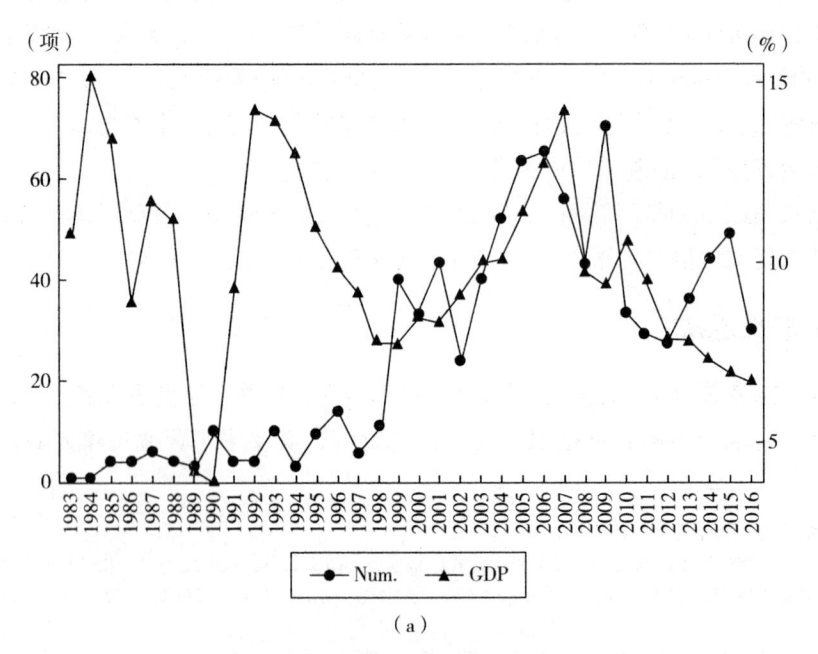

（a）

图11-1 质量立法数量与经济增长

---

① 与张晏和龚六堂（2005）的结果相反，在林春（2017）的研究中，地区作用效果按照西部、中部和东部递减。

(b)

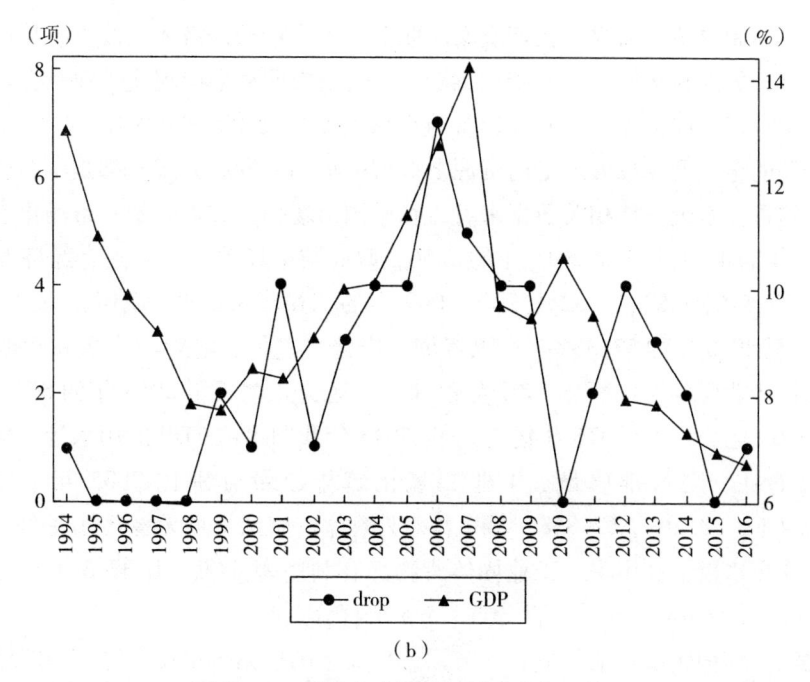

图 11-1 质量立法数量与经济增长（续）

注：（a）为国家质检总局规范性文件总数量（Num.）与经济增长（GDP）；（b）为国家质检总局废止的规范性文件数量（drop）与经济增长。

资料来源：国家质检总局、国家统计局。

下落（2010~2016年）阶段，期间数量均值分别为3.29项、7.50项、45.00项、35.43项，对应GDP增速均值分别为10.77%、10.55%、9.91%、8.10%。从中可以看出，尽管两者在第一阶段和第二阶段中的相关性较弱，但从1998年开始，两者相关性较强。

当然，从与时俱进、审时度势地开展"放管服"改革，清理、废止部分规章、规范性文件的角度也可以进行考察。如图11-1（b）所示，国家质检总局所废止的规范性文件在当年分布情况也可被划分为四个阶段，分别是低速发展（1994~1998年）、快速上涨（1999~2006年）、快速下落（2007~2010年）和波动回升（2011~2016年）阶段，期间数量均值分别为0.20项、3.25项、3.25项、2.00项，对应GDP增速均值分别为10.18%、9.73%、10.98%、7.68%。从中可以看出，在颁布年份分布中，两者具有较强的相关性，但随着改革逐渐进入深水区，部分行政法规、规范文件已不能适应新形势下解放和发展生产力的需要，此时，质量立法体现在为企业"松绑"、为百姓"解绊"、为市场"腾位"的"放管服"改革上，成为推动形成经济发展新动能的关键举措。

三、质量立法是引导结构转型之要

结构转型是改革开放以来中国政治、经济、社会、文化、环境等各方面发展的主题。

积极推进行政体制改革、简政放权转变政府职能，大力推动经济体制改革、从计划经济向市场经济过渡，努力破解城乡二元结构难题、从传统农业社会向现代工业社会转轨，着力打造中国文化自信、向世界输出共享繁荣与昌盛的中华文化，科学构建包容性增长体系、从资源依赖型的粗放型发展方式走向资源友好型的集约型发展方式，都是中国过去几十年来结构转型的具体表现。从相关数据来看，在中国市场化指数得分中，市场化进程总得分均值从1997年的4.01上升至2014年的6.56，政府与市场关系、非国有经济发展得分均值分别从1997年的5.82、3.62上升至2009年的7.61、8.61[1]；城镇化率从1978年的17.92%提高至2016年的57.35%[2]；以咨询、广告与宣传、电影与音像和其他商业服务为代表的文化产业服务出口额从1997年的82.73亿美元增长至2013年的857.4亿美元，顺差额从22.67亿美元增至376.3亿美元[3]；2013年我国单位GDP的用水量、生物质资源消耗、能源消耗、废水排放量、工业二氧化硫排放量分别比2005年下降49.1%、37.5%、26.4%、38.5%、62.8%，城市污水处理率、生活垃圾无害化处理率、能源回收利用率、工业用水重复利用率、工业固体废物综合利用率分别上升37.3个百分点、37.6个百分点、0.5个百分点、4.4个百分点、5.5个百分点[4]。

质量立法与结构转型相辅相成。一方面，广义上的提高供给质量能够缓解结构性扭曲程度，推动政治、经济、社会、文化、环境等方面的结构转型，另一方面，狭义上的制定法律法规、部门规章等也能够发挥政府在市场资源配置中的调节、引导作用，促进人才、资金、组织、团体等资源向能创造更大价值的项目、企业、产业、地区转移。因此可以说，质量立法是引导结构转型之要[5]。

（一）产业层面

从产业层面看，质量立法可以提升产业竞争力，并通过产业关联和溢出效应影响其他产业发展，不同产业在时序上的差异化有序发展构成了产业结构转型的基本内容。

以国家质检总局公布的数据为例，如图11-2中的（a）、（b）所示，1999~2015年，我国制造业质量竞争力指数稳步上升，从77.95提高至83.15。较高的制造业质量竞争力提高了第二产业的劳动生产率，使其从3.51万元/人增至11.3万元/人[6]，并始终保持对第一产业和第二产业的绝对优势。这又进一步促进了产业结构的变迁。同一期间，我国第一、第二、第三产业的产值比重分别从16.1%、45.4%、38.6%变为8.9%、40.9%、50.2%。其中，以制造业为主体[7]的工业产值比重从39.8%降至34.3%。

---

[1] Wind数据库。
[2] 国家统计局。城镇化率指标为城镇人口数量在全国总人口数量中的比例。
[3] 商务部。
[4] 国家统计局。
[5] 当然，从理论上讲，结构转型也能够孕育并催生出更优质的质量立法（不管是宏观上还是微观上），但当前供给侧结构性改革的主攻方向是"提高供给质量"，所以，我们更加关注质量立法对结构转型的推动、引导作用。
[6] 11.3万元/人为2014年的数据。
[7] 根据国家统计局相关数据计算得知，2004~2014年，制造业在第二产业中的比重均值为69.43%。

第十一章 质量立法

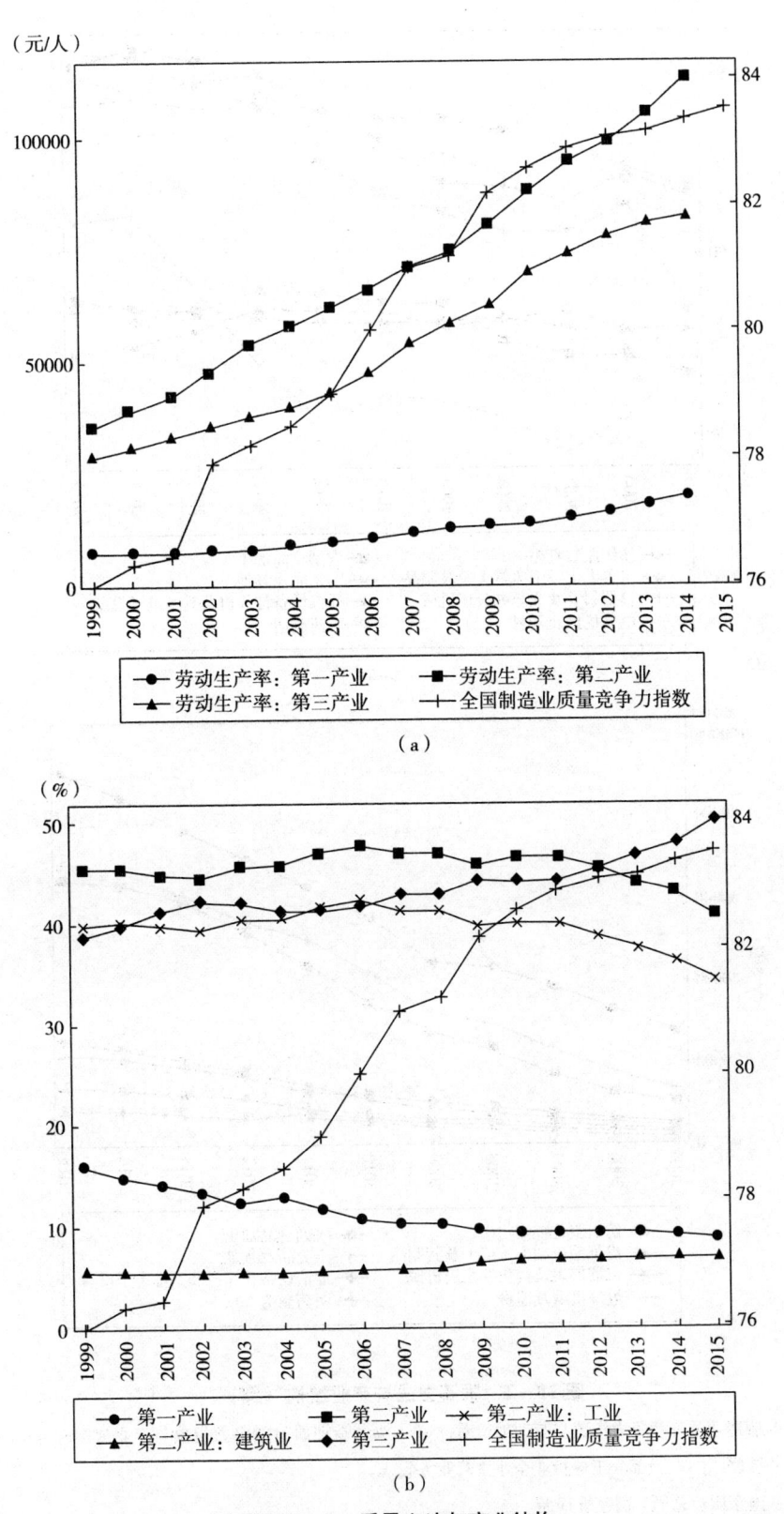

(a)

(b)

图11-2 质量立法与产业结构

(c)

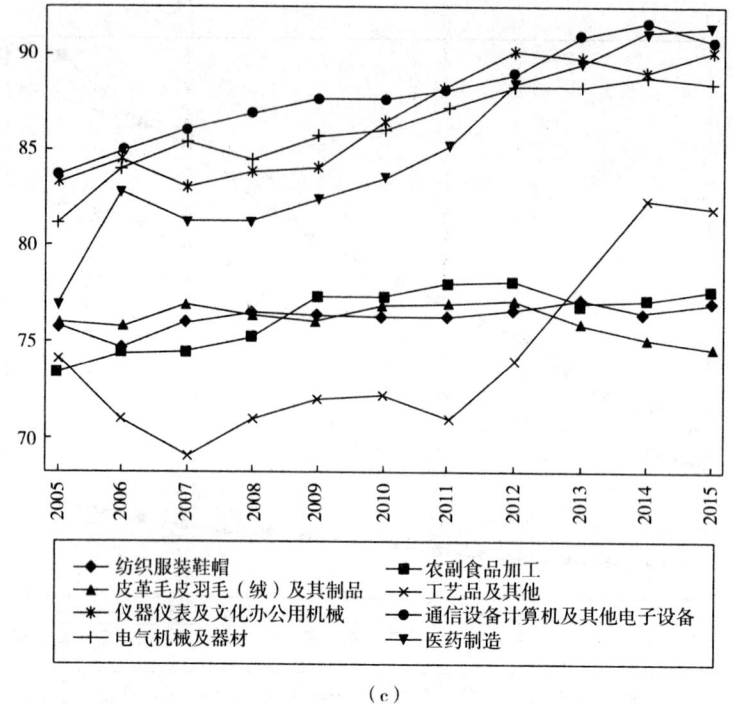

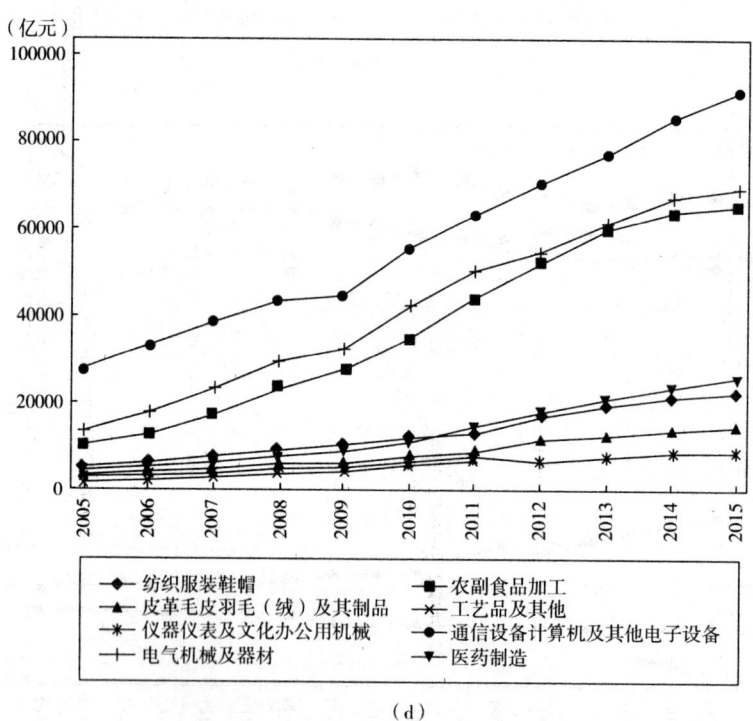

(d)

图 11-2　质量立法与产业结构（续）

注：(a) 为制造业质量竞争力指数与劳动生产率；(b) 为制造业质量竞争力指数与产业结构；(c) 为部分工业行业质量竞争力指数；(d) 为部分工业行业企业主营业务收入。

资料来源：国家质检总局、国家统计局。

再考察制造业内部产业结构变迁,如图 11-2 中的 (c)、(d) 所示,以纺织服装鞋帽、农副食品加工、皮革毛皮羽毛(绒)及其制品为代表的传统制造业的质量竞争力指数明显落后于以仪器仪表及文化办公用品机械、通信设备计算机及其他电子设备、电气机械及器材、医药制造为代表的现代制造业,相对应地,多数传统制造业的经营绩效也不如现代制造业。由此可见,质量立法有效地支持了经济的结构调整、发展的提质增效和产业的转型升级。

(二)贸易和投资层面

从贸易和投资层面看,质量立法提升了国内相关产业竞争力,带动了相关配套设施的建设,完善了营商环境,一方面会提高国内企业的进出口额,另一方面也会吸引外国企业来华投资,并提升国内企业对外直接投资金额。

如图 11-3 中的 (a) 所示,我国制造业质量竞争力指数不断上升,在很大程度上提升了进、出口价值指数,两者分别从 1999 年的 73.68、78.22 上升至 2015 年的 747.45、912.89。较高的价值含量使我国进出口贸易额不断上升,从 1999 年的 3606.3 亿美元提高至 2015 年的 39530.33 亿美元。其中,加工贸易表现尤为突出,顺差额逐年扩大,从 373.04 亿美元提高至 3607.86 亿美元。

再如图 11-3 中的 (b)、(c)、(d) 所示,尽管从 2005 年开始,制造业外商直接投资项目数出现下降趋势,从 2004 年的 30386 个降至 2015 年的 4507 个,但在制造业质量

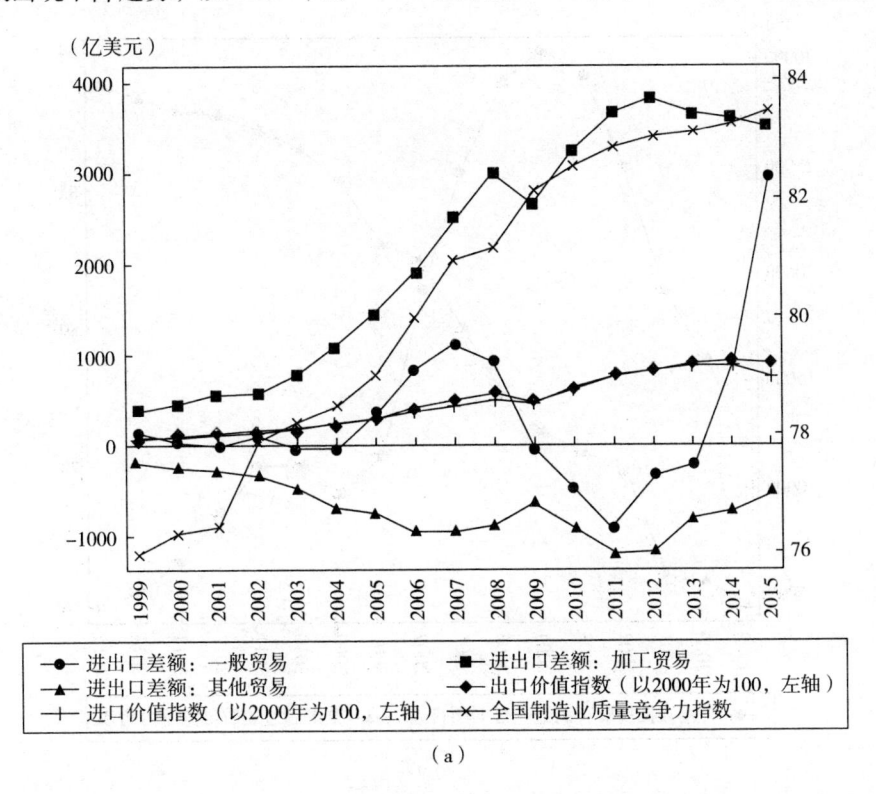

(a)

图 11-3 质量立法与贸易、投资结构

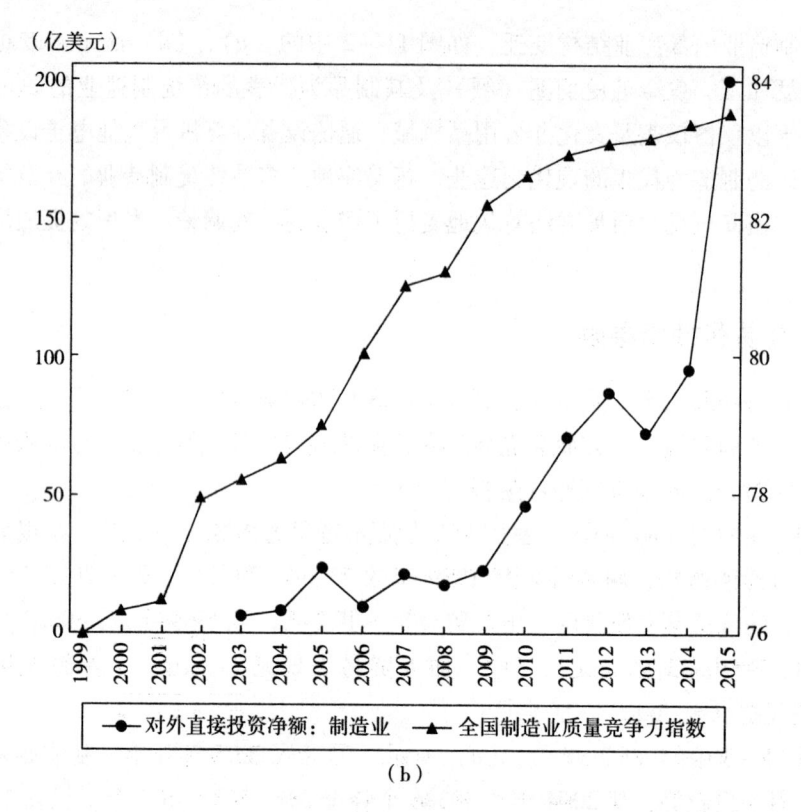

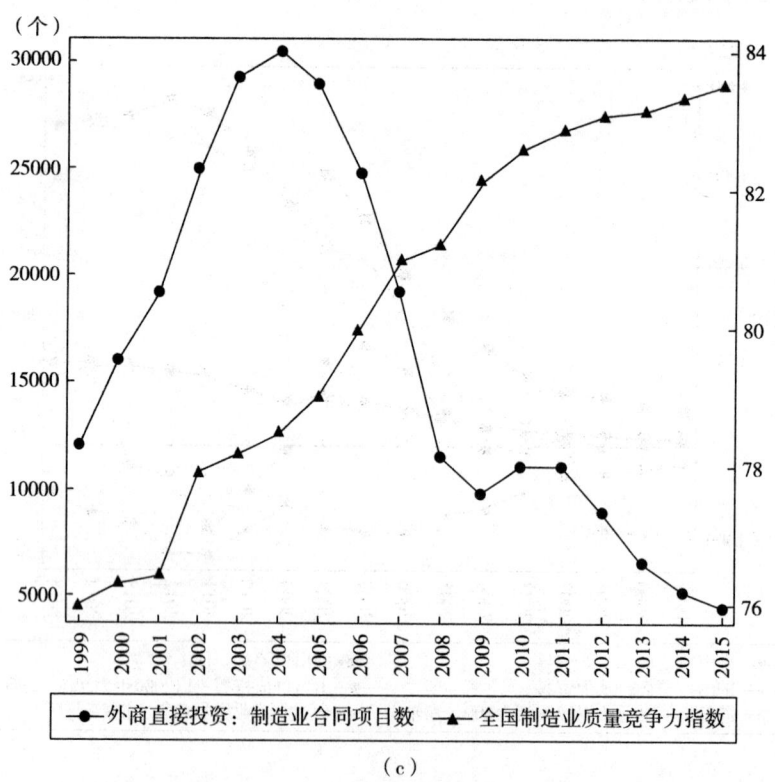

图 11-3 质量立法与贸易、投资结构

(d)

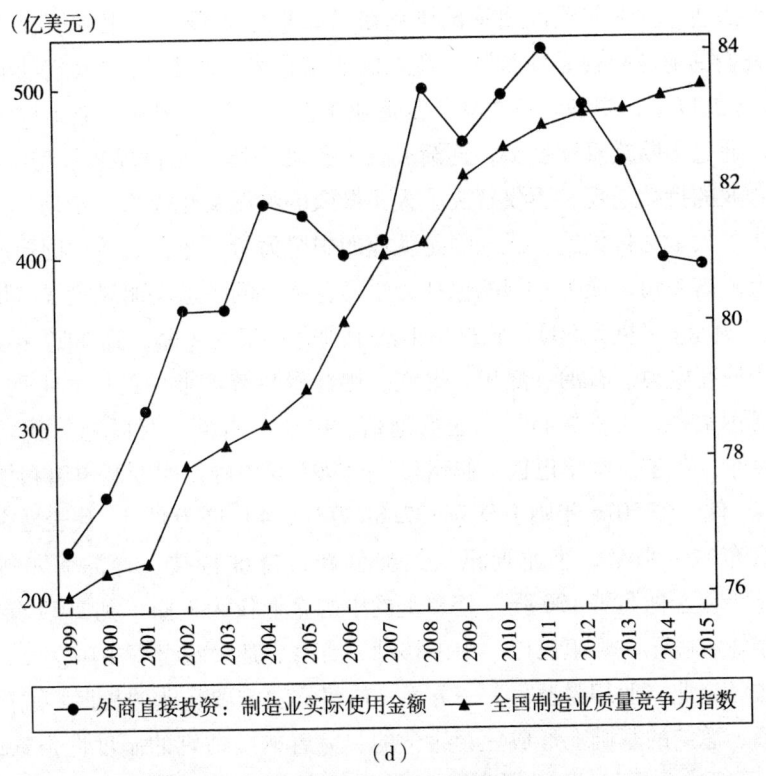

图 11-3 质量立法与贸易、投资结构（续）

注：(a) 为制造业质量竞争力指数与进出口贸易；(b) 为制造业质量竞争力指数与制造业对外投资净额，2003 年前数据缺失；(c) 为制造业质量竞争力指数与制造业外商直接投资合同项目数；(d) 为制造业质量竞争力指数与制造业外商直接投资实际使用金额。

资料来源：国家质检总局、国家统计局、世界银行。

竞争力指数稳步上扬的基础上，在统计期内，制造业外商直接投资实际使用金额和制造业对外直接投资净额的上升趋势却十分明显，两者分别从 226.03 亿美元[1]、7.56 亿美元[2]上升至 395.43 亿美元、199.86 亿美元。由此可见，质量立法有效地支持了贸易和投资结构的调整和优化。

四、质量立法是保障企业立业之本

企业立业是一种生存实践，它要求企业不断通过产品、服务等内容供给满足消费者需求，实现自身价值，达到基业长青。尤其在消费者偏好朝多样化、精细化方向发展的情况

---

[1] 1999 年数据。
[2] 2004 年数据。

下，企业更需要通过立业实践以回答德鲁克在《管理的实践》一书中所提出的三个经典问题，即"我们的业务目前是什么"、"我们的业务将来是什么"、"我们的业务应该是什么"。自改革开放以来，中国企业尤其是制造业企业，在抓住国际产业结构调整与转移契机的基础上，通过不断摸索和创新，逐渐成长为推动中国乃至世界经济增长的重要力量。一大批优秀企业的持续涌现，不仅解决了人民群众的物质文化需求，带动了关联企业的共同发展，提供了大量岗位供给，成为稳定就业的中坚力量，还代表着中国形象，在世界企业竞争舞台上崭露头角，成为中国特色社会主义道路上的一道亮丽风景线。从相关数据来看，1996年《财富》"世界500强"榜单上的中国企业仅为4家，到2017年则上升为115家，代表性企业有电力、石油、煤炭、钢铁、银行等传统产业中的国家电网、中国石油、山西焦煤、河钢集团、工商银行等，也有通信、电子、电商、互联网等新兴产业中的华为、联想、京东、苏宁、阿里巴巴、腾讯等[1]；1985年中国发明专利申请和授权数量分别为8558件、40件，到2016年则上升为133.85万件、40.42万件[2]，代表性企业有中兴通讯、华为、京东方、小米、宇龙通讯、大疆创新、奇虎科技、青岛海尔等[3]；2006年BrandZ"最具价值全球品牌100强"榜单上的中国企业仅为1家，到2017年则上升为14家，代表性企业有腾讯、阿里巴巴、中国移动、百度、建设银行、中国平安、茅台等[4]。

质量立法与企业立业相得益彰。一方面，质量立法需要企业的长期实践摸索，并在不断概括、提炼、总结的基础上形成一套科学的、完善的、适宜的制度性条款；另一方面，"不以规矩，不能成方圆"，企业的基业长青更需要质量立法的指导和保障。事实证明，那些缺乏质量立法"护航"的企业，往往将使用不合格原料生产出来的劣质产品推向市场，不仅无法创造长期顾客价值，不能避免在激烈竞争中逐渐被"淘汰"的命运，更浪费了宝贵的社会资源，严重时甚至产生危及消费者生命财产安全的"事故"。因此可以说，质量立法是保障企业立业之本。

（一）过程角度

质量立法并非一蹴而就，也并非一成不变。企业需要在每一个运营节点上综合考虑自身发展实际和未来战略规划，制定组成质量立法重要内容的核心价值观、战略愿景、企业文化、质量手册等，并对相应的制度规范进行不断调整和完善。

以柯林斯和波勒斯在《基业长青》一书中所总结的一些高瞻远瞩公司的核心价值观为例，3M的"产品质量及可靠性"、美国运通的"世界性的服务可靠性"、波音的"产品安全与品质"、通用电气的"以科技及创新改善生活品质"、惠普的"提供顾客负担得起的高品质产品"、强生的"公司存在的目的是要'减轻病痛'"、宝洁的"产品完美"、沃

---

[1] 历年《财富》"世界500强"企业名单。
[2] 国家知识产权局。
[3] WIPO。2016年，这些代表性企业在专利合作条约（PCT）中的专利申请数量分别为4123件、3692件、1673件、298件、256件、197件、160件、103件，在2315个企业中分别排名第1位、第2位、第8位、第64位、第79位、第98位、第124位、第213位。
[4] Kantar Millward Brown/BrandZ™。

尔玛的"我们存在的目的是提供顾客物有所值的东西"、迪士尼的"狂热地控制与保存迪士尼的'魔力'形象"等无一不是质量立法的重要体现，而正是这些"利润之上的追求"，成为"高瞻远瞩公司和对照公司最显著的差异之一"。

当然，核心价值观也会随着企业自身变化而演变。以表 11-1 中的 IBM 为例，早在其仍是计算—制表—记录公司（the Computing - Tabulating - Recording Company）的时候，老沃森为了应对生存问题，提出将"THINK"作为凝聚公司向心力的口号，并围绕其制定、悬挂出"我们永远不能自满"、"我们出售的是服务"等标语；到小沃森执掌 IBM 时期，为了应对竞争问题，围绕"尊重个人"、"世界上最优秀的客户服务"、"卓越运作"等核心价值观，通过开发 360 系列大型电脑，成功超越了宝来等竞争者；进入 21 世纪后，为了明确 IBM 的本质，在全球 IBM 员工 72 小时激烈讨论后，"成就客户"、"创新为要"、"诚信负责"被确定为核心价值观，成为"全新定义和塑造我们的管理模式、决策方针及行动标杆"的指南。由此可见，质量立法因企业发展需要而产生，因企业实践变化而演变。

表 11-1　IBM 和万豪的核心价值观演变

公司	早期	中期	当前
IBM	· THINK	· 尊重个人 · 世界上最优秀的客户服务 · 卓越运作	· 成就客户 · 创新为要 · 诚信负责
万豪	· 为我们的客人提供友善的服务 · 以合理的价格提供高品质的服务 · 尽所能日夜努力工作，赚取利润	· 教导、协助和关心顾客 · 吸纳优秀的员工 · 在努力工作中保持乐趣	· 以人为本 · 追求卓越 · 勇于创新 · 诚实正直 · 感恩回报

资料来源：IBM 和万豪公司网站。

（二）结果角度

那些将质量立法持续深入到日常经营的每一个细节里的企业往往都能取得较好的绩效，而那些将质量立法"束之高阁"作为"装饰"和"摆设"的企业往往都会陷入举步维艰的境地。

以海尔为例，作为成功的企业，海尔在创业年代，利用"砸"76 台有质量问题的冰箱的方式"砸醒了海尔人的质量意识"，并通过转变员工的质量观念、提倡优秀员工造优秀产品等全面质量管理方式，使海尔走向了世界；在转型年代，以智能家庭平台和价值交互平台为基础，致力于推动从产品硬件到解决方案、从制造到服务的转型，以投资驱动平台和用户付薪平台为基础推动商业模式的创新，创造出了世界级的品牌。截至 2016 年底，海尔全球营业收入达到 2016 亿元，利润为 203 亿元，同比分别增长 6.8% 和 12.8%；在 2017 年 BrandZ "最具价值中国品牌 100 强"、"中国出口海外品牌 30 强"中，海尔分别排名第 37 位、第 7 位。由此可见，质量立法只有深入企业"骨髓"，才能有效地保障企业的生存和发展。

五、当前我国质量立法体系存在的问题

当前，尽管我国以法律、法规、规章、司法解释等内容构成的质量立法体系已经较为完备，对我国改革开放以来的经济社会实践也起到了积极的推进作用，然而，在"质量时代"下，在实施质量强国战略、推动依法治国进程和深化供给侧结构性改革过程中，我国质量立法体系还存在着一些突出问题有待解决：

（一）部分领域内重复立法和立法缺位共存

我国质量领域的法律法规非常丰富，如《中华人民共和国产品质量法》、《中华人民共和国农产品质量安全法》、《中华人民共和国食品安全法》、《中华人民共和国消费者权益保护法》等。它们在依法治国进程中发挥了重要作用，然而，一方面，部分领域内的重复立法现象较为普遍，突出表现在地方性立法机关简单重复国家立法机关所制定的部分法律法规上，如《广东省产品质量监督条例》实际上只是《中华人民共和国产品质量法》的简化版本。另一方面，部分领域内也存在立法缺位现象，如《中共中央 国务院关于开展质量提升行动的指导意见》中明确指出产品、工程和服务质量三个方向，但目前仍未有《中华人民共和国工程质量法》[①]和《中华人民共和国服务质量法》等法律出台。

（二）监督错位、缺位、空位现象始终存在

我国质量领域所涉及的监督部门包括国家质量监督检验检疫总局、国家食品药品监督管理总局、国家工商行政管理总局、卫生部、商务部、信息产业部等主体。它们在保障法律法规得到有效执行方面发挥了重要作用，然而，监督失位、监督空位、监督缺位现象始终存在。如 2017 年 7 月 7 日出台的《食品、保健食品欺诈和虚假宣传整治方案》由国务院食品安全办、工业和信息化部、公安部、商务部、工商总局、质检总局、新闻出版广电总局、食品药品监管总局、国家互联网信息办公室 9 个部门联合制定，但工业和信息化部在其中的作用并不明确，有监督错位之嫌。同时，部分地方监督部门下属执法机构资质不够、设备不全、人员不足，只能专注于商标、食品等少数领域，往往在网络平台商品生产和销售过程中存在监督缺位现象。而在新业态不断涌现的背景下，对共享单车、分类信息网站、网络平台打车出行等领域缺乏有效的监督管理，往往造成了共享单车企业倒闭后押金难退、分类信息网站信息大量失真、网络平台打车出行安全无保障等现象。再如，食品

---

① 尽管有《中华人民共和国建筑法》，但很显然，工程并不仅仅是建筑工程。

安全中生产环节归质检部门负责、流通环节归工商部门负责、餐饮环节归食药监部门负责的分段监管模式也会增加监督错位、缺位、空位的可能性。

（三）政府功能与市场功能的边界界定不清

在质量立法中，政府功能与市场功能应相辅相成，共同发挥积极作用，然而，当前部分法律法规中两者的边界并不清晰。如《中华人民共和国产品质量法》中第三条规定"生产者、销售者应当建立健全内部产品质量管理制度，严格实施岗位质量规范、质量责任以及相应的考核办法"，第二十七条至第三十二条又分别从标识、包装、储运及禁止事项等方面对生产者、销售者的义务作出了规定。而实际上，企业的产品生产质量、包装质量、运输注意事项等内部质量管理制度是否需要政府在立法中予以强制规定，政府予以详细规定后是否会增加生产者、销售者的交易成本，市场运行效率是否会因此而降低等问题都值得讨论。

（四）法规法律与政策奖励的关系较为模糊

法律是由国家立法机关制定并以国家强制力保证实施的基本法律和普通法律的总称，而政策是政府组织为达到施政目标而制定的行动原则、方针、措施。两者在制定主体、表现形式、实施方式、所调整的社会关系等方面存在显著差异。然而，当前部分法律法规的某些条款中已然将两者作混同处理。如《中华人民共和国产品质量法》中第六条规定"对产品质量管理先进和产品质量达到国际先进水平、成绩显著的单位和个人，给予奖励"，第十条规定"产品质量监督部门和有关部门应当为检举人保密，并按照省、自治区、直辖市人民政府的规定给予奖励"。而实际上，这种"奖励"的表现形式一般都属于政策适用范畴，不涉及对"显著"程度的认定、资金来源的确定和奖励幅度的核定等内容。此外，"成绩显著的单位和个人"与"成绩不显著的单位和个人"之间、"检举人"与"被检举人"之间的社会关系是否需要在法律层面予以调整也值得讨论。

（五）实践中多套标准交叉运行滋生寻租空间

多套标准交叉运行主要反映在三个方面。一是实践执法中参照法律法规的交叉，如食品安全检测中存在按照《中华人民共和国产品质量法》规定的食品质量标准和按照《中华人民共和国食品安全法》规定的食品卫生标准，它们分别是卫监部门和质监部门执法检查的依据，在实践中存在矛盾、交叉、重复等问题。二是实践执法中同一法规下区分不同对象进行差异化处置，如对4轴车超限的认定和处罚标准上，国家标准规定为31吨限制，超过限定标准后累进处罚，而部分省市对本地车辆采取国家标准，对外地车辆则采取36吨限制和超额处罚标准。三是实践中单个企业在不同地区采用差异化的歧视标准，如很多消费者到国外购买手机、电饭煲、智能马桶盖、服饰等产品后发现标签上贴着"Made in China"，而在国内购买则会面临相对较差的购物品质和体验，而《人民日报》曾指出："外销内销是两个标准、两条生产线、一流产品外销、二流产品内销，这在国内一些行业似乎成了'惯例'"。实践中多套标准同时交叉运行，极易滋生生产者、执法者的灰色寻租空间。

（六）整体上违法成本低、约束机制不强

违法成本低体现在对违法者的处罚手段少、处罚力度小上，如相对于美国动辄数亿美元的罚款，《中华人民共和国产品质量法》中规定"在产品中掺杂、掺假，以假充真，以次充好，或者以不合格产品冒充合格产品的，责令停止生产、销售，没收违法生产、销售的产品，并处违法生产、销售产品货值金额百分之五十以上三倍以下的罚款"，处罚力度显然不够大。约束机制不仅针对生产者，对监督部门和执法人员也应一样，但实践中对后两者的惩罚力度较小，如《中华人民共和国产品质量法》中规定"产品质量监督部门或者工商行政管理部门的工作人员滥用职权、玩忽职守、徇私舞弊，构成犯罪的，依法追究刑事责任；尚不构成犯罪的，依法给予行政处分"。执法者受惩罚后依然"在位"的现象会加重生产者受到"合法侵害"的程度，而生产者违法成本低会使消费者合法权益难以得到保障。

（七）自律功能和第三方机构机制有待明确

自律功能不强突出表现在部分法规缺乏自律规范的制定上，如《中华人民共和国产品质量法》中并无以"自律"为关键词的条款陈述。即使部分法规中有相关表述，如《中华人民共和国食品安全法》对食品行业协会的自律功能表述为"应当加强行业自律，按照章程建立健全行业规范和奖惩机制，提供食品安全信息、技术等服务，引导和督促食品生产经营者依法生产经营，推动行业诚信建设，宣传、普及食品安全知识"，对食品生产经营者的自律功能表述为"应当依照法律、法规和食品安全标准从事生产经营活动，保证食品安全，诚信自律，对社会和公众负责，接受社会监督，承担社会责任"，但这些表述仅具有条款层面上的指引性和约束力，由于其权利和义务不对等，所以并不具备操作层面的延展性。此外，第三方机构的机制建设仍不明朗，包括第三方机构的范围界定、资格认定、作用确定、属性规定及其与监督部门和执法机构的关系等问题尚未得到有效梳理。

六、推动完善我国质量立法体系的途径

发达国家的经验事实表明，要推动经济社会的高质量发展，就必须要提升质量立法。由于目前我国质量立法体系还存在上述诸多问题，因此，未来的任务无疑是艰巨的、长期的。推动完善我国质量立法体系的途径主要有以下三个方面：

（一）组织各学科力量开展质量立法内涵的全方位研究

质量立法所作用的领域覆盖经济社会发展的各个方面，包括经济质量、文化质量、政治质量、生态质量、社会质量等。例如，《深圳市质量发展报告（2015）》中就认为"经济更有效益、民生更为幸福、文化更具品位、城市更富魅力、生态更加美好、政府更趋高效"是贯彻"深圳质量理念"后所要实现的目标。然而，不同学科对质量立法内涵的理解有较大差异，多数学者仍将"质量立法"理解成"立法质量"，进而从法学的角度讨论所延伸出来的相关问题。由此可以推论，当前质量立法提升经济发展质量不高、推动产业转型质量不高、助力企业成长质量不高在很大程度上可能是对质量立法内涵的不充分理解和贯彻落实造成的。应当指出，质量立法绝不仅仅是立法质量，其内涵十分丰富，只有在全面明晰质量立法内涵的基础上才能对实施质量强国战略、推动依法治国进程和深化供给侧结构性改革起到有效的指导意义。因此，建议由新整合组建的国家市场监督管理总局牵头，联系高校与科研机构各学科领域内的专家团队、各级监督部门和相关企业界代表，组织研究力量，从法律关系、公共治理、经济价值、内容抓手等方面出发，在工商、质检、食品、药品、物价、商标、专利等领域展开立体分析，形成有关质量立法内涵的研究报告，为相关领域的延展研究奠定理论基础，为政府部门制定发展规划作出指导。

（二）以优秀传统文化为基础塑造多层次质量文化体系

文化是民族精神的根本，是国家竞争力的灵魂。没有繁荣昌盛的文化，就没有中华民族的伟大复兴。当前，我国经济已由高速增长阶段转向高质量发展阶段，社会主要矛盾已经转化为人民日益增长的美好生活需要和不平衡不充分的发展之间的矛盾，人民美好生活需要日益广泛，不仅对物质文化生活提出了更高要求，而且在民主、法治、公平、正义、安全、环境等方面的要求日益增长。然而，部分本土优秀文化遭到遮蔽、断裂和迷失，"山寨文化"、"奸商文化"、"逐底文化"充斥，给国家文化软实力和中华文化影响力提升造成了较大的负面影响，也对经济质量、政治质量、生态质量、社会质量、城市质量、政府质量等的全面提升造成了阻碍。在面向未来以质量为核心构筑中国精神、中国价值、中国力量的过程中，需要吸收外来，更需要不忘本来，大力推动中华优秀传统文化创造性转化和创新性发展。因此，建议以优秀传统文化为基础塑造多层次质量文化体系：一是在国家层面确立以"创新、协调、绿色、开放、共享"五大理念为核心的发展文化；二是在市场层面确立"产权有效激励、要素自由流动、价格反应灵活、竞争公平有序、企业优胜劣汰"的产权文化和竞争文化；三是在政府层面确立"风清气正"的政治文化和"负面清单"的管理文化；四是在产业层面鼓励"包容共生"的创意文化和"以我为主、兼收并蓄"的融合文化；五是在企业层面鼓励"精益求精"、"忠诚敬业"和"专注创新"的工匠文化。

（三）加快制定并推出《中华人民共和国质量促进法》

当前，我国经济社会发展已进入"质量时代"，但现实中的质量立法体系仍存在许多问题。与此同时，尽管新一轮国务院机构改革正在如火如荼地开展，但围绕"改革市场监管体系"、"实行统一的市场监管"而展开的机构职责的整合还未见端倪，原本属于国家工商行政管理总局、国家质量监督检验检疫总局、国家食品药品监督管理总局、国家发展和改革委员会的价格监督检查与反垄断执法，商务部的经营者集中反垄断执法以及国务院反垄断委员会办公室等的职责如何在国家市场监督管理总局中形成全面、综合、有效的法律法规文件，将是未来机构改革走向深水区必将面临的难题。而借鉴发达国家和地区经验，众多全国人大代表和学界专家都积极呼吁，"质量时代"急需在作为"兵"的现有法律法规的基础上出台作为"帅"的新的法律法规来凝聚、统筹、引领质量领域发展。

七、研究结论

深刻把握质量立法的内涵是促进质量立法的关键。从经济学角度看，不管在广义层次还是狭义层次上，质量立法与改革创新一脉相承，是推动经济发展之基；不管在产业层面还是贸易和投资层面，质量立法与结构转型相辅相成，是引导结构转型之要；不管在过程角度还是结果角度，质量立法与企业立业相得益彰，是保障企业立业之本。

当前，我国质量立法体系还存在一些问题，如法律法规丰富但部分领域内重复立法和立法缺位共存，监督部门繁多但监督错位、监督缺位、监督空位现象共存，立法定位中政府功能与市场功能的边界界定不清，法规法律与政策奖励的关系较为模糊，实践中多套标准同时交叉运行容易滋生灰色寻租空间，违法成本低、约束机制弱使"合法侵害"现象时有发生等问题已对经济高质量发展产生了负面影响，如何完善质量立法体系、加快质量立法建设，将是未来经济高质量发展的重要挑战。而针对质量立法体系存在的问题，在加快机构整合、加大执法力度的同时，未来要做好三方面工作：一是由新整合组建的国家市场监督管理总局牵头，联系高校各学科领域内的专家团队、各级监督部门和企业界代表研究质量立法的立体式内涵；二是以中华优秀传统文化创造性转化和创新性发展为契机，在国家层面、市场层面、政府层面、产业层面、企业层面塑造多层次的质量文化体系；三是加快制定并及时推出《中华人民共和国质量促进法》。

本章参考文献

[1] 戴宇欣，邵逸超. 国外质量发展立法现状及对我国的启示[J]. 标准科学，2015（12）：107-110.

[2] 范兴成，史学岗，方霞. 农产品质量立法基本问题[J]. 政治与法律，2003（5）：107-111.

[3] 高仰光. 透明度源于多元化——德国大气质量信息公开的立法与实践[J]. 环境保护，2010（13）：72-73.

［4］何永军．传统商人文化传承与我国质量立法［J］．昆明理工大学学报（社会科学版），2011（5）：39-48.

［5］江博伶．WTO框架下完善我国农产品质量立法刍议［J］．国际经贸探索，2004，20（4）：60-62.

［6］蒋冬梅．企业社会责任视角下的我国产品质量立法探讨［J］．商业时代，2008（33）：21，71.

［7］林春．财政分权与中国经济增长质量关系——基于全要素生产率视角［J］．财政研究，2017（2）：73-83.

［8］史建三，吴天昊．地方立法质量：现状、问题与对策——以上海人大地方立法为例［J］．法学，2009（6）：94-107.

［9］孙波．《产品质量法》立法缺陷之补救［J］．前沿，2003（11）：97-101.

［10］孙娟娟，陈松．欧盟农产品质量安全立法的实践与启示［J］．中国食物与营养，2016，22（2）：9-13.

［11］万高隆．西方国家地方立法质量标准比较与借鉴［J］．怀化学院学报，2008（10）：37-39.

［12］王海兵．质量立法与经济高质量发展的关系研究［J］．河北科技大学学报（社会科学版），2018（3）：1-10.

［13］王海兵，杨蕙馨．创新驱动与现代产业发展体系——基于我国省际面板数据的实证分析［J］．经济学（季刊），2016，15（4）：1351-1386.

［14］张晏，龚六堂．分税制改革、财政分权与中国经济增长［J］．经济学（季刊），2005（1）：75-108.

［15］张云．从经济学的视角分析我国产品质量立法的完善［J］．甘肃行政学院学报，2005（2）：79-81.

［16］郑功成．全面提升立法质量是依法治国的根本途径［J］．国家行政学院学报，2015（1）：26-30.

第十二章
质量文化

质量文化是质量强国整体战略中十分重要的一部分，也是我们实现中国梦，实现中华民族伟大复兴的重要基础和前提。中共十九大报告指出，中国进入新时代，在主要矛盾发生变化的同时，我国经济已由高速增长阶段转向高质量发展阶段，围绕着质量变革，中国正在展开一场从理念、目标、制度到具体领域工作细节的全方位变革。在新时代中华民族伟大复兴的中国梦的建设中，质量文化作为一种深刻的发展理念被提到了史无前例的历史高度，被赋予了重要的价值意义。

中国特色的社会主义质量文化，既有我国几千年光辉灿烂的文明发展基础，也有几十年来改革开放的实践经验与反思基础，还是以马克思主义理论为指导、博采中外关于国家经济发展理论精华的结果。因此，对质量文化的理解和把握，需要置于新的时代背景中，不仅需要"明其所来"（Where）、"究其何来"（Why），还需要"探其将来"（How）。本章将从三个方面围绕这些问题进行阐述：首先，介绍质量文化的内涵；其次，从文化传统的宏观层面，对中国传统质量文化的主要特质进行分析；最后，概要介绍质量文化建构的主要原则。

一、质量文化的内涵

（一）文化与文化经济

文化是一个社会历史范畴，是人类群体在长期的社会实践过程中积淀形成的。从字源学起源上看，中国传统文化中，"文"的本义是花纹、纹理。《说文》中："文，错画也。象交文。今字作纹。"最早的纹理来源于人的文身，纹的图案，在宗教祭祀仪式中具有通神之"法力"。文身之人，既是王，也是巫，前者是社会身份，后者则是宗教身份。原始仪式是诗乐舞的合一，由文身之王（巫）来行使。因此，"文"最初不仅与诗、乐、舞相通，而且与礼也是相通的，正所谓"文以载道"。"化"在甲骨文中的形象是二人呈倒背之形，一正一反，以示变化。化的本义是变化、改变。化既有化育、化生之意，如《周易·咸·象传》记载："天地感而万物化生"，《管子·心术上》说："化育万物谓之德"；也有教化的含义，如《周易·恒卦》说："圣人久于其道而天下化成。"对古代文化的理解，我们可以通过《周易》的《贲卦·象传》中的一段来看："刚柔交错，天文也；文明以止，人文也。观乎天文以察时变，观乎人文以化成天下。"因此，中国传统的"礼乐"文化里，以人文教化民众，是文化的基本含义。

《辞海》对"文化"的定义有广义和狭义之分：从广义上说，文化指人类社会历史实践过程中所创造的物质财富和精神财富的总和；从狭义上说，文化指社会意识形态以及与之相适应的制度和组织机构。概言之，文化是一系列习俗、规范和准则的总和。文化反映着人类乃至个体人的差异性，这种差异从物质层面延伸到精神层面，最终表现出价值观、气质和风格的不同。作为意识形态的文化，是一定社会经济、政治和文化形态的反映，又对整个社会的经济生活、政治生活、文化生活产生导向作用。

近年来，文化对经济的作用和影响开始受到越来越多的重视。越来越多的学者发现文化传统的差异不仅会造成不同社会微观个体的创新活动、投资决策等经济行为的差异，而且还会造成制度环境的系统性差别，尤其是当经济发展进入高级阶段时，文化对经济的影响将会更为显著。具体来看：

在经济的微观层次上，文化对经济的影响体现为企业文化的作用。企业文化作为一种具有品牌效应的无形资产，在企业核心竞争力中的作用越来越重要。它虽然不能为企业直接创造盈利，但可以通过形塑企业职员的行为规范影响生产、销售等各个环节。企业文化对企业劳动生产率、经营业绩等产生重要的影响。企业文化是企业的灵魂，是推动企业发展的不竭动力。

在经济的宏观层次上，当前中国工业现代化进程进入了以文化为重要支撑的新阶段。金碚（2015）提出决定制造业强盛的基本三要素是资源、技术和文化。在工业发展的早期和中期阶段，资源和技术分别起决定作用，但是在工业化的后期阶段，文化将起决定作用。在工业化发展的初期，资源要素往往是决定要素，通过对自然资源的开采、初级加工形成和建立起初级工业化经济体系；而在工业化进一步发展中，技术的作用越来越凸显，成为决定性因素；但是当进入工业化的中后期时，文化则发挥越来越重要的作用（金碚，2015）。这是因为，一方面，从整体经济来看，人的因素开始增强，创新成为驱动经济发展的第一要素，价值的创造更多围绕着人的精神文化层面的需求展开。另一方面，资源和技术的发展路径总体来说大同小异，但是到了工业化后期，各国工业化表现各异，文化的多元性决定了工业化的多元性（金碚，2015）。一个国家能否成为制造强国，其文化特质往往具有决定性作用。

（二）质量文化的界定

1. 质量文化的"狭义"与"广义"

质量文化随着质量管理的发展而形成。近代质量管理经历了从检验质量管理到统计质量管理再到全面质量管理的发展历程。全面质量管理（Total Quality Management，TQM）

的实现必须建立在一定的人文因素基础上,即质量文化。在全面质量管理理论的带动下,大量的管理学研究从企业角度探讨了质量文化的定位、企业质量文化的内涵、企业质量文化的建设路径等。在这种背景下,管理学界关于质量文化的概念基本都从企业视角进行界定。例如,由张公绪主编的《质量工程手册》把质量文化定义为"质量文化是企业在长期的质量管理活动中形成的,围绕质量问题所产生的一切活动方式的总和,这种活动方式体现了企业独特的质量价值观";由戚维明、罗国英主编的《质量文化建设方略》认为质量文化是"企业文化的核心部分,是企业领导和全体员工在质量方面所共有的价值观、信念和行为规范及其表现的综合"。

而实际上,质量文化与整个国家的文化传统以及文化氛围等文化大背景联系密切,文化研究的落脚点之一在于对其历史持续性影响的解读(李唐,2015)。对同一认识对象,不同的文化图式在认知模式和价值判断上都会出现迥然不同的结果。质量文化是特定族群的心理结构和社会历时发展交互作用下的特定产物,当代中国质量文化发展摆脱不了数千年漫长的历史文化积淀的影响,因此仅从企业文化的角度界定质量文化有一定的局限性。李正权(2006)认为,所谓社会质量文化"是指社会在质量的生产和消费过程中形成的、比较稳固的、社会大多数成员认同的对质量问题的普遍认知、理念、态度和行为准则、行动方式等文化现象"。李唐(2015)同样从社会整体层面对质量文化做出定义:"质量文化是一个国家和民族在长期生产实践中,由社会成员普遍认同并相对稳固的质量群体意识、质量价值观、质量发展方式、质量管理体制等方面的总和。"这种界定把质量文化从企业的狭小范围拓展至社会层面的质量文化认同,即指整个国家和社会所普遍认同并相对稳固的质量意识观念,以及与之相适应的制度和组织机制。

因此,本书认为应从广义上界定质量文化,而非仅仅指企业质量文化。总体来说,质量文化是特定群体在长期的生产实践过程中逐渐形成的一系列有关质量问题的态度观念、价值取向、行为准则、制度体系等。质量文化的核心要义既可以表现在社会整体层面,也可以表现在企业与个体层面。

2. 质量文化与工业文化

工业文化是伴随工业化进程而形成的文化价值观念的集合,是工业发展中物质文化、制度文化和精神文化的总和(王新哲等,2016)。工业文化调节着人与人、人与机器、人与社会、人与自然之间的关系,保障复杂工业社会得以顺畅运行。工业文化熔铸于社会生产力之中,是工业发展的内在灵魂,为工业发展提供精神动力,是制造强国的文化基石和软实力。

当前,我国经济已由高速增长阶段迈入高质量发展阶段,制造强国战略的实施对我国的工业文化建设提出了更高的要求。实现制造业从生产型向服务型、从价值链低端向价值链中高端、从中国制造向中国创造的转变,亟须通过发挥工业文化的作用,实现高质量的发展。因此,质量文化对当前我国的工业文化建设乃至整个经济发展具有特殊的意义和价值。工业文化建设的核心是质量文化建设。

3. 对质量文化的新理解

事实上,在过去很长的一段时期中,我们将质量问题局限在仅从经济视角来看待,忽视了经济发展与社会、文化、生态、政治之间的有机密切联系，对质量文化缺乏深层的理解。发展的目标和定位存在着"重量轻质"的偏颇，过度追求规模量的扩张与成本量的控制，即过度追求 GDP 的发展速度、规模效应和成本竞争。这种发展取向轻视了发展中"质"的内核的精耕与厚培，忽视了品质中"品"的塑造与提升，由此造成企业的创新能力和创新意识不强，民族性审美样式与风格的塑造乏力，缺乏追求产品极致品质的工匠精神等，这些也是造成我国企业在全球产业链竞争中长期处于中低端不利地位的重要原因。

随着当前主要矛盾变为人民日益增长的美好生活需要与不充分不平衡的发展之间的矛盾，质量的内涵和外延得到进一步拓展和深化。正如中共十九大报告所指出的，应对这一主要矛盾，需要我们"着力解决好发展不平衡不充分问题，大力提升发展质量和效益，更好满足人民在经济、政治、文化、社会、生态等方面日益增长的需要，更好推动人的全面发展、社会全面进步"。这也意味着，一方面，人民日益增长的美好生活的需要在美的文化精神层面上的需求正日益增强，质量文化的意义和价值在新时代亟须被赋予新的诠释与高度的重视；另一方面，不平衡不充分的发展实质，即是一个发展质量的问题，它既是一种全社会的、综合性的发展质量，涵括社会、经济、政治、文化、生态五大方面，还是一种人民群众个体发展的质量问题。从社会整体的质量的制度性、体系性建设到微观个体的幸福感与满意度的保证，前者为后者的实现提供了充分的物质支撑，而后者的实现则为前者的发展提供了源源不断的动力。因此，当我们处理质量文化这一问题时，需要以更加综合、全面、开放的视角来看待它。

（三）质量文化的层次

质量文化具有自身的结构特征和体系框架。根据质量文化的不同层次，本书将质量文化区分为宏观质量文化和微观质量文化。宏观质量文化指的是社会层面的质量文化，微观质量文化指的是企业层面的质量文化。社会质量文化与企业质量文化是有机互动的整体，相互制约、相互促进。一方面，社会质量文化决定着企业质量文化建设的方向，影响着企业质量文化建设的战略和企业员工的质量意识；另一方面，企业质量文化反过来对社会质量文化具有促进作用，社会质量文化的提升也往往以企业质量文化的改进为基础。

1. 宏观的社会质量文化

宏观的社会质量文化主要包括质量群体意识、质量价值观、质量发展方式、质量管理体制四个方面（李唐，2015）。

（1）质量群体意识是社会成员一定时期内对于质量性能、质量改进和质量创新等领域所形成的相对普遍和稳定的共识。

（2）价值观是人认清事物、辨明是非的一种思维或取向，价值观支配着人的行为和态度，对人的行为和思维方式具有导向作用。质量价值观反映了整个社会对质量的态度和质量伦理道德取向，反映了质量的社会精神道德标准。

（3）质量发展方式指在社会层面上的质量提升方式、质量经验的积累与传承、质量知识和技术的创新途径。

（4）质量管理体制指一个国家或者政府在质量管理方面的制度设计与运行，本质上是政府管理质量安全风险的公共机制。政府质量管理体制的设计从根本上决定了对质量安全风险治理的有效性。

2. 微观的企业质量文化

微观的企业质量文化主要包括物质文化、制度文化、行为文化和精神文化四个方面（戚维明、罗国英，2011）。

（1）质量物质文化是企业质量文化的基础和物质载体，指企业质量文化的外在体现，如产品标识、企业形象和品牌形象等。质量物质文化主要包括两个方面的内容：一是质量文化的物质部分；二是开展质量文化建设的物质基础，包括人力资源、工作环境、各种文化载体等。

（2）质量制度文化指企业与质量相关的各项管理制度的总和，主要体现为法律法规、标准、程序、规范、制度等客体化形态，包括标准化与规范体系、奖励制度和法律法规。质量制度文化规定了企业在质量方面对企业以及企业员工的具体要求，是塑造企业成员行为的主要机制。

（3）质量行为文化指企业员工的行为准则，主要包括员工在生产和销售的各个环节中对产品的质量控制、技术创新、管理提升等行为，是企业制度文化执行力的重要体现。

（4）质量精神文化指企业成员共同的质量意识，是企业质量文化的核心内容和最高境界。质量精神文化主要包括企业经营理念、质量方针、质量态度、质量价值观、顾客意识等，体现了一个企业积极主动地尊重与维护顾客权益的价值取向和精神追求。

二、中国传统质量文化的特质与不足

质量文化带有强烈的民族烙印和历史烙印，在历史发展进程中伴随社会经济发展和民族成长积淀而成，它与一个国家的民族文化传统紧密联系。中国传统文化具有鲜明的农耕文明特质，与发端于古希腊文化的西方文明具有的鲜明的海洋游牧文化特质截然不同。在两种截然不同的文化心灵中，世界以不同的认知模式被加以理解，从而呈现出意趣迥然的价值判断。前者生成的是一种天人合一、虚实相生、集体道德伦理主义的世界观；后者则生成的是一种虚实对立、偏重实体、个体契约主义的世界观。

正是源于两种文化基因的差异，在质量价值观上，西方人采用的是明晰化的焦点透视，聚焦产品及其生产过程，对质量进行不断的细分和量化，表现出的是一种单一化、机械性的质量观，注重科学量化分析和概念的明晰定义；而中国人则往往采取模糊化的散点透视，从天地人的关系中整体看待和把握质量，表现为一种系统的有机的质量观，注重经验性知识积累和集体主义。

(一) 中国传统质量文化的核心特质

在中国传统文化中,所谓整体功能,就是从整体本身出发,将整体作为一个不可分割的对象来把握。中国传统文化认为,与整体割裂的部分将失去存在的合法性,即使对部分考察、研究、透视得到的结论再精确、再明晰、再详细,也无法把握事物原有最本质的东西。相比之下,西方整体与部分的关系则是建立在一个实体性、明晰性的思维方式之中,整体自身是一个层级、部分、结构明晰、可清楚定位的机械性实体,整体的功能可以通过对部分的独立考察来诠释、验证。例如,在医学方面,西方发展出的是人体解剖,而中医发展出的却是人体经脉。西方实体论强调形式化原则,形式之间不断更迭,向前发展,以达尔文的生物进化论为例。中国文化中气化宇宙的整体功能论则认为世事变化都是在天地人这一大宇宙观中发生的,尽管时间在推移,宇宙的基本结构却是不变的,以周而复始的循环论为例。得益于整体的功能思维,中国历史上也曾出现了许多超越性的发现,如"四大发明",但也正是这种文化理念,使得实验科学之路在中国一直未曾得到很好的发展。同时与西方文化崇尚以自然为工具,征服自然的浮士德精神不同,中国文化追求的是人与自然的和谐相生,最终使得工业革命在西方文化而非中国文化中诞生。

传统中国文化将质量视为一种天地人三者之间整体有机互动的关系性产物(即"三才"理论),以"人与天地相参"为目标,既强调个体的积极能动性作用,也强调人与自然的和谐相融。质量的创造需要生产者在技艺水平、质量管理水平提升的前提下("人才"),不仅兼顾物尽其才("地才"),还需要注意人与自然和谐共生的可持续发展("天才")等多种关系。因此,对质量标准的考核也是在天地人三者整体、综合视角下的考察。《考工记》曾提出"天有时,地有气,材有美,工有巧,合此四者,然后可以为良",可见,合格的质量应是"天时、地气、材美、工巧"四者的结合。"天时"、"地气"指生产需应天之时运,蒙地之气养;"材美"指匠人必须依据实际需要结合材料的质地品性进行选择,要尽可能发挥材料自然的美感;"工巧"则是对匠人技艺水平和创造能力的要求,即匠人需要在尊重天时、地气和材美的同时,积极发挥个体的创造性,不断提升个体的技艺能力。不过,传统文化中对"天时、地气、材美、工巧"质量目标的界定是非常模糊的,尤其是对"天时"、"地气"的界定以及匠人个体怎样与三者互动才能形成"天人合一",并带有浓厚的感性直观和神秘主义的色彩。这也体现出中国传统文化中对质量目标的界定既具有超越性的一面,又具有在现实中很难以其为标准进行管理的一面。

此外,在这种整体功能把握中,中国传统文化的质量观实际上也体现为一种大质量观。它是一种融技术和审美为一体的质量思想,与西方尤其是近代工业革命以来将产品的功能、形式、技术等进行细分和概念切割的质量观截然不同。例如,从字义来看,工匠的"工",《说文解字》中就说:"工,巧饰也,象人有规矩也。"这里"巧"代表技术、技巧;"饰"则代表艺术、审美。工是技术和审美的合一。中国古代的能工巧匠既是手法精湛、高超的制器高手,也是工艺精致传神的艺匠。

（二）中国传统质量文化的主要不足

1. 重集体轻个人

在中国传统质量文化整体功能性视角下，部分必须服从于整体，在整体的功能结构中发挥作用。这种思想在儒家则衍化为个体必须服从家庭、家族、宗族、国家的封建宗法等级制度，金字塔尖最上层的宗族和国家在日常生活中扮演着非常重要的角色，而个体则处在宗法制度金字塔的最底层。不仅如此，个体还会经常受到来自已过世的有血缘关系的宗亲带来的压力。不过虽然处于金字塔最底层，但是个体自出生起也享受着家庭、家族、宗族、国家对其的保护。在这种文化背景中，中国传统质量文化呈现出重集体轻个体的特点：

（1）质量的监督和质量技艺的创造与传承均以家族、行会为行使的功能主体。中国传统的质量监督表面上看都是以国家为最高监督机构，但实际上除了在军资物品和官办行业（手工业和一些关键性资源行业如盐、铁等），国家行使主要的监督作用外，其他的行业都是以家族、行会为主要的质量监督主体，表现为家族内部的质量管理和诚信教育。中国的手工业一直以家庭、家族为主要生产单位，世代沿袭，到宋朝以后出现了以地缘和族源共同为纽带的行会和商帮（冯尔康，2009）。家族和行会也会承担起对个人质量诚信道德的教育任务，他们认为个人代表的是家族的形象，一人荣则家族荣，个人的不良行为也会给家族带来不好的影响。这种强烈注重家族和行业内部质量诚信管理的方式铸就了一批历经几百年的老字号传奇。如徽州的毛笔，就流传有"宣城工人采为笔，千万毛中选一毫"的佳话。

（2）质量技艺的创造和传承采用经验性传授，在集体内部以"祖传绝活"的形式世代传袭。这种"守世之"的方式使得产品最终的质量在世世代代不断的积累中而形成，既使得这种技艺的创造是一种完全内生性的，也使得这种经验的世代积累要具有连贯性就必须确保家族的延续性。这种以经验形式在家族中传授的质量技艺，体现出内生性、保守性、连贯性和隐秘性的特点。

（3）个体在集体中发挥的创新作用受到抑制。在个人的创造沦为集体创造的同时，传统文化对创新也缺乏很好的激励，导致创新能力不足。《考工记》中记载："知者创物，巧者述之，守世之，谓之工，百工之事，皆圣人之作。"由此可见，将伟大的、卓越的作品都归为圣人的功劳，而真正的创造者却在历史中被逐渐湮灭无闻。中国传统文化强调对家族、行会的门户传承，却不鼓励"奇技淫巧"式的个人创造。这与西方文化形成鲜明对比。西方文化崇尚个体主义，个体的勇敢、个性、勤奋受到整个社会的鼓励。如早在文艺复兴时期，意大利就出现了最早的对手工业者知识产权的保护。

2. 重道轻器

中国传统文化整体上表现出一种"重道轻器"的文化倾向，正所谓"形而上谓之道，形而下谓之器"。

（1）重道德、轻管理。中国传统文化中有着重心灵、轻工具的传统。传统文化对质量问题的监管更注重强调个体的质量诚信，讲求道德自律。儒家文化强调中庸之道，"执其两端，用其中于民"，这种思想本质上是避免"过"与"不及"两种倾向，不走极端，采取中庸路线。这种中庸之道导致传统文化在产品质量上奉行模糊原则，不追求精确，也缺乏清晰的质量规划和质量规矩，对于产品质量问题表现出多道德谴责而少制度管理。

（2）偏向保守的经验主义知识积累方式。主要体现在观念和实践两个层面，一方面，在质量发展观上，中国传统的经验主义取向将质量技艺、质量创造归为对"道"的体认与觉知，将其神秘化甚至对借助语言手段来传承技艺的方式都持质疑乃至否定的态度。"轮扁斫轮"的典故认为，真正的技艺是不能通过任何语言工具表达、记录乃至传承的，技艺水平和功力火候只能靠本人对自然道法的参悟和日复一日的勤练获得。另一方面，在实践中质量技术、工艺标准等始终停留在具体器物层面，无法升华到科学理论层面，质量实践具有极大的偶然性和不确定性，质量标准也缺乏统一的、精确的、定量的科学指标。

3. 匠人身份不被看重

匠人在传统社会等级中处于中下等位置。孔子曾说道，"君子不器"。这里的器，是指器具的意思。孔子认为，工匠是仅有一才而专工一艺者，与此不同，君子应该在"志于道、居于德、依于仁"的前提下"游于艺"，陶冶在各种技艺中，而不是拘于一器一技一用。君子不器的另一层意思是，君子不应该从事以器的生产为主的这类职业。孔子将这类需要体力的劳动称为"鄙事"。《论语·卫灵公》说："君子谋道不谋食，耕也，馁在其中矣；学也，禄在其中矣，君子忧道不忧贫。"在儒家看来，"仕而优则学，学而优则仕"，乃君子之正道。"万般皆下品，唯有读书高。"工匠在中国古代社会中的地位一直很低，早在春秋时期的《管子》一书中，管仲就将整个社会分作四个等级，士、农、工、商，工匠的地位仅在商之前。在元代还流传有"一官二吏三僧四道五医六工七匠八娼九儒十丐"的职业地位排序。虽然在宋朝和明清时期，匠人的地位有所改善，但从整个历史发展来看，工匠的社会地位一直处于较低层级，使得整个社会对工匠的尊敬度不高，也使得工匠这一职业一直以来成为不得已而为之的选择。这与西方文化中对工匠精神及匠人地位的尊崇形成鲜明对比。

传统文化对匠人社会地位的轻视一直延续至今，一个鲜明的体现是，虽然国家对职业教育的重视与日俱增，但是职业教育培养出的产业工人、蓝领工人的社会地位依然不高。与此形成鲜明对比的是，在德国、美国等西方发达国家，职业教育不仅成为推动经济增长的重要引擎，而且社会认同度也非常高，产业技术工人相比中国而言拥有更高的社会地位。

三、质量文化建构的主要原则与提升建议

当前，从国家到企业再到国民对质量的认识愈益提升，已然形成了一种对质量文化的

自觉追求和公共认同。质量成为国家战略，全方位地渗透到我国经济、社会、文化、生态、政治的五位一体总体布局建设的方方面面。但是，我们离质量文化自信和质量自强还有很远的距离，还有很长的道路要走。因此，整体来看，当前的中国正在由质量文化自觉向质量文化自信和质量文化自强迈进。

总体来看，中国特色社会主义的质量文化是一种和谐有机、兼容并蓄的发展理念，秉持的是一种"大质量观"。它是在马克思主义理论的指导下，建立在对中国优秀传统质量文化的继承和对国外先进质量文化的借鉴和汲取基础上，面向未来，对当前经济发展进入新阶段的重要研判和深刻洞见。它区别于单维度的唯经济质量发展观，而是一种多维度的建立在生态文明、社会文明、政治文明等基础上，坚持绿色发展与创意创新相结合，以人为中心，以不断提升人的发展质量为要义，着眼于推动人的全面发展、社会的全面进步的科学发展理念。

（一）坚持绿色生态，改变单一的产品技术质量观，倡导科学理性、优质安全、节能环保的理念

当代文明正处于从传统工业文明向新生态文明过渡转化的阶段，这是全社会已经普遍达成的共识。在生态问题日益突出的今天，生态学成为人类自省的产物和人类自救的方式。长期以来，在以理性经济人为典型特征的经济发展思维下，经济发展过度追求 GDP 数量的增长，而忽略了经济发展中质的一面，企业一味地把降低生产成本作为竞争优势，而很少关心对生态和资源的过度消耗。工业文明促进了物质财富的增加和社会发展的繁荣，但是盲目追求财富积累的发展质量观严重忽视了发展的主体即人的自身需求的满足。

我国质量管理活动基本上还停留在产品质量观基础上，不少企业仍然以产品技术质量观来指导质量管理。绿色生态的质量文化对经济发展在经济增长方式、产业结构、资源配置、消费模式等方面有着深远的蕴意。这一质量观要求在经济生产活动各环节坚持以全面节约和优先环保为原则，减轻对资源的依赖和消耗，倡导科学理性、优质安全、节能环保的理念，统筹协调生产、消费与环境生态和能源保护。

（二）坚持兼收并蓄，正确处理好文化传承、摒弃、交流、包容与创新的关系

当代质量文化建设还要处理文化传承、摒弃、交流、包容与创新的关系。首先，应认识到当代质量文化建立于中国丰厚的文化土壤之上，要清晰识别中国传统质量文化的优势和不足，继承和发扬优秀的质量文化遗产，把优秀的传统文化与当代文化元素有机融合，实现质量文化的创新发展。例如，前文提到中国传统的质量文化就是一种整体的有机质量观，这既是我们当代构建中国特色社会主义大质量观的内在基因，也为我们的质量文化建设提供了源源不断的有益养料。在"三才"理论指导下的传统质量观不但重视生产系统内部各因素之间（生产主客体之间、生产环境之间、生产主客体与生产环境之间）的相互关联和物质循环，而且和谐处理了人与自然、人与人、人自身的多重关系。儒家思想追求"讲信修睦"，强调道德诚信和人文精神，这对当代企业的诚信建设和树立企业信誉具

有积极作用。但是对传统质量文化中缺乏量化标准的质量观念、工匠精神的相对缺失等不足应摒弃。

其次，质量文化建设要具有国际视野和胸怀，积极地借鉴与吸收美国、欧洲、日本等发达国家和地区在质量文化上的精髓，取他人之长补己之短，建立开放包容的质量文化建设体系，保持质量文化的生命力。例如，通过借鉴美国、德国、日本等经济发达国家在产品质量监管模式上的优势和经验，弥补我国在质量监管中存在的不足之处，完善我国的产品质量监管体系。

（三）坚持以人为本，更加注重人的价值和人性关怀，实现质量管理制度和人文精神的有机结合

以人为本是全面质量管理的核心，也是实施质量文化建设的基本原则和重要目标。以人为本的质量管理的核心是要在质量管理过程中最大限度地发挥人的积极性、能动性与创造性，激励全体成员努力达到组织的目标、实现企业的愿景，并最终实现企业与个人的和谐发展（罗国英，2011）。以人为本的理念推动了20世纪80年代日本的质量文化革命，也促使日本形成自己独特的企业文化，并直接转化为日本经济的竞争优势，使得日本汽车、家电等企业获得巨大成功，日本也由此从"质量低劣之国"一举变为"世界质量大国"。

以人为本的质量文化建设需要企业更加注重人的价值和人性关怀，把质量管理制度和人文精神有机地结合起来，一方面要切实发挥广大员工作为经营管理主体的作用，充分尊重员工、理解员工、关心员工，激发员工的归属感、积极性和创造性，实现员工个人价值同企业集体价值的有机联系，形成和谐的人际关系和团队合作氛围；另一方面要以顾客的质量需求为焦点和导向，既要掌握外部顾客当前的需求，也要关注顾客未来的需求和潜在的需求，并付诸质量管理改进。

（四）坚持全员参与，把质量意识转化为自觉的质量行动，塑造优良的、浓厚的社会质量风气

良好质量文化的形成必须建立在全员参与的基础上，只有依托全员实践的力量，才能有效推动质量文化的发展与优化。中共十九大报告指出，"我国经济已由高速增长阶段转向高质量发展阶段"。质量文化建设的重要目标是实现从全社会的质量文化自觉向构建全社会的质量文化自信和质量文化自强迈进。

因此，要实现国家发展和人民生活的高质量稳步提升，便离不开政府、企业、个体的积极参与。第一，国家要大力推动质量文化建设，制定科学合理的质量发展规划，完善质量法规制度体系，加强全民质量教育，积极开展质量舆论宣传。第二，企业要明确质量发展战略，建立先进的质量管理方式，有效地开展质量教育培训、宣传等活动，吸引和鼓励全体员工参与质量文化建设。第三，个体要坚持从我做起，培育自觉的质量意识，逐渐转化为自觉的质量行动，实现"内化于心、外化于行"。只有通过全员参与和实践，通力合作，浓厚的社会质量风气才能得以形成，质量文化自觉才会具有牢固的基础。

本章参考文献

[1] 金碚. 建设制造强国需要耐心和意志 [J]. 决策与信息, 2015 (10): 26–27.
[2] 李唐. 中国传统质量文化的主要特质 [J]. 宏观质量研究, 2015 (3): 1–15.
[3] 李正权. 论社会质量文化 [J]. 中国技术监督, 2006 (11): 36–38.
[4] 戚维明, 罗国英. 质量文化建设方略 [M]. 北京：中国标准出版社, 2011.
[5] 王新哲, 孙星, 罗民. 工业文化 [M]. 北京：电子工业出版社, 2016.

第十三章
质量教育

当前，我国经济社会发展进入新时代，经济已由高速增长阶段转向高质量发展阶段，其中一个重要方面是通过高质量发展推动质量强国建设。这就需要与之匹配的质量教育体系来有效保障人才的支撑作用。

关于质量教育的重要论述，中共十九大报告指出，"建设现代化经济体系……必须坚持质量第一……着力加快建设实体经济、科技创新、现代金融、人力资源协同发展的产业体系……在中高端消费、创新引领、绿色低碳、共享经济、现代供应链、人力资本服务等领域培育新增长点……建设知识型、技能型、创新型劳动者大军，弘扬劳模精神和工匠精神，营造劳动光荣的社会风尚和精益求精的敬业风气……培养造就一大批具有国际水平的战略科技人才、科技领军人才、青年科技人才和高水平创新团队"。习近平总书记在2018年7月召开的全国组织工作会议上强调要加快实施人才强国战略，确立人才引领发展的战略地位。这一系列论述对于新时代我国质量教育工作具有重要的指导意义。

一、质量教育的功能定位

《中国制造2025》提出通过"三步走"实施从制造大国向制造强国转变的战略，质量强国无疑是制造强国的重要体现和主要抓手，其作用和地位进一步凸显。为了服务于更高发展的目标，需要重新认识质量教育的功能，充分体现其在新时代的战略定位。

（一）人口质量教育服务国民经济高质量发展

改革开放以来，我国经济规模迅速扩张。放眼世界，两位数的增长率创造了"中国经济奇迹"（林毅夫等，1999）。其中，人口红利发挥了重要作用（蔡昉，2010），大量农村剩余劳动力从农业部门流向工业部门，为工业尤其是加工贸易生产提供了丰富的低价劳动力（见表13-1）。这种以规模和速度为主要特征的粗放型增长对人力资本质量的要求相对较低。

表13-1 外出农民工与经济增长

年份	全部工业增加值 规模（亿元）	全部工业增加值 增长率（%）	第二产业就业 规模（万人）	第二产业就业 增长率（%）	外出农民工 规模（万人）	外出农民工 增长率（%）
1978	1622	17.1	6945	19.1		
1980	2015	12.8	7707	6.8		
1985	3478	23.5	10384	8.3		
1990	6905	5.8	13856	15.7		
1995	25024	28.0	15655	2.2		
2000	40260	11.8	16219	-1.2		
2005	77961	18.5	17766	6.3		
2008	131728	17.9	20553	1.8		
2010	165126	19.6	21842	3.6	15335	5.5
2012	208906	7.1	23241	3.1	16336	3.0
2014	233856	5.2	23099	-0.3	16821	1.3
2016	247878	4.8	22350	-1.5	16934	0.3
2017	279997	13.0	21824	-2.4	17185	1.5

资料来源：国家统计局。

具有典型性的现实状况是，以跨国企业投资设厂或订单需求引致的工业生产往往是按照程式化的流水线操作，而且为防止核心技术外泄，在分工和工种设置上尽可能细分，从而提高了专业化程度。如此一来，流程对每个工种和工人的工作要求相对细分和固定，经过简单的职业培训，低技能产业工人便能胜任绝大多数的流水线操作。

这个阶段的质量教育以培育适合流水线操作的低技能产业工人为主。然而，现阶段我国已成为全球工业第一大国，国民经济迈入高质量发展阶段，对于劳动人口质量提出了更高的要求（全国职业供求关系见表13-2），相应地质量教育自然被要求赋予新时代的特征。近年来，我国劳动人口质量普遍提升，但是仍然无法满足工业部门技术创新的需要，尤其是大学及以上学历的高水平创新型科技人才极为匮乏，人才结构与我国制造强国建设目标不能很好匹配。

表13-2 全国职业供求：求人倍率

年份	初中及以下	高中	职高、技校、中专	大专	大学	硕士及以上
2001	0.83	0.73		0.71	0.73	1.11
2002	1.00	0.94		0.73	0.64	1.50
2003	0.93	0.88		0.80	0.79	1.07
2004	1.01	0.94		0.83	0.81	1.81
2005	1.00	0.97	0.94	0.89	1.00	0.86
2006	1.00	0.97	1.10	0.89	0.93	1.32

续表

年份	初中及以下	高中	职高、技校、中专	大专	大学	硕士及以上
2007	1.03	1.00	1.01	0.87	0.94	1.55
2008	0.89	0.86	1.04	0.78	0.75	0.77
2009	1.03	1.04	1.19	0.87	0.77	0.72
2010	1.13	1.10	1.35	0.89	0.78	0.71
2011	1.04	1.14	1.35	0.96	0.86	0.95
2012	1.10	1.12	1.27	1.01	0.93	2.24
2013	1.11	1.21	1.47	0.99	0.96	1.31

资料来源：中国人力资源市场信息监测中心。

从生产端看，高质量发展意味着高质量的供给。长期以来我国工业品附加值不高，处于全球价值链的低端，部分关键技术环节仍然受制于一些发达国家，并且受到来自其他发展中国家因更低要素价格而引发的产能竞争，面临日益严重的"双端挤压"（黄群慧，2015）风险。在这种局面下，提高国家制造业创新能力对于加快我国制造业转型升级、迈向全球价值链中高端具有重要的战略意义。另外，纵观20世纪美、日、德等主要发达国家的发展历程，重视质量是推动社会转型发展的普遍规律（上海质量管理科学研究院课题组，2011；林忠，2016）。对此，提高我国人口质量，尤其是培育一批具有创新能力的高素质人才队伍，方能与建设质量强国进而落实制造强国战略相匹配。因此，从提高人口质量角度看，新时代质量教育必须突出创新能力，要深刻认识到创新意识和创新能力的培养在整个国民教育体系中的突出位置，把创新教育贯穿始终。

为此，服务于国民经济高质量的质量教育应该体现在提高人口质量上，以培养创新能力为核心目标，通过构建多层次的国民教育体系，优化人口结构（蕴含技术知识结构），更好地服务实体经济发展。

（二）行业质量教育促进制造业调整升级

立足国民教育的人口质量教育侧重通识教育和系统性理论学习。然而在工作实践中，更多的质量教育是通过加强行业内部学习交流、开展职业培训等方式来实施，侧重实践指导和分散式专业应用训练。相对来说，这种行业质量教育强调问题导向，其专属性和针对性更强。

当前，我国制造业正处在调整升级的关键期，一方面要应对发达国家制造业振兴的挑战，另一方面要促进国内经济发展方式转变和新动能培育。制造业部门亟须在创新能力和市场渠道上重点突破，尤其是在技术升级和品牌建设（林忠钦等，2017）等方面。

对于技术升级，制造业需要在关键核心技术研发上取得新进展，通过建立产业创新联盟，开展政、产、学、研、用协同创新，集中社会和业界优势资源攻克一批具有全局影响、带动性强的关键共性技术；建设若干具有世界影响力的创新设计集群；建设协同创新公共服务平台，开展与行业质量相关的专业化服务，包括技术研发、检验检测、技术评价、技术交易、质量认证、人才培训等（林忠，2016）；提升制造业标准化，积极参与行业的国际标准制定；等等。

对于品牌建设，制造业需要打造行业品牌质量和集群品牌质量（覃毅，2018）。通过卓越品质形成具有自主知识产权的名牌产品；在行业内普及先进生产管理模式，组织开展行业或集群内工艺优化行动；加强和完善行业质量监管，提高行业质量自律；行业或集群建立品牌培育和运营专业服务机构；打造一批特色鲜明、竞争力强、市场信誉好的产业集群区域品牌。

因此，从提升行业质量角度看，需要体现行业和区域特征，深刻认识到技术升级和品牌建设等领域对于促进制造业高质量发展、推动制造业行业和产业集群调整升级的重要作用。

为此，促进制造业调整升级的行业质量教育应该侧重构建与技术升级和品牌建设相适应的多层次职业技能培训制度，将质量教育贯穿在行业发展的整个生命周期和全产业链环节。

（三）企业质量教育提升产品和企业竞争力

企业是国民经济的微观主体，企业层面的质量教育直接关系宏观层面人口质量教育和中观层面行业质量教育的最终实施效果。可以说，企业质量教育与制造企业日常生产经营活动关系最为密切，在很大程度上决定了企业竞争力。

决定制造企业竞争力的关键是产品市场竞争力，其核心体现在产品质量优势上。为了提高生产质量，企业需要开发和引进先进生产线，雇用高技能的技术工人，其中包括从事质量检测、品质管理等依附于生产的、承担重要辅助工作的职员。这些产业工人和企业管理人员所具有的人力资本，随着新技术和新设备的推广应用，需要及时更新知识储备和掌握复杂劳动技能。特别是随着互联网、人工智能等前沿科学技术正在冲击并改变着传统产业组织形式，一些新型商业模式应运而生，协同创新和跨界融合逐渐成为经济中的新模式、新业态，这对产业工人和管理人员提出了新的挑战。因此，从加强企业质量角度考虑，应强调以人为本，加强产业工人业务操作训练，促进管理人员做好适应企业发展特征的产品质量管理等日常质量监督管理工作。

为此，提升产品质量和企业竞争力的企业质量教育应立足于企业社会责任，完善员工职业化培训，主动适应第四次工业革命带来的新模式、新业态，把企业员工终身教育作为增强企业员工归属感、学习先进知识技术进而提升产品质量的重要内容。

二、构建新时代质量教育体系

由前文可知，我国经济发展进入新时代，对未来人力资本提出了新的需求，这就促使我国质量教育的功能定位发生变化，对应国民经济的不同层面，主要体现在人口质量教育服务于经济高质量发展、行业质量教育助推制造业调整升级、企业质量教育夯实企业竞争力。基于上述三大功能定位，未来我国应该从以下三个维度构建新时代质量教育体系。

（一）嵌入国民教育体系的人口质量教育

新时代我国质量教育体系的第一层级是基于国民教育体系、服务于经济高质量发展的人口质量教育。国民教育体系是一个包含不同层次、不同形态和不同类型的教育服务系统，包括基础教育、高等教育、职业教育。质量教育应贯穿整个国民教育体系。

1. 基础教育

在义务教育等基础教育阶段，应大力弘扬中国传统文化中的工匠精神，把质量文化根植于每个接受教育的公民心中。

现代意义上的工匠精神，其受众是每一个劳动者乃至企业、产业和整个社会。对于个人，工匠精神就是干一行、爱一行、专一行、精一行，务实肯干、坚持不懈、精雕细琢的敬业精神；对于企业，工匠精神就是守专长、制精品、创技术、建标准、持之以恒、精益求精、开拓创新的企业文化；对于社会，工匠精神就是讲合作、守契约、重诚信、促和谐、分工合作、协作共赢、完美向上的社会风气（李海舰，2016）。

长期以来，我国基础教育走向应试教育，在高考"指挥棒"引导下过多偏重知识教育而忽视动手能力的锻炼，恰恰这一阶段正是培养动手能力和树立钻研精神的重要时期，由此造成国民教育错失了普及质量意识的教育黄金期。为此，应促进基础教育改革，尤其要加快推进高考制度改革，在科学的教育理念指导下，以培养动手能力和创新精神为重点实施素质教育；推广开设劳动技术类课程，寓教于乐，在丰富多样的课堂中培养创新思维和实践能力，为终身学习打下良好的基础知识和基本技能，更好地适应现代社会发展需要。

2. 高等教育

高等教育阶段是提高人口质量教育的核心环节。这一阶段质量教育的目的突出体现在培养高端科研型人才和高级技术型人才上。

高等教育是国民教育体系中的重要组成部分，经过十几年的高校扩招，我国高等教育逐渐向大众化方向发展，适龄人口中接受高等教育的比重逐年增加，提高了整个国家的受教育程度，为国民经济快速发展培育了一批高素质的人才。然而，近年来高校毕业生就业难与企业用工荒问题愈演愈烈（陈正权和朱德全，2017），揭示出我国高等教育在快速扩张过程中出现了深层次结构性失衡。一方面，忽视了应用技术教育，导致所学知识脱离了实际应用需求，无法与生产实践有效衔接；另一方面，无法培养出高素质的研究型人才，这一人力资本短板是造成制造业技术升级受阻的重要原因，导致长期以来我国在很多制造领域依旧无法突破发达国家的核心技术封锁。因此，需要加快高等教育供给侧结构性改革，合理优化教育结构，同步推进研究型高等学校和应用技术类高等学校建设。

对于研究型高等学校，质量教育的重点应放在培养人才技术创新能力上，针对的是通过高素质就业促进技术进步，从而实现高质量发展。具体应加强基础研究，努力探索未来技术前沿和抢占产业发展制高点，继续加大关键核心技术研发，开展协同创新，攻克一批关键共性技术，等等。

对于应用技术类高等学校，质量教育应侧重技术知识和技术成果的应用。具体应掌握先进质量管理技术和方法，加强可靠性设计、试验与验证技术开发应用，重视与质量相关的法律教育和企业社会责任教育，等等。

可见，上述两类高等教育各有侧重，理应错位发展、优势互补，形成特色鲜明、功能清晰、结构合理的高精尖人才培养模式。

3. 职业教育

职业教育是国民教育中培养技能人才的主要部分，加强职业教育中的质量教育，就是要培养一支高质量、高素养的技能人才队伍。

近年来，质量教育已经成为职业教育的施策重点。2016年7月国家质监总局印发的《质量监督检验检疫事业发展"十三五"规划》中提出要强化质量职业教育和高等教育、完善质量人才培养模式，全面提升产业工人的质量素养。2017年2月由教育部、人力资源和社会保障部、工业和信息化部3部委印发的《制造业人才发展规划指南》中也提出，在职业学校加强质量相关学科专业建设，在相关专业教学中增加国家质量技术基础和质量管理知识内容，鼓励和支持职业学校设立质量相关研究机构，开展质量科研，开发质量素质提升课程，面向社会开展质量教育。

可见，由于职业教育本身就是定位于从事某种职业或生产劳动的职业知识、技能和职业道德的教育，因而推进职业教育尤其是工程类专业中的质量教育，具有充分必要性、针对性及可操作性。

然而，我国质量教育在职业教育中存在明显的"碎片化"现象，如检验检测、标准等质量技术基础知识和质量管理相关工具没有系统性，散见于各种课程中。为此，应该加强职业教育中质量教育的系统性和全面性，即根据质量实践的基础性和专业性，分设通识质量教育和专业质量教育（王山和姚雷，2017）。利用公共课程培养质量意识，夯实基本质量知识，包括质量检测、标准、认证、管理等一系列基础性知识和相关法律伦理等基本知识的系统训练；专业课程则强调实用性质量技能的个性化培养，突出专业知识技能与质量知识技能的充分、深度融合，在课程设置和教学实践中增加社会实践，鼓励企业和学校共同承担专业质量教育工作，加强校企合作办学，引导企业一线技术骨干走进课堂，加大实用、前沿质量技能训练，培养一批掌握全面扎实的系统性质量知识，同时具备过硬质量技能的高质量、高素养人才队伍。

（二）多样化终身学习型的行业质量教育

通常人力资本积累主要通过国民教育体系获得，但如今信息时代的知识和信息更新速度呈指数级增长，终身教育逐渐成为职业阶段劳动力再生产和提升人力资本的重要形式。因此，应提倡终身学习型的质量教育，而且这种质量教育与职业关系紧密，具有明显的行业属性，应结合行业特征来开展形式多样、内容丰富的行业质量教育活动。其中，行业协会可以作为行业质量教育的主体，发挥重要的引领作用。

1. 行业质量技能培训

在此前的机构改革中,主要制造业部门的主管机构由部级行政单位转为事业性质的全国性工业协会,统一归属国务院国有资产监督管理委员会分管,自此,全国性行业协会成为工业部门各行业的重要自律性组织,在落实政府政策指导和解决企业发展问题上发挥了重要的协调作用。其中,这类行业协会的一项重要工作就是组织行业内部的质量技能培训。长期以来,行业协会重视行业管理,在技改、会展、咨询等方面做了大量服务工作,但在行业培训尤其是质量培训方面有所缺项(吴志勇和李森林,2008)。为了更好地服务于制造强国战略、建设质量强国,行业协会应承担起行业质量教育职能。

(1)应该规范和完善从业资格认证制度,加强从业者质量知识和技能的测试和认定。在全国性的从业资格考试中加大对质量内容的考察,将有效引导从业者对质量基本知识的积累和技术操作能力的熟练掌握,这在一定程度上也是对国民教育体系培养效果的实践检验。

(2)应该加大前沿科技理论和先进制造技术在岗培训。未来,随着人工智能等前沿科技发明开始应用于智能制造,技术进步将以突飞猛进的速度向前发展。因此,行业前沿技术的更替和应用将极大地促进生产技术的改造升级,这是影响制造业质量的重要技术支撑,一线技术骨干直接感受技术进步所带来的冲击,必须加强必要的针对前沿技术及其产品质量的培训,在知识储备方面注重及时更新,积极应对科技革命带来的挑战和机遇。

2. 行业质量评比活动

行业质量教育除了采取培训的方式,还可以由行业各级主管部门和行业协会牵头,组织开展形式多样、内容丰富的质量评比活动,如知识竞答、质量标兵、技术表彰、先进管理评选等。这类评比活动一方面可以充分调动全行业各类质量技术和管理人才的积极性,另一方面能够树立行业标杆,有助于企业间的交流和明确行业定位,认清差距,发挥优势。

行业质量评比活动既可以单独举办,也可以与质量教育培训相结合,增强质量教育的趣味性,寓教于乐,理论联系实际。通常,行业协会组织的质量评比活动经常设立在专业优势明显、产品质量卓越的产业集群,既代表行业先进质量水平和质量管理水准,也有利于彰显产业集群的品牌质量。

因此,行业质量评比活动是职业教育和技能培训的延伸和补充,不仅能够检验质量教育效果,而且加强了行业内从业人员间的质量经验交流,也丰富了员工的职业生活。

3. 行业自律性质量监管

行业质量教育的另外一种形式就是加强行业自律,通过自律性质量监管约束行业内企业的质量管理水平。

国内发生的一系列恶性产品质量事件有一个明显特点,就是同样的问题会在行业内多个企业集中爆发,往往不少企业都被发现存在类似的质量问题。这就反映出行业质量监管的漏洞,导致问题存在普遍性和集体特征。面对这类严重质量问题,主管部门应采取一定的行政和法律措施处理事件。同时,产品质量监管越来越呈现出社会化趋势,非政府组织的作用不断加强,尤其是行业组织,应该积极发挥监督作用,提高行业自律,以保障行业质量和维护行业声誉。

为此，应该将行业自律纳入国家质量监管体系，在政府直接监管的重点商品之外引导市场多主体共同参与质量监督。

（三）"干中学"相结合的企业质量教育

企业是市场经济的微观主体，也是继加强国民教育和行业教育后直接决定产品质量好坏的底层质量教育主体。这一层级的质量教育侧重质量管理，先进且有执行力的品质管理是打造优质产品的重要手段，企业内部员工质量教育培训则是与国民教育和行业培训一脉相承的，更具企业个性化特征的质量教育。

1. 企业质量管理

整个企业生产经营过程都存在着质量管理，每个环节如管理者承诺、产品和服务设计、供应商质量管理、流程管理、管理标杆等方面都应加强质量教育（刘杰，2008）。①管理者应承诺消费者会加强质量管理、做好质量改进和保障工作，承担质量管理责任。因此，需要加强企业不同层级管理者的质量意识和责任意识，形成企业内部自上而下重视质量的企业文化。②在设计环节提高产品和服务设计质量，满足消费者对高质量产品的需求，严格遵循产品设计的质量标准。这是企业质量管理最重要的环节，在很大程度上决定了产品和服务质量的高低。因此，需要在产品和服务设计环节强调质量第一，设计生产高质量产品。③优化供应商质量管理是完善产业链配给、控制产品原料和中间品质量的重要措施，也是决定能否生产高质量产品的重要保障工作。因此，需要严格把控采购品质量，建立良好融洽的合作伙伴关系，保障产品供应渠道通畅高效。④高质量流程管理能够提高生产效率、节约生产资源、有效降低残次品率。因此，可以利用互联网和物联网等前沿信息技术，改造和优化企业流程管理制度和模式，促进高效的全流程质量管理。⑤树立质量管理标杆，推广科学适宜的质量技术和方法，通过良性互动的企业竞争，促进先进质量理念和管理模式的应用普及。

可见，企业质量管理涉及企业生产经营的方方面面，是落实质量教育的"最后一公里"。

2. 员工质量教育培训

质量教育培训是企业加强质量管理、提升产品质量水平的关键环节，也是劳动力再生产的主要体现，有必要单独列出，作为企业质量管理的重点内容予以强调。

从某种意义上说，员工质量教育培训与高等教育和职业教育以及行业培训有很多相同的内容，其相互交织构成更加完备的质量教育体系。然而在现实中，企业对包括质量培训在内的员工培训并不重视，而且表现出东部经济发达地区投入的培训经费反而不如中西部地区高；即使制定了员工培训计划的企业，其培训的制度化和规范化程度也普遍很低，更别提质量教育，情况不乐观（中国企业人力资源管理发展报告课题组，2017）；而且还存在培训内容与实际需求不匹配的问题（中国质量协会，2017）。这些现象与我国产品质量问题突出、品牌竞争力低下等现实情况相符。因此，当前建设质量强国应该积极引导制造企业加大质量培训经费投入，把员工质量教育常态化、制度化、规范化，在强调学历教育的同时更加关注在岗技能训练，真正体现以人为本的质量教育。

综合以上分析，本章提出的服务于质量强国建设的新时代质量教育体系分别对应于宏观、中观和微观三个层面，分为人口质量教育、行业质量教育和企业质量教育三个层级，内容包括国民教育体系中以高等教育和职业教育为主的质量教育、以促进制造业调整升级为目标的多样化终身学习型的质量教育、以企业质量管理和内部员工培训为核心的质量教育。相应地，这三个层级的质量教育分别侧重质量文化法律教育、质量技术教育，质量技能培训、质量自律，质量管理、质量社会责任。

三、推进质量教育发展的政策保障

为深入推进我国质量教育、构建新时代质量教育体系迈向新阶段提供有力的政策保障，需要在以下方面加大相关政策支持力度：

（一）树立和坚持正确价值导向，弘扬工匠精神，培育中国工匠

质量教育是培养正确价值导向的重要阵地，应积极发挥各层级质量教育的引领作用，动员全社会大力弘扬和培育工匠精神。为此，①加强政策引导，把提升质量作为推动供给侧结构性改革的重要抓手，高质量、优品牌的产品是促进国内消费升级的供给端保障。②强化质量监管，健全质量标准，提高质量违规违法成本，对于各类质量违法行为予以严厉打击，惩治恶性质量问题企业，维护群众健康安全和合法权益。③在社会各界包括政府部门、教育界、行业界等领域鼓励和表彰在做优质量上有良好表现和突出贡献的组织和个人，激发社会各界学习工匠精神的积极性，培育一批各领域有责任有担当的中国工匠，让追求卓越、崇尚质量成为全社会、全民族的价值导向和时代精神。

（二）深化改革，优化结构，全面提高国民教育中的质量教育水平

国民教育是整个质量教育体系的重要关键环节，必须在这一教育阶段和培养环节对质量教育予以高度重视。为此，①应在深化国民教育体制改革过程中加大质量教育在高等教育和职业教育中的比重，在高等教育中突出高端前沿技术知识和质量技术的教学和培养，在职业教育中强调先进质量技术知识教育和过硬质量技能训练，进一步优化课程设置，培养一批掌握质量知识和质量技能的教师队伍。②应积极开展产学研协同创新，充分利用全社会质量领域的优秀组织和人才，鼓励走进课堂"言传身教"，让多元教育主体成为质量教育的重要组成部分。

（三）强化行业组织质量自律，加大财政对行业质量技能培训的支持力度

行业自律是质量提升在实践环节的重要机制，必须强化行业质量自律性。为此，①应加强行业协会在其中的组织动员作用，积极开展行业内实用性强的质量技能培训。对于违

反行业质量自律的企业和个人给予业内警示和劝诫，建立行业质量评价监督和奖惩机制。②为鼓励行业组织积极参与推动质量强国建设，各级财政应给予一定的专项财政资金配套，支持质量宣传和品牌建设等工作。

（四）组织企业质量管理培训，鼓励企业实施和健全员工质量教育培训计划

为此，①应高度重视企业质量培训，组织开展企业管理层和技术骨干的质量管理培训。②应健全员工质量教育培训计划，并敦促计划的有效执行。

本章参考文献

［1］林毅夫，蔡昉，李周．中国的奇迹：发展战略与经济改革［M］．上海：格致出版社，上海三联书店，上海人民出版社，1999.

［2］蔡昉．人口转变、人口红利与刘易斯转折点［J］．经济研究，2010（4）：4－13.

［3］黄群慧．中国制造当积极应对"双端挤压"［N］．人民日报，2015－06－25.

［4］上海质量管理科学研究院课题组．质量提升与国家强大——日、美、德质量经营战略及其启示［J］．上海质量，2011（4）：31－33.

［5］林忠．中国制造2025与提升制造业质量品牌战略［J］．国家行政学院学报，2016（4）：4－9.

［6］林忠钦，奚立峰，蒋家东，郭政，刘颖，潘尔顺，赵亦希，李艳婷．中国制造业质量与品牌发展战略研究［J］．中国工程科学，2017（3）：20－28.

［7］覃毅．品牌主导型产业迈向全球价值链中高端路径探析［J］．经济学家，2018（5）：77－86.

［8］李海舰，徐韧，李然．工匠精神与工业文明［J］．中国经济学人，2016（4）：68－83.

［9］陈正权，朱德全．高等教育供给侧结构性改革：目标、内容和路径［J］．现代教育管理，2017（2）：23－29.

［10］王山，姚雷．对高职院校开展质量教育的思考［J］．上海质量，2017（9）：58－60.

［11］吴志勇，李森林．行业培训的特点与存在的问题［J］．继续教育，2008（6）：5－8.

［12］刘杰．质量管理实践的量表检测与开发［J］．南京财经大学学报，2008（3）：79－83.

［13］"中国企业人力资源管理发展报告"课题组．中国企业员工培训现状调查［J］．职业技术教育，2017（6）：48－55.

［14］中国质量协会．中国制造业企业质量管理蓝皮书（2016）［M］．北京：人民出版社，2017.

第十四章
国家质量技术基础

国家质量技术基础（National Quality Infrastructure，NQI）是指计量、标准、认证认可、检验检测等技术基础设施，它们是一个完整的技术链条，不仅为质量提供支撑，更是保障国民经济有序运行、社会可持续发展、促进科技创新的基础。

一、国家质量技术基础的内涵与重要性

完善的质量技术基础包括计量体系、标准体系、认证认可体系、检验检测体系。夯实质量发展基础需要加强标准化、计量、检验检测、认证认可等国家质量基础设施建设，提升技术标准水平，增强技术进步对质量提升的支撑作用。加强国家质量基础建设已经被业界普遍认为是推进质量提升的重要途径。

（一）国家质量技术基础的概念

国家质量技术基础包括法规体系、管理体系、技术体系等（支树平，2015）。国家质量基础是制造强国的重要支撑，必须建立质量服务体系（国家制造强国战略咨询委员会，2016）。作为一个完整的技术链条，计量、标准、认证认可、检验检测四者互相依存、密不可分。标准为计量、认证认可和检验检测提供了依据，计量是制定、实施标准的基础和保证，认证认可和检验检测通过计量手段判断是否符合标准（见图14-1）。

（二）国家质量技术基础的基本内涵

国家质量技术基础具有系统性、技术性、制度性、基础性、国际性特征。

1. 系统性

世界银行在《NQI：提高竞争力，促进贸易发展与实现社会稳定的有效方式》报告中提出，NQI是一个系统化框架，它建构并实施标准化实践，包括标准、合格评定、计量。从NQI内部作用机理来看，标准与合格评定的基准来源于计量，计量与合格评定的依据来自标准，而合格评定推动标准实施和计量溯源水平的提升，三者相互依存，形成一个完

整的系统。从 NQI 外部作用机理来看，标准提供质量水平的依据，计量提供质量管控的量值基准，合格评定管控质量并建立质量信任，三者相辅相成、协同作用，实现质量的规范、统一、确定和确认，形成完整体系，支撑质量安全和质量发展。在内涵和价值方面，联合国工业发展组织、世界银行将国家质量技术基础界定为建立和执行标准化实践的制度框架，包含合格评定、计量和认可。国际可再生能源局认为，国家质量技术基础是用于控制、管理、编辑和执行标准以及向社会提供标准证明的所有制度网络和法律架构，可以向市场提供品质保证。德国计量院（PTB）认为，国家质量技术基础是一整套用以保障产品和流程满足预定规范的体系。

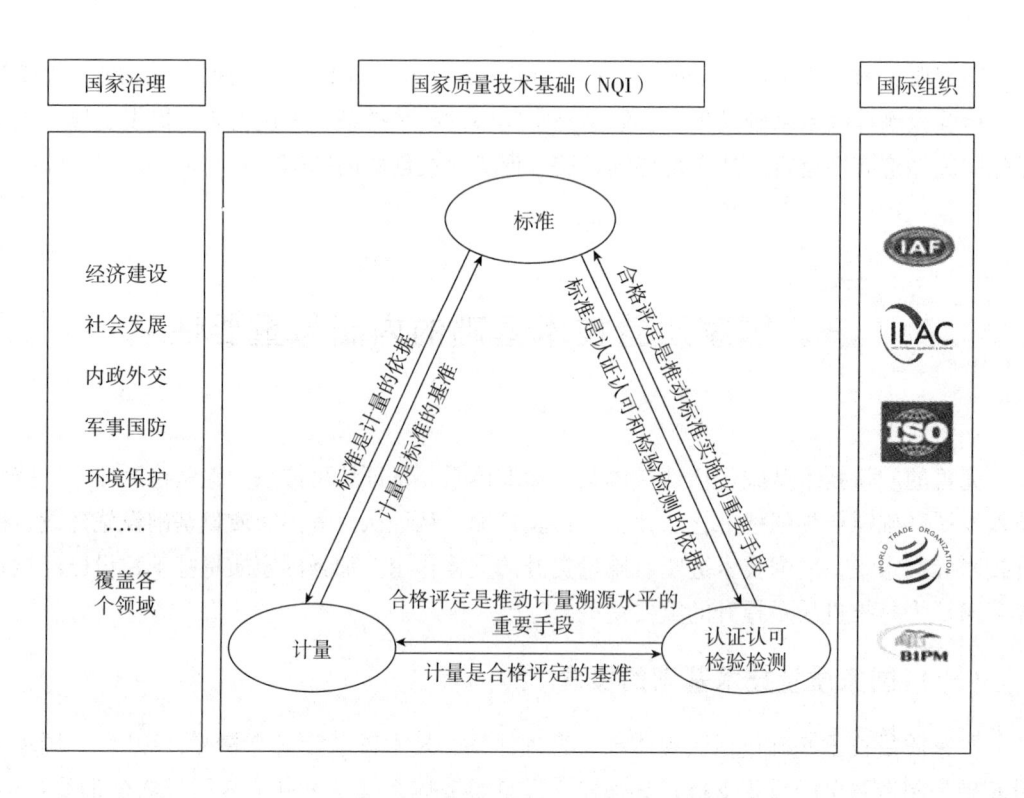

图 14-1 国家质量技术基础框架

注：IAF 是国际认可论坛，ILAC 是国际实验室认可合作组织，ISO 是国际标准化组织，WTO 是世界贸易组织，BIPM 是国际计量局。

2. 技术性

NQI 始终与技术紧密相关，涉及每一个元素、每一个实施步骤，它们或者以技术为核心，或者融合了多种技术形式。技术是 NQI 存在和发展的逻辑起点，技术进步推动 NQI 的发展，技术水平决定了 NQI 的质量水平。NQI 支撑着技术的传承与创新，搭建起科技成果转化为现实生产力的桥梁纽带，是科技革命和产业变革的重要支撑力量。

3. 制度性

NQI 的制度属性体现在法定计量、强制性标准、强制性认证等方面。从古至今，NQI 一直作为国家制度体现着国家主权，维护着国家利益。NQI 更是现代市场经济的一项基础性制度安排，是市场经济体制有效运行的重要保证。NQI 有力支撑着国内外贸易，有效推进贸易便利化。从实际作用看，NQI 用技术建立秩序，用体系维护秩序，已经成为现代社会构建和维护生产秩序、贸易秩序的基础制度，也是促进国家治理乃至全球治理的重要规则。NQI 在质量提升、促进发展、保障安全等方面发挥着巨大作用，成为现代文明的重要标志之一。

4. 基础性

对企业来说，NQI 是各类企业正常经营的基础，融入生产销售的每个环节，是构建企业质量管理体系、获得市场通行证的基础支撑，有利于企业保障、提升产品质量，增强市场竞争力。对政府来说，NQI 是各国政府实施产品监管和市场监管的基础，是构建国家质量管理和市场监督体系的基础，有利于降低政府监管成本、减少行政风险、优化资源配置。对社会来说，NQI 就像空气一样融入社会化生产和经济活动中，是各类社会经济活动的基础。对国家来说，NQI 广泛深入到经济建设、内政外交、军事国防等诸多领域，是国家参与国际合作竞争、维护国家利益的基础工程。总之，NQI 在经济社会发展过程中发挥着不可替代的基础性作用。

5. 国际性

NQI 具有广泛的国际性。计量、标准、合格评定等功能在国际交流中发挥着重要的作用，在经济全球化的背景下，NQI 已经成为国际通用技术语言，成为联结国际贸易的纽带。联合国工业发展组织（UNIDO）和国际标准化组织（ISO）把计量、标准、合格评定作为世界经济可持续发展的三大支柱。在 WTO 技术性贸易措施中，对成员国政府具有约束力的主要条款均与 NQI 有关。

（三）夯实国家质量技术基础的重要意义

国家质量基础作为建立经济社会活动秩序的重要工具，是推动经济社会转型、实现内涵式集约型发展的基础保障。

1. 国家质量技术基础是建构社会经济活动最佳秩序的重要工具，是国家治理乃至全球治理的基础工程

国家质量技术基础发端于计量。计量萌芽于早期人类实践，与人类历史同样久远，既是人们生产生活的基础，也是国家产生以来统治者维护国家秩序的工具。从远古的度量衡，到当今世界国家质量技术基础的全球一体化发展，标准、计量、认证认可、检验检测已经融入到人类社会经济活动的各个领域，成为建立和维护生产秩序、贸易秩序、社会秩序、国家秩序乃至国际政治经济秩序的重要工具。

由于国家质量技术基础事关国计民生、国家主权和国家核心利益，许多发达国家将质量基础设施建设纳入国家战略。美国、英国、德国等 42 个国家把计量（度量衡）写入宪法，作为中央事权和统一管理国家的基本要求。美国和德国的国家计量院院长都由总统任命。美国实施"再工业化"战略，德国实施"以质量推动品牌建设、以品牌助推产品出口"的国策和"工业 4.0"计划，都将标准作为核心战略。日本建立了标准化高层协调机制，首相亲自担任标准化事务战略本部部长，2012 年进一步制定了"知的基盘"计划，

将标准、计量作为国家公共财产。韩国成立了国家标准理事会,总理担任理事长。

国家质量技术基础属于准公共产品,具有自然垄断的特点,且技术上的协同性非常关键。主要发达国家都强化政府公共干预,在制度上和经费投入上给予充分保障。据调查,大部分国家的计量、标准化和认证机构都属于国家控制的机构,由一个政府部门或机构协调有关工作,确保国家质量技术基础的统一和权威。同时注重整体规划建设,建立稳定的国家投入机制。

2. 国家质量技术基础是推动经济转型升级,实现内涵集约式发展的基础保障

与依靠增加要素投入、扩大经济规模的粗放式发展方式不同,经济内涵集约式发展主要依靠提高生产要素的质量和使用效率,实现从低附加值向高附加值、从高能耗高污染向低能耗低污染升级,这是人类社会发展进步的必然要求。国家质量技术基础在其中发挥着不可替代的基础保障作用。

先进的标准能够带动从基础材料、基础元器件到重大装备、关键工艺乃至整个产业链的质量提高,并为质量改进提供路线图,从而优化产业结构,提高产品和服务的附加值。此外,国家质量技术基础对经济增长的贡献显著,根据有关方面的研究,工业化国家的测量活动对国民生产总值的贡献达4%~6%,英国认可服务组织的认可工作每年可产生6亿英镑的附加经济效益。

3. 国家质量技术基础是推动技术创新的关键要素,是激发市场活力的重要平台

国家质量技术基础始终与科技相伴、与创新相随,相辅相成、相互促进,共同支撑创新驱动发展战略。门捷列夫曾经说过:"没有测量就没有科学。"很多时候,突破技术进步的瓶颈有赖于关键测量技术的解决。1931年,核反应堆重要原料重水的发现,就得益于水密度测量准确度的提高。标准与创新的关系更为紧密,标准既是技术积累的平台,也是创新扩散的平台。任何伟大的技术创新,无不是一代人甚至几代人知识和经验积累的产物,而标准化过程正是知识和经验的积累,是托起技术创新和产品创新的平台。凝聚了最新成果并通过协商一致形成的技术标准,其科学性容易得到广泛认同,其权威性对工程师是无声的命令。标准是科技成果转化为现实生产力的桥梁和纽带。

伴随着新一轮科技革命和产业变革,发达国家利用其所掌握的先进技术,推动国家质量技术基础发生重大变革。例如,在计量方面,随着量子技术和信息技术的快速发展,以量子基准代替实物基准的国际单位制重新定义以及量值传递扁平化,都是这个领域的重大技术变革。这些变革反过来又给技术创新带来新的发展空间。

国家质量技术基础是市场主体创业创新的重要平台。作为公共产品,国家质量技术基础能够起到弥补市场失灵、激发市场活力的作用。标准的制定—实施—修订过程恰是科技的创新—应用—再创新过程,创新与标准化的交互扩散效应借助市场机制促进生产要素在各产业间合理流转,使"头脑型"(创新型)企业获得发展机遇,使"躯体型"(没有创新能力)企业被淘汰出局。当具有战略意义的关键技术与技术标准有机结合,就可以占领该领域的制高点。Intel和Microsoft能够分别占领世界80%的CPU市场和90%的操作系统市场,标准竞争发挥了重要作用。

4. 国家质量技术基础是参与国际合作竞争、维护国家核心利益的有力抓手

在经济全球化的背景下，标准、计量、认证认可、检验检测已经成为国际通用的技术语言。世界各国在这些领域既加强紧密合作，又展开激烈争夺。

当前，国际秩序与全球治理体系正在重构，经济全球化对世界范围内的技术规则和协调作用提出了新需求。世界金融危机使现有 WTO 框架面临挑战，多哈回合谈判持续了 10 多年无果，而跨太平洋战略经济伙伴关系协定（TPP）、东盟自由贸易区（CAFTA）等区域贸易协定却迅速发展。国家质量技术基础具有鲜明的国际性特征，近年来相关国际组织日益活跃。以标准为例，世界最大的标准化组织 ISO 拥有 165 个成员，这些成员所在国家占世界总人口的 98%、GDP 的 97%。ISO 负责除电工电子和电信以外的所有领域的标准化活动，与世界上众多国际组织建立了联系。ISO 已经制定了近 2 万项标准，且每年都在增加。国际标准已经向社会责任、可持续发展、气候变化、碳足迹、水足迹、公共安全和反恐、反欺诈、反贿赂等领域发展，涉及国家主权、发展权、人权和国家安全等方面。"得标准者得天下"已经成为全世界的广泛共识。

世界主要发达国家高度重视抢占新兴产业的制高点，希望通过垄断标准和合格评定规则制定权，把发展中国家锁定在产业价值"微笑曲线"底部，成为"外包车间和仓库"，如欧盟的"地平线 2020 计划"。还有一些国家也在扶持和推进本国标准成为国际标准或事实上的国际标准，主导和影响产业及技术发展。例如，对于 5G 和无线局域网安全标准，有些国家不择手段阻挠我国企业的提案成为国际标准。ISO 秘书长罗博·斯蒂尔认为，标准的话语权体现了行业发展的主导权。

二、我国国家质量技术基础的发展现状与问题

我国国家质量技术基础总体水平获得了长足的进步，有力地支撑了我国经济社会的持续发展。但是，我国国家质量技术基础建设仍显薄弱，特别是与发达国家相比还有不少差距，不能完全满足经济社会发展的现实需要。这主要表现在三个方面。

（一）整体水平差距较大

1. 我国质量技术基础还存在较大差距

在计量方面，校准测量能力存在缺乏计量基准、计量标准以及相关的测量方法和技术；在标准方面，标准体系不够合理，标准交叉重复的矛盾现象仍然存在，国家标准、行业标准和地方标准仅名称相同的就达 2000 项。

2. 实质性参与国际标准化活动的能力和水平不高

据 2014 年统计数据，在 3 万余项国际标准中，由中国主导制定的仅占总量的 0.5%，新兴产业领域的技术规则制定权几乎全部由西方国家掌控，这与我国经济地位极不相称。

（1）在认证认可方面，还没有一项国际通行的认证认可标准或认证认可制度是由中国率先提出的，我国在国际新认证制度建设和引领方面能力不足。例如，我国机车车辆行业主要进行的是中铁铁路产品 CRCC 认证，在国际上权威性不高。中国高铁产品"走出去"往往还要取得国际铁路行业 IRIS 标准认证、欧盟铁路 TSI 认证、俄罗斯强制认证证书 GOST 认证、北美铁路市场的 AAR 认证等，技术成本、时间成本都很高。

（2）在检验检测方面，我国现有高性能检测系统和仪器绝大多数都是进口品牌。国内各大高校、科研院所实验室及行业、部委所属检测机构采购的科研测试仪器设备基本来源于国外先进国家。2011 年，中国从海关进口仪器总额约 210 亿元人民币，相当于我国整个检测市场总额的 1/3。我国关键领域的准确测量和检验检测产业核心技术、装备和数据面临重大威胁。而认证认可和检验检测作为生产性服务业、高技术服务业，机构较为分散，基础研究滞后，检验技术储备能力较弱。目前，我国境内共注册检验检测机构约 2.8 万家，其中国有机构约占 80%，民营机构约占 19.5%，外资机构约占 0.5%，但外资检测机构业务量的市场份额比例远远高于其机构数量份额比例。此外，基层质检机构不够健全，全国只有不到一半的县具有基本检测能力。

（二）系统性建设有待加强

国家质量技术基础具有鲜明的系统性特征，我国质量技术基础的协调机制不够健全。国家质量技术基础建设涉及部门多、行业多，管理体制较为复杂，工作协调难度较大，有的虽然建立了协调机制，但权威性不够，难以形成合力。加强质量技术基础的系统性就是要避免各个元素的能力水平参差不齐，或者不同元素之间相互冲突等问题。

（三）基础性保障有待健全

1. 法律法规不完整而且"老化"

标准化法、计量法等法律法规都是 20 世纪 80 年代颁布实施的，认证认可条例也有 10 多年未修订，检验检测领域尚无法律法规，已不能完全适应经济社会发展的需要。

2. 市场作用还未充分发挥

由于计划经济体制的惯性依然存在，市场机制和社会力量的作用未能充分发挥，竞争性的国家质量技术基础供给不足。以标准为例，现行标准以政府标准为主，缺少社会组织制定的标准，限制了标准的社会和市场供给。

3. 保障力度仍需加大

信息化建设基础薄弱，技术机构布局分散，协同创新能力不强。有国际影响力的技术领军人才、高端复合型人才严重缺乏。国家经费投入严重不足，据统计，制定修订一项国家标准平均成本为 20 万元，而目前国家标准制定修订经费每项补助平均仅 3.5 万元。在计量领域，由于经费不足，近 90% 的国家计量检定规程未能及时修订，其中 10 年没有修订的占 55%，15 年没有修订的占 16%。

三、夯实我国质量技术基础的建议与措施

NQI 既是国家质量管理体系的技术支撑,也是实施国际贸易政策的重要手段。鉴于国家质量技术基础的特殊作用,世界发达国家为国家质量技术基础制定专门政策,加大投入力度,纳入国家治理规划一并推进。因此,我国应从战略高度加强顶层设计,制定实施中长期规划,通过改革创新、增加投入、优化政策环境、完善公共服务体系等,推动国家质量技术基础建设,强化国家质量治理基础,实现对制造强国乃至经济社会发展的支撑作用。

(一) 把国家质量技术基础建设纳入国家战略

国家质量技术基础建设关系国家发展全局,必须成为国家战略。要大力推进质量强国建设,将国家质量技术基础建设作为推进国家治理体系和治理能力现代化的基础工程,纳入国民经济和社会发展规划,列入国家重点建设项目。要把国家质量技术基础建设同步考虑、作出安排,发挥新常态下国家质量技术基础的战略作用。编制中长期发展规划,整合全国标准、计量、认证认可、检验检测资源,实现融合发展。

制定《国家质量技术基础中长期发展规划》,整合全国计量、标准、检验检测、认证认可资源,建立跨部门、跨行业、跨领域的联席工作机制,形成上下联动、齐抓共治的工作机制,推动国家质量技术基础融合发展。实施国家质量基础建设重大专项,包括技术标准创新专项、计量基础能力建设专项、检验检测认证能力提升专项和质量科学研究工程。将国家质量技术基础纳入国家重点建设项目,按照《国家重点建设项目管理办法》的要求,组织好推进落实工作。

(二) 建立完善国家质量技术基础建设保障体系

国家质量技术基础建设是一项系统工程,需要在法律、机构、队伍和经费等方面加强保障,完善法律法规体系。我国与质量相关的法规条例制定普遍落后于现实经济的发展,《认证认可条例》已经十多年未修订,检验检测领域尚无法律规定。很多法条都已经不能适应当前经济社会发展的现实情况。因此,应推动全国人大出台质量促进法,强化国家质量技术基础建设的法律保障。尽快完成标准化法、计量法等有关法律法规的制定、修订工作,将认证认可条例上升为法律。

(三) 加强国家质量技术基础建设的国际交流合作

国家质量技术基础是国家综合国力的体现,也是国际竞争的热点。应该进一步加强国家质量技术基础建设的国际交流合作,学习国外的先进技术和做法,吸取经验,鼓励社会

组织和产业技术联盟、企业积极加强国际交流活动，更好地"引进来"。同时，也要大力"走出去"，不断提升国家质量技术基础的国际化水平。

1. 引进国外先进智力资源

引进国外质量技术基础领域的人才智力，引入国际先进的质量技术基础设施与管理模式，及时跟踪全球质量技术基础发展前沿动态，学习借鉴国外最新的质量技术方法与经验，提高我国计量、标准、认证认可、检验检测与国际先进水平的一致性程度。

2. 加快质量技术基础的共建共享

利用"一带一路"倡议的有利契机，加快我国国家质量技术基础与沿线国家、地区质量基础设施的互联互通和共建共享，增强沿线国家对"中国制造"的质量信任。

3. 推动我国国家质量技术基础的国际推广

发挥我国智力人才在计量、标准化、合格评定等国际组织中担任重要领导与技术职务的作用，推动在重要竞争领域以我为主，影响或主导国际标准制定，推动与主要贸易国之间的标准互认，加强中国标准的海外推广应用。

本章参考文献

［1］陈刚．加强质量技术基础建设助推经济提质增效升级［J］．行政管理改革，2016（10）．

［2］国家制造强国战略咨询委员会．优质制造［M］．北京：电子工业出版社，2016．

［3］国家质量监督检验检疫总局发展研究中心．新常态下国家质量技术基础功效、挑战与对策［M］．北京：中国标准出版社，2018．

［4］国家质量监督检验检疫总局发展研究中心．质量强国战略研究［M］．北京：中国标准出版社，2018．

［5］胡杨，蒋家东，郑立伟，陈通．国家质量基础的价值作用机理和模型研究［J］．中国标准化，2018（3）．

［6］支树平．新常态下国家质量技术基础建设研究［J］．质检改革情况交流，2015（1）．

［7］中央党校省部级干部进修班课题组，支树平．新常态下国家质量基础设施建设研究［J］．中国领导科学，2016（7）．

［8］支树平．建设质量强国迈向质量时代［J］．行政管理改革，2017（1）．

［9］制造质量强国战略研究课题组，国家质检总局质量管理司．制造质量强国战略研究（综合卷）［M］．北京：中国质检出版社，2016．

第十五章
德国质量提升经验

德国产品耐用精致、安全可靠,"德国制造"已经成为人们心目中现代工业的标杆,被誉为真正将世界工业制造推向高潮的制造业。

一、德国产品"质"的飞跃

据德国联邦统计局公布的统计数据显示,2016年德国出口货物总额达到12038亿欧元,比上年增长0.9%,其出口贸易涉及全球230多个国家和地区,出口产品和技术涵盖汽车、机械产品、化学品、电脑、电气、药剂、运输设备、食品、基本金属、橡胶及塑料等诸多领域。

德国的现代化进程起步相对较晚,相比于其他国家,自然资源也较为匮乏,却能在100多年间崛起成为世界强国,实现"质"的飞跃,主要是在工业化初期和"二战"之后重建期这两个重要发展阶段,以标准和品牌为基础形成的质量竞争力。

1876年,德国统一不久,百废待兴,工业化进程刚刚开启,凭借低廉的劳动力价格,当时还是"发展中国家"的德国开始向周边包括英国这样的工业先进国家大量出口自己的产品,但当时的德国产品技术落后、工艺粗糙,充斥着大量假冒伪劣产品,因而饱受诟病。"德国制造"标识诞生于一项羞辱性的商标法条款,1887年8月23日,英国议会通过了一项商标法条款,规定所有从德国进口的产品均须注明"德国制造",以区分英国产品和劣质的德国货。

此事件激发了德国各界对提高质量的重视,从政府到企业、从法律到认证、从教育到文化,全社会从各方面逐渐建立起覆盖全社会的质量管理体系以改善"德国制造"的声誉,包括政府督导、企业执行、法律制定、质量认证、教育训导、文化宣传等。不到10年,德国就实现了跨越式赶超,二三十年后,德国产品的质量就超越了许多国家。许多德国品牌,如阿司匹林、4711香水、ODOL漱口水、FaberCastell铅笔、Ibach钢琴与Beck啤酒等甚至开始成为质量保证的代名词。"德国制造"在人们心目中的固有印象逐渐改变,从便宜低劣慢慢蜕变成质优价廉。20世纪50年代,刚刚经历过"二战"的德国百废待兴，在政府的支持下，德国进一步实施"以质量推动品牌建设，以品牌助推产品出口"的国家质量政策，使得其制造业再一次迅速崛起，最终确立"德国品牌，质量一流"的国家形象。

二、德国质量饮誉全球的原因

（一）精益求精的质量文化基础

德国制造的质量和可靠性可以追溯到其更深的文化背景。基督教文化是德国的传统文化，德国人大部分信奉和敬畏上帝，并且遵从上帝的要求，具备"诚实、守信、敬业"等美德。在工业革命兴起后，德国人开始更多地崇尚科学，并且自然而然地将宗教信仰的要求转变到对科学和产品质量的追求与坚守上，在职业精神上体现为诚实守信、敬业守责、一丝不苟、循规蹈矩、精益求精等品德；在企业经营上，将遵守企业道德、精致制造产品作为运作企业的本心追求，而将对利润的追求归为次要目标。德国制造的高质量在很大程度归结于德国人追求完美、精益求精的民族文化。100多年前，普鲁士王朝就注重对整个民族敬业、精确等素质的培养，这种民族文化精神延续至今，孕育了长盛不衰的德国制造。

（二）独具特色的双轨制教育制度

德国拥有全球最高的劳动生产率，同时也拥有一支全世界领先的高素质产业大军。这与德国传统上重视国民基础教育，拥有完善的基础和职业教育体系有密切的联系。首先，德国是世界上最早并且强制实行全民义务教育的国家，不但教育全部免费，而且不允许学生逃课，不然家长会受到处罚，将基础教育作为培养"合格国家公民"的手段。其次，德国主要依靠双轨制职业教育体制培育产业工人。这种极具特色的教育体制早在1880年就开始在德国实行，为德国所独创。双轨制职业教育采取学校和企业联合培养的方式，理论学习与实践操作紧密结合。每个学生都必须经过3年学徒工式的教育培养训练，其中2年在学校1年在企业，并且其培训费用得到政府财政和企业资金支持。据相关数据统计，德国有70%的青少年在中学毕业后会接受这样的双轨制教育，成为技能型的产业工人并走上工作岗位，而更加注重通识教育的大学毕业生仅占同龄人的20%。在德国，技术工人的薪酬与白领阶层相差无几，这也是许多德国青年心仪的职业道路选择。2005年3月，德国政府更是通过修订后的《职业教育法》，将全日制职业教育与二元制教育在法律上定义为具有相同的地位。此外，德国还设立了质量工程类硕士、博士学位，培养职业化高级质量人才。

（三）生机勃勃的科技创新体系

德国具有活力十足的科技创新体系，不断创新的技术研发和使用是德国产品质量保障的前提。虽然是多党派国家，但是无论哪个党派执政，德国政府都高度重视科技创新平台的建设，协调个人、企业与政府的关系，着力建立和完善集科研开发、技术转化、知识传播和人才培养为一体的科技创新体系。德国企业是创新的主要参与者，以 2012 年为例，德国企业在研发方面的总支出达到 538 亿欧元，占全国研发经费总额的 2/3。资金雄厚的大企业是德国经济界研发活动的领头羊，宝马公司和博世集团在全球汽车工业技术创新中的投入占 1/3，西门子公司是全球所有大公司中人均拥有专利数最多的公司，大约每百位员工拥有 10 项专利。而德国的中小企业对现有产品的细微改进催生了大量国际上有口皆碑的"隐形冠军"。根据波恩中小企业研究所 2012 年的调查报告，家族企业的研发投入比达到 4.6%，超过德国企业的平均水平。德国的四大研究所（马普学会、弗劳恩霍夫协会、亥姆霍兹国家研究中心联合会和莱布尼茨科学联合会）牵头组成 88 个创新集聚带，有 240 家分支机构和 6.6 万名研究员，在各个学科的基础研究与应用研究中分工协作，为企业创新提供了技术支持。而联邦和州政府负责协调各方合作，为技术提供政策、资金、人才的支持和宽松的社会环境。在经历了 2008 年的国际金融危机后，德国对研发的资金投入不降反升，而且持续提高，公共财政科研经费支出超过 GDP 的 3%。德国经济界和政府连续不断的巨额投入在科研界得到了回报，据世界知识产权组织、康奈尔大学和英士国际商学院联合发布的《2016 全球创新指数报告》，德国取代卢森堡跻身前十，成为排名前十位中的唯一新成员，这得益于其在研发和知识创造领域的优良表现，其中本国人专利申请量、引用文献指数、本国人工业品外观设计申请量均排名世界前列。

（四）出色专注的精英型中小企业

中小企业是称霸全球的德国制造业"隐形冠军"，是支撑德国经济和国际贸易的真正基石。尽管德国大众、西门子、奔驰、宝马和博世等大型跨国企业名声在外，但是支撑德国制造国家品牌的是无数中小企业的基础工业品牌和产品。这些在细分领域做到行业领先，在创新和研发上不遗余力，拥有出色的产品和服务，并占有绝对的市场份额或者技术优势的中小企业，被赫尔曼·西蒙（Hermann Simon）教授称为"隐形冠军"。例如，德国克拉斯农机公司（CLAAS）是世界著名的农牧业机械和农用车辆制造商，该公司生产的联合收割机的精确导航系统由卫星和激光构成，实时的感应器能够测算每平方米的农作物产量。据悉，这些市场领袖在全球化的进程中释放出巨大的竞争力，在全球平均拥有 24 个子公司，出口率超过 60%，年出口商品额达到 2.75 亿美元。正是由于中小企业资源有限，想要在行业内实现长远的发展，就必须专注于细分领域的利基市场（Niche Market），注重高质量和专业化强的产品。相比于大企业，以家庭企业为主的中小企业更能够立足长远，决策与执行力相对统一，家族凝聚力较强，再加上更加专注于细分领域，能提供软性多元化的产品，逐渐成为高度精专的领导者。德国的基本国策就是促进精英型中小企业的发展，由于中小企业对于经济平稳运行、就业问题改善以及德国制造的海外竞争力具有重要作用,德国政府在屡次经济振兴计划中均通过降低中小企业税负、提供优惠的国家贷款甚至通过"限大促小"产业的支持政策,将发展中小企业放在优先支持大企业的位置。这一系列举措,为德国孕育出一批质量、技术都世界领先的中小企业。

(五)严格的标准与质量认证体系

为了保障最终出口产品的安全,德国出口产品以"流程决定结果"作为安全管理的指导理念,建立起一整套独特的法律—行业标准—质量认证质量管理制度体系。德国具有完善的质量控制的法律法规体系,如早在1879年就制定了《食品法》,经过多次修订,目前实行的《食品法》的条款多达几十万条。德国制造的行业标准非常齐备,几乎涵盖所有行业和领域,具体包括建筑、冶金、机械、化工、电信、环保、消防、交通、食品、医药乃至家政服务等。统一完备的行业标准也为德国做出了经济贡献,据统计,所有行业标准每年为德国创造的经济收益高达160亿欧元。在完善的法律法规和数万条细分的行业标准基础上,数量庞大的质量认证机构可以为相应企业提供生产流程、产品规格、成品质量等的逐一审核。企业有充分的动机拿到认证机构的认证结果,以便于向消费者证明自身产品的安全性,与此同时,这一流程也自动保证了繁杂的法律法规的有效实施。在这套法律—行业标准—质量认证质量管理体系中,质量认证机构起到了相当关键的作用,对"德国制造"的声誉建立功不可没。1985年,德国质量协会及德国标准化学会(DIN)在法兰克福创设第一家认证机构——德国体系认证集团(DQS),其主业为管理体系和过程的审核及认证服务。1986年,DQS在德国率先颁布第一张ISO9001认证证书,是目前世界上最大的体系认证机构之一。德国著名的GS认证是一种非强制的自愿性认证,但是通过GS认证的产品设备在市场上更有竞争力,它是以德国《产品安全法》为依据,按照德国工业标准DIN及欧盟统一标准EN进行检测,因此几乎所有德国设备制造商都会积极进行GS认证。

本章参考文献

[1] 程振彪. 德国质量是如何炼成的?[J]. 企业管理, 2014 (4): 6-8.

[2] 郝丽娟, 胡波, 王旭. 德国制造的背后 [J]. 认证技术, 2013 (5): 62-64.

[3] 王岳平. 德国提升制造业产品质量的做法及对我国的启示与借鉴 [J]. 经济研究参考, 2012 (51): 33-37.

[4] 刘林森. 德国中小企业何以称霸世界 [J]. 改革与开放, 2012 (11): 22-23.

[5] 顾锦龙. 什么成就了"德国制造"?[N]. 中国质量报, 2011-06-15 (8).

[6] 晋虹. 德国制造:以严格的制度保障良好声誉 [J]. 质量探索, 2007 (12): 24.

第十六章
美国质量提升经验

一、质量振兴重返世界霸主

美国的经济发展源于殖民地经济，独立战争和南北战争后，奴隶制的废除和国家的统一为资本主义经济的发展提供了优越的条件。在随后的半个世纪里，美国利用国内和平统一的政治局面、丰富的自然资源及其后发优势，从英国等先行工业化国家引进技术和人才，大量吸引外资和发展进出口。1884年，美国工业比重超过农业，基本实现工业化。到1894年美国工业生产总值超过英国，跃居世界首位。19世纪末20世纪初，美国抓住了以电气化为主要标志的第二次工业技术革命，广泛开展了工业技术的发展更新和应用科学的研究，使其快速迈入一个科技繁荣、发明频出的时代，这成为推动美国工业发展的巨大动力。此时，一些新兴工业部门迅速崛起，包括电力、汽车、钢铁、石油等，这些部门后期成为美国工业生产中的支柱性和基础性产业，而食品加工、木材加工、纺织、印刷等传统产业也各自完成了工业技术改造和更新，其机械化水平达到了世界前列。60年代以后，美国以平均工业增长率4%以上的速度高居资本主义强国中的首位。1913年，美国成为世界头号经济强国。"福特制"出现后，美国大力发展流水线及大规模生产方式，生产呈现规模化，大工业和大企业不断兴起。期间以机器零部件标准化为主的管理新模式成为推动美国规模生产制的保障，而美国政府则通过完善相关法规以促使企业重视产品质量。

然而，到了20世纪80年代，美国制造业"世界第一"的地位遭受日本高质量产品的冲击，最明显的表现是美国产品在国内市场的占有率大幅度下滑。以汽车行业为例，日本的本田、日产、三菱和富士公司相继在美国设厂，导致美国福特、通用和克莱斯勒三大汽车公司面临巨大的同行竞争，企业经济效益迅速下滑，克莱斯勒甚至不得不申请破产保护。美国曾被称为"汽车王国"，并一直以汽车产业作为支柱产业，克莱斯勒的破产保护引起了全国上下的强烈震动。1987年，日本人均国民生产总值（GNP）超过美国，居主要发达国家之首。

美国政府认识到，若想在世界上处于领导地位，获得质量领域的领导地位至关重要。

对此，1982年10月，时任总统的里根签署文件，呼吁在全国开展强化质量意识运动；1983年10月，里根向国会提出《国家生产力与技术革命法案》，出台一系列旨在提高企业质量竞争力的政策措施；1987年8月20日，为了激励美国企业为荣誉和成就而战，提高美国的产品质量、劳动生产率和市场竞争力，美国国会出台了《质量振兴法案》，批准设立了马尔科姆·鲍德里奇国家质量奖。在一系列提升质量水平、加强质量创新措施的共同作用下，1990~2000年美国国民生产总值年均增长率达到4%，在1993年的国家竞争力排名中重新回归第一的位置。2000年人均国民生产总值为34260美元，超过了日本的34210美元，重返世界霸主地位。

二、美国质量提升的核心要素

（一）以保护消费者权益为核心的法治环境

美国始终强调对消费者权益的保护，经过百年来不断建立的规章制度，基本建立起较为齐备的产品质量检测控制体系。1899年，美国成立了世界上第一个全国性的消费者组织，1914年设立美国第一个保护消费者权益的政府机构。1962年，时任总统的肯尼迪发表《关于保护消费者权益》的特别国情咨文，首次提出消费者享有的基本权利。1972年，美国成立美国消费品安全委员会，并通过了《消费品安全法》。2011年，根据食品安全出现的新风险，美国及时颁布了《美国食品安全现代化法案》。除此之外，美国还有十几个部门主管的多家政府检验监督机构，分别对各自主管的领域进行监管，如商务部主管的国家标准局、海洋大气管理局，农业部主管的食品安全检验局、农业销售局、环境保护署，卫生与公众服务部主管的食品药品监督管理局，交通部主管的联邦航空管理局、联邦铁路局、国家公路效能安全管理局等。在执法方面，通过建立惩罚性赔偿和严格的责任制度，以司法判决强化执法力度，实现对处于相对弱势地位的消费者群体的倾斜性保护。美国的产品责任赔偿除了直接经济损失和精神补偿外，惩罚性赔偿金额通常是前两者赔偿的3倍以上。

（二）注重提升企业研发能力的政策支持

作为全球创新的领导者，美国政府从金融信贷、基础设施、国际竞争、公民教育各个方面为高技术产业的发展提供政策支持。1953~2012年，美国联邦政府的研发支出累计达到42790亿美元，这些研发支出项目涉及国防安全、航空航天、医疗卫生、资源环境、农业和交通运输等多个领域，包括了计算机、数学、物理学、工程、生命科学、心理学、社会科学等多个学科方向，既包括理论性的基础研究，也包括实践性的应用研究、设备研发等，为美国的经济发展起到了重要的技术引领和产业振兴作用。除了政府财政直接的高额研发经费投入，美国政府还建立了相关产业发展基金，通过信贷方式充分支持先进制造业的创新研发活动。以全球瞩目的特斯拉电动车项目为例，在 2010 年的项目启动阶段，其就从美国能源部获得了 4.65 亿美元的贷款支持，这在一定程度上促成了特斯拉当前的成功。应该说，在 20 世纪的第三次工业革命以及当前正在经历的第四次工业革命时期，美国政府高度重视科研创新，直接或间接主导了互联网、半导体、高温超导、核能、HDTV 等一系列重要科技产品的研发。自 2009 年以来，政府为推动"制造业复兴"，于 2011 年 6 月 24 日启动了《先进制造伙伴计划》，旨在聚合工业界、高校和联邦政府的资源，为创造高品质制造业以及提高美国全球竞争力的新兴技术进行投资，帮助美国的制造业降低成本、提高品质、加快产品研发速度。2014 年 12 月，时任总统的奥巴马签署了《复兴美国制造与创新法案》，进一步促进先进制造业的发展。

（三）维护市场环境的政策引导与制度激励

美国政府通过制定鼓励和规范公平市场竞争行为的一系列法规，如《联邦贸易促进法》、《食品、药物和化妆品法》、《联邦反对价格歧视法》、《禁止对外贿赂法》等，来防止企业采用不正当竞争手段取得市场垄断地位，从而保护企业通过持续改进和创新取得的持续成长的活力，引导企业通过激烈的市场竞争不断提高产品质量，满足持续提高的顾客需求。在制度激励方面，最典型的是美国马尔科姆·鲍德里奇（Malcolm Baldreige）国家质量奖，这一奖项设立于 1987 年，虽然每年获奖企业数量屈指可数，但其质量标准已经成为所有企业的标杆，据悉，质量奖评审已经成为了引导美国企业树立质量意识，主动学习先进经验的切入点，有效地帮助各类企业持续改进产品和服务质量，提升经营管理水平，引导企业追求卓越的经营绩效，产生了巨大的经济和社会效益。美国国家标准与技术研究院战略规划与经济分析小组项目办公室的报告明确指出，1988 ~ 2000 年这一奖项的社会净收益的保守估计为 246.5 亿美元，而社会成本仅为 1.9 亿美元，收益与成本之比高达 129.73。

（四）不断创新运用的质量理论和技术

美国制造业发展始终离不开质量技术和管理方法的持续创新。1875 年，美国管理学家泰勒提出了科学管理的概念，计划设计、生产操作、检验监督各有专人负责，从而产生了一支专职检查队伍，实现了产品检验功能独立。第二次世界大战引起的科学技术发展以及推动军工生产大幅度提高的客观需要，促使统计质量管理开始发展起来。美国国防部邀请休哈特、道奇、罗米格等专家以及美国材料与试验协会、美国标准协会、美国机械工程师协会等有关人员，于 1941 ~ 1942 年先后制定和公布了《质量管理指南》、《数据分析用的控制图法》、《生产中质量管理用的控制图法》三大战时标准，强制要求生产军需品的各企业实行统计质量控制，保证了军需品的质量。统计质量控制方法给这些公司带来了巨额利润，所以在战后当这些公司转入民用产品领域时，其他公司纷纷效仿，统计质量控制风靡一时。最早提出全面质量管理概念的是美国的菲根堡姆（A. V. Feigenbaum），1961 年，菲根堡姆出版了《全面质量管理》一书，强调质量问题应由全体人员负责，质量管理应贯穿产品生产的全过程。全面的质量包括产品质量、服务质量和工作质量，全过程不限于生产过程，还包括市场调研、产品研发设计、生产技术准备、制造生产、产品检验、产品销售以及售后服务等涉及质量的所有环节。之后出现许多大师级人物和经典的质量管理方法，包括朱兰的"三部曲"、戴明的14项原则，克劳斯的比零缺陷。20世纪80年代，卓越绩效模式强化了组织的顾客满意意识和创新活动，促使企业追求卓越的经营绩效。六西格玛管理促使质量成本大幅度降低，实现了财务成效的提升与企业竞争力的突破。1996年，美国质量学会（ASQ）集合了一些世界知名的质量专家对质量未来发展进行预测，识别出影响未来的变革因素，并总结出该研究带给人们的启发，后来这一研究被称为质量未来研究。纵观历史，伴随制造业发展的脚步，美国在质量管理理论、方法和技术领域的创新和应用从未间断，由此成就了西屋、通用电气、福特、IBM、波音等一大批实力强大、质量信誉卓著的大型企业，有效地支撑了美国工业强国的地位。

（五）良好教育培训的质量人才

美国政府认为"美国的成就，主要依赖于质量教育。美国人要在世界上具有竞争力和享受高质量的生活就必须受到良好的质量教育培训"。早在第二次世界大战期间，美国就以控制图工具为基础，在军工企业开展统计质量控制培训。战后，一些院校、咨询机构以及美国管理协会（AMA）、美国质量控制协会（ASQC）等组织继续教授这些课程。与此同时，美国高校建立了与质量相关的课程和专业。据统计，1994年美国206所大专院校中拥有与质量相关的学士、硕士、博士学位的院校已占到23%、34%和13%。美国有40多所大学在制造专业下授予各种质量工程学位，20多所大学授予质量管理专业的学位。1966年，美国最先在世界上实行质量工程师的考试注册制度，随着质量管理的不断发展，其质量认证制度也不断健全和完善。其设立的认证项目主要包括注册质量审核员（CQA）、注册校准技师（CCT）、注册机械检验员（CMI）、注册质量改进员（CQIA）、注册质量工程师（CQE）、注册质量经理（CQM）、注册质量技术员（CQT）、注册可靠性工程师（CRE）、注册软件质量工程师（CSQE）、注册质量过程分析员（CQPA）、注册六西格玛黑带（CSSBB）、注册六西格玛绿带（CSSGB）12种。2011年美国质量协会的薪酬调查显示，在包括了首席质量官、质量工程师、六西格玛管理在内的23个质量职位的平均收入高于企业管理和技术职位的一般水平。

本章参考文献

[1] 周建军. 美国产业政策的政治经济学：从产业技术政策到产业组织政策[J]. 经济社会体制比较，2017（1）：80-94.

[2] 周建军. 美国产业政策的经验与启示[J]. 经济导刊，2016（12）：80-84.

[3] 唐晓芬. 提升质量是强国必由之路[J]. 中国质量万里行，2011（10）：22-23.

[4] 李钊，田武，汤万金. 美国质量奖发展趋势分析及其启示[J]. 科技管理研究，2010，30（2）：214-216.

第十七章
日本质量提升经验

质量是企业和国家竞争力的重要外在表征。企业成长、国家发展过程实际也是产品和服务质量的提升过程。"二战"结束时，日本的产业技术落后于欧美国家，日本产品虽然便宜，但是品质低劣，在国际市场上缺乏竞争力。然而，经过20余年的努力追赶，日本的产业技术快速提高，产品质量显著提升，到20世纪70年代，日本的汽车、家电、手表、电子等产品的市场占有率超过欧美国家，日本制造成为了"信得过"的代名词。八九十年代展开的大量研究显示，日本企业在学习美国质量管理技术的基础上，拓展了质量管理的内涵范围，创建了全面质量管理（TQC）体系。日本的经验不仅被居于发展阶段的新兴工业化国家或地区所效仿，而且也被包括美国在内的先进国家所借鉴。当今，中国经济发展已由高速增长阶段转向高质量发展阶段，提升质量成为了推动经济发展的新切入点。在这个时机，有必要分析日本质量提升过程，研究其从后起到先进的经验，明确国家质量提升体系的内涵，推动中国质量提升体系的充实和完善。

现有文献对日本质量管理从各个角度做了阐述，涉及全员质量管理、行业团体参与、政府质量监管和质量文化等方面。例如，日本企业在学习美国质量管理技术的基础上，通过不断实践建立了以全部门参与、全员参加以及全过程管理为特点的全面质量管理体系（石川馨，1980；木暮正夫，1988；近藤良夫，1993）。日本企业通过自下而上、跨部门协作、加强信任与互惠、提倡长期及集体导向、即时生产、反馈等机制，充分发挥基层员工的能动作用，使质量管理具有了内在驱动力（Goldman，1993；胡金明、韩之俊，2004）。行业团体利用自身专业知识和组织能力积极推动质量管理技术的应用和普及，在企业和政府之间牵线搭桥，培育了相互支持、相互配合的质量管理文化（万宝君、汤超义，2011）。政府则以法律为基础，制定支持与惩罚并用的监管政策，在维护市场竞争、消费者自主选择、质量信息透明化和培养质量管理人才方面起到了积极作用（张星久、闫帅，2013；程虹等，2017）。以上研究，确认了企业、行业团体和政府各主体在质量提升过程中的作用，然而从国家层面来看，质量提升是三者合力的结果。因此，还应该对三者的作用过程及其相互关系进行研究，才可以准确地把握国家质量提升体系的基本内涵，从中发现规律性的经验。

国家质量提升是对产品和服务质量持续改进的过程，包含着参与主体的作为和互动。国家创新体系理论指出，国家创新体系由参与主体及其之间的互动构成（理查德·尼尔森，2012）。参与主体包括企业、大学、政府。这些主体的行为以及相互作用共同决定了国家的创新绩效。笔者认为，在国家质量提升体系中，也存在着企业、行业团体、政府等主体。这些主体在国家质量提升过程中扮演着不同的角色,发挥着不可缺少的作用。它们发挥作用的力量大小、时机和相互关系决定了国家质量提升的速度和水平。

企业是质量的产出者,它们对自身产品的严格管理和精湛的技术奠定了国家质量的基础。行业团体向企业提供科学技术知识,是国家质量管理技术推广、积蓄的平台。政府通过制定政策法律,诱导有序竞争的形成,促使企业更快地掌握质量管理的先进技术。这是国家质量水平提升所不可缺少的制度保障。三个主体各自作用的发挥形成了互动关系。一方面,企业为了提高质量、增强竞争力,除了内部资源之外,需要新知识、有序的市场秩序等外部资源;行业团体吸收、积聚了国内外新知识资源,把它们提供给企业;政府针对企业需要,按社会公正的原则对企业提供资源以及制度保障。另一方面,行业团体也从企业的质量管理实践中发现问题及经验,丰富了知识积累;政府则从企业获取了市场经济信息,有利于制定提高国家整体质量水平的长远战略。各主体如果能够充分发挥出各自的作用,并且形成相互支持、相互补充的互动关系,则将极大地促进国家质量水平的提升。

本章试图从主体角色及相互关系的视角,对日本"二战"后怎样快速提高产品质量、从后进赶上先进的过程进行历史性考察,对影响主体作用及其相互关系的主要因素进行总结,从中得出对中国的启示。

一、企业的质量提升行动与作用

"二战"结束后,日本赢来了和平发展的机遇,当时日本企业的技术水平、管理制度远远落后于欧美国家,生产出的产品不仅质量低劣,而且大多模仿外国设计,以美国为中心的国际市场对日本产品的评价是"廉价劣质、抄袭"。美国用户的尖锐批评给日本政府和企业带来了极大压力。当时,盟军总司令部的民用电话局(CCS)从日本电气公司采购电子真空管,但该公司的真空管使用寿命不仅短,而且质量参差不齐。盟军总司令部强烈要求日本邮电省资材课和日本电气公司整改质量,否则就不予采购(由井浩,2009)。为了满足盟军要求,增强出口创汇能力,日本就必须提高产品品质、灭绝抄袭。于是日本政府在1948年制定了出口商品监管法,之后经过数次修改,强化了第三方检查机制,建立了严格的出口商品检查制度,同时还颁布了工业标准法和产品设计法(禁止抄袭),制定了出口商品检查方法的标准,对在国内市场流通的商品开始实施日本工业标准(JIS)认证制度(和田正武,2013)。另外,在盟军总司令部主导下,日本实施了一系列经济改革,解散了财阀企业,消除了大资本对产业的垄断态势,这给民间资本带来了投资机会,促进了日本的市场竞争和产业结构的变化(小田切宏之、後藤晃,1998)。这些环境的改变给日本企业带来了强烈的危机感,成为了驱动它们提高质量和增强竞争力的动力。

（一）外国技术的引进学习

战后初期的日本企业没有系统的质量管理体系，更没有使用统计手法的质量管理，所有这些都是从美国引进的。1946 年，盟军总司令部的民用电话局为了解决日本通信网络故障问题，对日本电气公司等 6 家企业进行了质量管理指导。这是日本企业第一次接触到统计质量管理的方法。1950 年，美国质量管理专家戴明（W. E. Deming）博士到日本讲学，系统地教授了质量管理理念和方法，日本企业由此了解到了统计质量管理的重要性和使用方法。1954 年，美国质量管理专家朱兰（J. M. Juran）博士到日本授课，讲解了质量管理方法运用与组织管理结构的关系。企业必须建立适应质量管理方法运用的管理制度，从组织结构上保证质量管理在生产系统的每个环节得到实现。与此同时，日本企业还到美国学习先进的质量管理方法。日本生产性本部在 1958 年组织企业到美国考察，由当时的东京芝浦电气公司社长带队（由井浩，2009）。考察团进行了为期 80 天的实地调查，写出了详尽的考察报告，把美国企业实际使用的质量管理方法总结了出来，这在日本产业界引起了巨大反响，很多企业立即开始学习，并推广普及。为了学习先进的质量管理技术，日本采取了"请进来"、"走出去"相结合的方法，企业、行业团体和政府都付出了极大的努力。从企业对待外国技术的态度，可以看到以下两个特点。

1. 理性地承认差距，诚恳学习

日本企业能够长期持续地学习外国先进质量管理技术就是一个佐证。早期的质量管理培训课程都很长，戴明博士的培训课为期 8 天，朱兰博士的培训课为期 10 天，而盟军总司令部民用电话局在 1946~1949 年为日本通信设备企业开设的培训课甚至历时 32 天，并且每天下午从 1 点开始到 5 点结束。但是，尽管时间如此长，作为学员的日本电气、住友电工、三菱电机、日立制作所、东芝等企业的经营高管却没有人请假，都是准时参加。1950 年美国专家回国，此项培训改由日本人讲师授课，一直持续到 1974 年，累计 5100 名企业经营高管参加了培训，这显示出他们对学习外国技术的强烈意愿（由井浩，2009）。日本科学技术联盟（以下简称日科技联）、日本标准协会、日本能率协会等行业团体大都是从 1948 年、1949 年起开设质量管理培训课程的，时至今日从未间断。之所以能长久地开设培训，是因为时代在变化、技术在进步，企业强烈希望质量管理技术能代代相传，增强企业的竞争能力。

2. 以应用为目的，力求学以致用

日本企业在培训课上总是带着问题学习，而不是"蜻蜓点水、浅尝辄止"。这可以从各种培训课程对理论传授和应用讨论的时间安排中窥见一斑。盟军总司令部民用电话局的培训包括两部分：统计质量管理方法和统计管理方法应用。各部分时间相当。每次课都安排了讨论时间，学员们结合自己企业情况进行学习心得总结，争相发言、提问（由井浩，2009）。朱兰博士的培训课程分为中层管理干部和高层管理者两个层次。在中层管理干部课上，朱兰博士讲授了质量经济学、质量标准、质量规划、质量生产、检查与测量、员工质量职能与质量保证、质量培训、质量意识、质量改进案例、供应商关系、统计方法等内容。这些课采取授课半天、讨论半天的形式。学员们分小组就特定课题进行讨论并写下解决方案，在次日课上发表。在高层管理者课上，朱兰博士讲授了质量方针与目标设定、设计质量选择、面向设计、生产与销售的组织构建、质量目标实现、质量目标反馈与必要行动等内容。这些课完全实行讨论形式，学员们可随时向老师提问并进行讨论（日科技联，1997）。如此深入的学习，使日本企业的经营高管和技术人员形成了对质量管理的系统理解。

（二）外国技术的消化吸收

美国专家的授课和到美国考察使得日本企业对质量管理技术有了完整、深入的认识。首先，日本企业了解到统计方法在质量管理中的运用，学会了在工业化大规模生产过程中如何使用科学方法保障质量稳定。其次，理解到了质量管理不仅是统计方法引进的问题，还是企业管理结构大改革的问题。两位美国专家结合美国企业的失败教训，在授课中反复告诫参加培训的日本企业高层管理者们，只有企业经营高层亲自领导推进、生产体系所有环节都参与的管理体系，才能真正使统计质量管理发挥作用，提升企业乃至国家的质量水平。专家教诲如醍醐灌顶，日本企业茅塞顿开，立即在各自企业开始了消化吸收专家授课内容的各种行动。日本企业消化吸收先进质量管理技术的内容，可以归纳为以下四点。

1. 社长（即总经理）亲自负责质量管理推广使用

各企业成立以社长为领导的质量管理委员会，制定质量管理方针，以社长名义下达。方针中明确规定各部门设立专职科室或专人负责质量管理，各层的领导者必须亲自参与其中。当时日本企业尤其是大企业的高层管理者多数都具有大学理工科的教育背景，这使得社长、董事长及董事们能够较容易地理解先进质量管理理念和技术，能够在推广使用过程中不光摇旗呐喊、发号施令，还能抓住要点，指挥教育培训甚至参与解决质量问题。有资料称，日立公司战前的 11 名董事全是工科出身，而且其中 10 人毕业于日本顶级大学——东京大学工学部。一直到 1991 年，日立公司董事会仍然以工学部出身的人为主，当年 35 名董事中 24 人毕业于工学部，其中包括会长和社长在内的 9 人毕业于东京大学工学部（小田切宏之、後藤晃，1998）。经营高管们的智能水平对日立公司质量管理现代化和质量水平提升起到了隐形的支撑作用。

2. 广泛开展教育培训，向员工灌输质量管理理念和技术

统计质量管理对企业员工而言是完全没有接触过的新事物。但由于日本早已普及小学中学 12 年义务教育，基本上没有文盲，基层员工大都是初中和高中毕业，技术人员基本上都是大学学历，接受统计方法具有较好的基础。日本企业在对不同层次员工进行培训时还结合企业实际需要，对统计方法做了简易化的改编，使其更好理解、更容易使用，之后就形成了质量管理的 7 个工具，成为基层员工质量管理的重要工具。

3. 实施标准化和严格管理

随着生产规模扩大、专业分工增多，生产流程中的作业岗位也随之增加。要保障最终产品的质量，就要使各个作业岗位的加工、组装作业不出废品。要做到这一点，就必须实施作业标准化。标准化作业是美国工程师泰勒提出并在福特汽车公司等很多欧美企业得到应用的管理方法。日本企业汲取了其中的核心部分，就是对每个岗位的作业动作顺序、步

骤、时间等做了精确测定，将其作为作业的标准要求员工严格遵守，这是保证质量的第一步。否则，企业最终产品的质量就无从谈起。

4. 质量管理向企业外部延伸

由于社会分工、技术范围限制，企业生产的一些环节要依赖外部，材料燃料、部分加工工艺及零部件都要从外部采购、定制。要保障最终产品的质量，这些环节也必须同步引进先进的统计质量管理。日本企业在本企业推广应用质量管理的同时，还组织为自己提供服务的外部厂家学习质量管理，把真正实施质量管理作为选择协作企业的必需条件。

经过20世纪50年代对先进质量管理技术的学习与消化吸收，日本企业的质量水平迅速提升，向欧美市场的出口不断增加。现代化质量管理理念和技术虽然发源于美国，但在日本得到了普遍推广，收到了成效。

（三）质量管理技术的创新

至20世纪60年代初期，日本企业已基本建立了质量管理体系，并且开始朝着全面质量管理（TQC）展开。所谓全面质量管理，就是要在生产系统的所有环节、所有部门运用科学方法提升质量。这一时期，许多企业的基层员工开始参与质量管理，班组长带领工人发现生产现场的质量问题，共同探索解决方法。有资料介绍，1962年日科技联收到来信，希望出版面向基层员工的质量管理杂志（日科技联，1997）。这可以说是质量管理意识已经在基层员工中普遍形成的反映。不久后便有了《现场与QC》杂志。日本质量管理运动的先驱者石川馨教授在创刊号上首次使用了"QC小组"（QC Circle）的名称，这是对企业实践的总结，也是在更广大的范围倡导推行这一质量管理的有效方法。这一时期，日本企业还开始加强质量管理的计划性，把质量管理和成本管理结合起来，在开发、生产、销售、采购各环节建立质量保证体系，探索在不增加成本甚至降低成本的条件下稳定质量水平、提高质量标准的方法。由于不同部门对质量管理有着不同功能，因此还形成了按部门确定质量管理中的作用、制定各自的实施方针、进行质量管理评价的具体实施方法，并且总结出了计划—探索—评价—制度化（Plan-Do-Check-Action）的质量管理活动实施模式。这些都表明，日本企业已经消化吸收了美国传来的质量管理技术，开始在管理方式和技术上有所创新。

首先，日本将质量管理融于生产系统整体的管理，通过生产系统的合理化追求、保障各个加工环节以及零部件的质量水平，最终使终端产品达到质量标准，创造了全面质量管理的概念，拓展了质量管理的内涵范围。这可以说是日本质量管理创新的最重要内容。统计质量管理的基本思路是设定不合格率水准（如0.5%~1%）来对批量产品进行抽样检查，如果不合格率在设定水准以下，那么这批产品就是合乎质量标准的（门田安弘，2012）。然而，实际上这批产品中不合格单品的存在还是有可能的。而日本企业要求自己的产品百分之百合格，因此就开始了自身管理技术的摸索与创造。

在日本的许多大企业，如丰田、佳能、美能达、小松重机等都在质量管理方面有所创新，有自己的独特之处。但它们的共同点，是把质量管理与生产体系整体的改进融合一体，促使各个工序不制造不合格品，调动包括现场工人在内的所有人力资源参与质量管理。丰田汽车公司在质量管理技术创新中的表现尤为突出,认为"质量是在工位制造出来的,而不是检查出来的"(刘湘丽,2011)。丰田汽车公司的机械有感知异常立刻停机的功能,就是让机械设备也要像人一样,具有发现品质问题立刻停机的智慧。当机械设备停机、工人停止生产时,就会亮起叫作 ANTON 的黄色警示灯。丰田汽车公司就是依靠这样的措施,要求不制造不合格品,杜绝品质问题向下一工位流传。发现问题后,丰田汽车公司要求立即进行改善,及时发现产品设计、机械设备、现场管理等存在的问题,提出改进建议。这种改善活动是以 QC 小组的形式来进行的。在丰田汽车公司,QC 小组以现场作业的班为单位,班长任小组长,根据所研究的问题,安排一般员工担任课题负责人。QC 小组的活动程序包括确定职场存在的问题、设定课题、选任课题负责人、制定活动计划和目标、提出改进方案、试验与效果评价、设定新的作业标准、总结与报告成果。工厂及部门的管理者在设定课题以及研究讨论时要对 QC 小组进行指导,对总结报告进行评价,选出优秀小组(森田知義,1981)。为了培养工人的多工位操作、改善的能力,丰田汽车公司为每个员工设计了技能学习地图,将传统的流水线改为一个个在技术上有独立性的短生产线,促使员工学习更广范围的技术。

其次,日本创造了管理与解决问题的标准模式(椿広計,2017),即 PDCA 模式(Plan – Do – Check – Action)。美国统计学家舒哈特最早提出用 Plan – Do – Check 三个环节解决问题,1950 年戴明博士在日本讲学时也引用了该模式。日本的石川馨教授根据日本企业的实践经验提出加入 Action 的环节,即把经过探索发现的解决质量问题的方法用制度的形式明确出来,杜绝类似问题的发生(椿広計,2017)。这个流程又被概括成六个步骤:选定课题与明确理由;确认现状与设定目标;分析原因;制定对策与付诸实施;确认效果;建立杜绝复发的制度(标准化与类似环节上的应用)。这个标准流程是在企业实践的基础上由学界提炼、总结的,之后成为了质量管理小组活动的标准程序,并在整个产业界推广开来。

最后,日本还开发了了解现状、分析原因和确认效果所需要的图表、分层等简易统计工具,为促进质量改进、普及统计技术应用提供了有效的途径。日本所开发的简易统计工具被称作 QC 七工具,包括控制图、因果图、相关图、排列图、统计分析表、数据分层法和散布图。运用这些工具可以从经常变化的生产过程中,系统地收集与产品质量有关的各种数据,并用统计方法对数据进行整理、加工和分析,进而画出各种图表、计算参数指标,从中找出质量变化的规律,实现对质量的控制。70 年代日本又开发了新的 QC 七工具,80 年代开始在质量管理中运用实验计划法,用统计学解决技术选择问题。

二、行业团体与企业、政府的互动

在"二战"后的短短 20 余年里,日本企业的质量水平迅速提升。这是因为它们不仅消化吸收了外国的先进技术，而且还结合实际创造出了具有日本特点的新技术。之所以能取得如此绩效，行业团体的作用不能忽视。行业团体用自身所具有的组织能力、知识储备为企业提供了专业性帮助，并总结企业的创新经验，推动日本经验向世界传播。

（一）质量管理技术的专业研究

日本有一批行业团体长期以来跟踪研究外国技术，积累了深厚的知识储备。因为有这样的知识储备，所以能够及时为企业提供专业性服务，满足企业的需要，赢得了企业的信赖。举例来说，日科技联等行业团体在"二战"刚结束时就开始了调查研究，提出了引进美国质量管理技术、先行开展统计知识启蒙教育的建议。当时在日科技联中设置了若干专业委员会，组织企业、大学和政府相关专家对国外先进科学技术进行调查研究。这些委员会解读大量文献资料，研究了1941～1949年的外国技术，搞清楚了日本与外国的差距所在。其中的工厂管理委员会认为必须引进质量管理技术，他们做了大量的研究工作：①把外国文献的主要内容分别整理到200张卡片上，对质量管理的专业术语进行定义和标准化，一共分析界定了600多个专业术语；②对挑选出来的22册单行本著作进行了解读和翻译，搞清楚了在美国有96家企业实施着质量管理，其中47家企业的实施情况有具体的文献记录；③收集这些文献记录，进行解读和翻译，最后形成了由4000页稿纸160万字构成的详尽的调查报告。在这些工作完成之后，工厂管理委员会便邀请产业界、学术界和政府部门的专家学者来讨论报告。如此扎实的调查报告得到了与会专家的认同，最终形成了引进美国质量管理技术、开设统计质量管理培训课程的决议。日科技联还成立了统计质量管理调查委员会（SQC研究小组），从大学和企业召集了一批专家学者，专门研究统计技术的产业应用问题，同时创办了《品质管理》、《统计应用研究报告》（英文版）等专业期刊，开设了统计学原理与产业应用讲座（SQC讲座），为企业消化吸收美国质量管理技术打下了基础。

（二）信息交流平台的构建

日本的行业团体通过研究、出版期刊、设立全国质量小组、评奖等活动，为企业及技术人员提供了相互交流信息的平台。行业团体经常组织日本学者对企业质量管理进行调查研究。日本企业在实践中的种种探索、新思想和新方法都通过学者们得到了及时、准确的总结，为后来的全面质量管理概念奠定了基础。例如，石川馨教授的PDCA循环理论、赤尾洋二教授的质量功能发展理论、狩野纪昭教授的魅力品质理论等都是对日本质量管理创新的理论总结。行业团体创办的专业期刊，如日科技联的《品质管理》、《统计应用研究报告》（英文版）和《现场与QC》，日本标准协会的《标准化与质量管理》，面向企业不同层次员工和大学研究人员，是他们学习交流质量管理经验的有效平台。20世纪60年代初期，QC小组刚开始出现，就被日科技联和日本学者发现，《现场与QC》杂志连续刊文进行推荐倡导，日科技联定期举办全国QC小组大会，使QC小组在日本得到了蓬勃发展。著名的戴明奖是日科技联于1951年用戴明讲演稿的版税为财源设立的，用于奖励在质量管理方面有成就的企业。戴明奖没有资格限制，获奖标准就是质量管理活动的创新程度。获得戴明奖的企业必须公开自己的质量管理方式，有做报告及接纳其他企业参观学习的义务。戴明奖主旨就是提供企业以及行业团体、大学之间相互启发的机会，可以说戴明奖的运作极大地促进了日本质量管理的发展（久米均，2004）。

（三）质量管理人才的培养

日本的行业团体长期致力于教育培训。日科技联从1947年就开设质量管理基本课程，为企业提供质量管理培训服务。成立于1945年的日本标准协会（JSA）也于1949年开设了质量管理研修班。这些培训时至今日从未中断。培训对象包括高层管理者、技术人员以及基层管理干部等，为企业培育了大批质量管理人才。培训的讲师除了企业专家外，还包括大学教师。大学教师借此机会可以使理论知识与实际相结合，增加自己研究的深度。同时，在培训时雇用了大批在读研究生记录、整理资料，开阔了学生的眼界，为其打下了从事质量管理研究的基础。

（四）协同政府提升行业质量水平

日本政府的很多政策是通过行业团体来实施的。例如，JIS、出口检查法的运作，日本标准协会、各行业的出口检查协会等团体，或参与了决策，或参与了实施。这些团体可以说是政策实施不可缺少的机构，在行业质量水平提升过程中发挥了极大的作用。照相机是行业团体与政府联手促进产品质量迅速提升的典型例子。日本的照相机最初都是模仿德国产品，质量较差，虽然靠价格低廉销售到了美国等，但属于低端货，市场份额扩大受限。1946年行业团体光学精械工业协会成立，下属的照相机部会有17家企业会员。该协会认为照相机的出口前景光明，但必须提高质量，在国际市场建立起信任，于是开始制定包括镜头、快门、本体等零部件在内的检查标准。如规定R康巴型镜头快门的曝光时间的公差为正负30%以内。这些标准从当时的机械材料的性能、设备性能和润滑剂的性能来看都是非常严格的。1947年，日本标准协会对以上标准进行简易化，制定了包含于日本机械标准体系中的照相机检查通则和携带式照相机检查标准。这两个标准成为日本最初的国家标准（中井学等，2015）。行业团体首先自主制定标准和检查方法，之后政府以法规形式认定的照相机质量检查制度有力地推动了出口产品的质量提升，使得日本照相机的国际市场占有率在20世纪60年代初期超过了德国。

三、政府对国家质量提升的作用

日本政府在国家质量提升中的作用可以概括为以下两个方面。

（一）促进市场的有序竞争

日本建立了工业标准及认证制度，为企业提高技术和质量水平指明了方向，引导企业向质量方向竞争，并且提高了质量信息的透明度，为形成依靠质量取胜的良性竞争机制创造了制度环境。日本在1949年颁布了工业标准化法，制定了日本工业标准（JIS）、适用工业标准的商品范围、加工技术的 JIS 标识使用许可等规定。企业要取得 JIS 标识的认定，不仅产品要接受严格的检验，制造工厂的质量管理、设备情况等也要接受检查，如是否具备生产规定标准产品的能力。能取得 JIS 标识，就表示该产品的品质得到了国家的认可，对销售有着极大的推动作用，因此，企业对取得 JIS 认证非常积极。工业标准认证制度也有利于保护消费者利益，因此，消费者组织也很支持建立标准认证制度，从质量、安全、卫生、公害、环境各方面提出各种建议，促使日本工业标准不断完善。另外，建立工业标准制度还使零部件的规格得到统一，减少了设计成本，将更多的资源投入到提升质量方面。这对于终端产品企业很有利，因为可以采购到质量稳定的零部件，从而专注终端产品的研发和组装。如此形成的专业化分工对产业整体的规模生产能力、产品更新换代能力有着重要意义。

另外，日本的出口检查制度对提高出口质量和维护声誉、促进出口贸易发展也起到了重要作用。1957年日本颁布了出口检查法，规定指定产品必须由政府机关或者政府指定的民间检查机构进行检查合格后才能出口。检查包括品质检查和包装检查，其中品质检查又分为材料检查和制造检查。政府随后发布了出口检查产品目录，范围涉及电气、家电、纺织服装等领域。为了保证检查有效，日本对民间检查机构进行了严格的监督管理，包括对检查技术水平、检查设备手段、检查范围和能力以及组织结构进行考核认证；对检查过程加强监控管理；对检查机构与企业串谋作弊行为进行严格惩罚；等等。出口检查法直到1997年才被废除。由于出口检查制度的实施，出口产品中的低劣产品减少，外国客户投诉减少，企业责任心提高，从而有效地消除了日本货价廉质次的恶劣印象。同时，在该制度的实施过程中，企业可以得到提高质量所需要的技术信息，产官学之间的信息共享推进了标准化制度的深入展开和质量管理技术的提高。

为了使产品质量达到出口检查制度规定的标准，日本企业积极投资先进设备，开发技术，提高工艺水平，同时引进质量管理技术，提高产品质量的稳定性。50年代，日本手表企业竞相从瑞士、德国进口自动设备和精密检测机器，还自主开发了高性能自动设备和专用设备，如压延连续化、自动供给设备、高精度检测设备、工作机床，并且通过产官学联合方式对材料、零部件、工具等进行研究开发，提高加工工艺和设计水平。同时，引进质量管理技术，通过作业标准化、工序管理规范化建立了流水线组装方式，通过大批量生产来稳定产品质量和降低成本。日本照相机企业通过引进精密机床、镜头批量加工机床等先进设备，提高生产自动化水平，建立了高精度、稳定的生产体系，后来又引进电子技术，提高了照相机的质量可靠性。同时企业建立了质量管理体系来保证产品质量的稳定性和可靠性。很多企业对自己严格要求，制定了高于国家标准水平的企业标准，力争在送检之前发现和解决质量问题。美能达相机公司设置了技术科，所有要出口的照相机和镜头在送往政府指定检查机构之前都要在技术科接受检查。如果发现了不合格产品，技术科就会联系各工厂质量管理科，从材料到零部件加工、组装、采购、设计各环节溯流追查，寻找原因和制定对策，然后再次接受检查。美能达相机公司最初是按照出口检查制度的标准来进行检查的，但是后来越来越不满足于国家标准，就建立了高于国家标准水平的质量标准和设计标准（竹内淳一郎，2003）。

出口检查制度实施以后，企业提高了技术水平，达不到标准的企业退出了市场，出口产品的不合格率迅速下降，出口数量大幅度增长。根据竹内淳一郎（2003）的调查，静像照相机的平均批次不合格率1954年是27%，到1964年下降为10%，到1974年则只有5%；双反照相机的平均批次不合格率也从1954年的50%下降到1964年的10%，再到1974年的5%。美国消费者评价数据显示，日本照相机的不合格评价从1963年11月以后就没有了。"二战"后的45年间，在美国市场上销售的1016种照相机产品中，日本占60.1%、德国占11.1%、美国和中国香港地区占28.7%。在获得A级评价的产品中，日本占19.4%、德国占3.7%。各国产品的不合格率，日本为0.5%、德国为0、美国为1.2%。德国原来是世界第一大照相机生产和销售国家，但是日本照相机在1962年生产台数超过了德国，1967年出口数量超过了德国，1976年质量也达到了和德国相同的水平。

（二）扶持中小企业提高质量

日本政府通过以下三方面措施来扶持中小企业提高质量。

1. 实施诊断指导制度

1948年日本建立了中小企业经营诊断制度。各地中小企业管理部门对中小企业进行包括生产技术、经营管理在内的指导，帮助企业建立科学的管理制度。1952年日本建立了巡回指导制度，有针对性地解决行业发展问题，同时设立中小企业指导中心以扩大经营诊断的范围。

2. 通过公立技术机构提供技术服务

日本在全国各地设立了公立技术机构（即公设试验研究机构）。它的主要业务是向中小企业提供材料分析与测量服务、先进设备应用服务。企业购买该机构服务的费用极低。该机构经费全部来自中央和地方政府（和田正武，2013）。

3. 开展产官学合作研究攻克技术难题

例如，照相机镜头厂家多数都是中小企业。由于光学设计中的关键技术不过关，镜头质量一直不高。"二战"后日本政府在资金上支持中小企业和大学进行联合研究，攻克了技术难关，快速提升了中小企业的镜头加工和测量技术水平。据统计，出口镜头的平均批次不合格率在1954年为40%，但到了1964年已下降为10%，到1974年进一步下降到3%（竹内淳一郎，2003）。

四、日本提升质量的经验与启示

以上对日本能够在"二战"后的短短二十余年里迅速提高质量、从后进赶上先进的过程，从主体角色及其相互关系的视角进行了考察，对日本迅速提升质量的主要因素进行了总结。日本质量得以提升可以说是企业、行业团体、政府三者的合力作用。其中，企业的作用是直接、核心的。企业消化吸收外国技术，在完整理解、应用的基础上加以改进，使得自身产品质量提升到了世界水平。从日本企业对待技术（包括引进外国先进技术和改进、创造技术）的行为方式可以总结出四个特点。第一，能理性地承认落后、向往先进。日本企业高层管理者及技术人员长期持续、全面深入地学习外国质量管理技术，显示出了他们对自身处境的合理判断。第二，采用学以致用的方法。日本企业的目的是解决自身的质量问题，请外国专家培训时把理论传授与应用讨论安排了同等的时间，在课堂上总是带着问题在听讲、思考。第三，高层管理者能够理解质量管理技术的意义。日本企业的管理者多数毕业于大学工科，对自身企业的生产技术是专家，接触到统计质量管理方法后就能立刻把它们与企业的生产系统连接起来，制定出落实质量管理的具体方法和实施顺序及范畴。第四，进行渐进式的技术创新。日本企业没有停留在原封不动地使用外国先进技术上，也没有立刻就试图创造全新的技术，而是结合自身实际，对引进技术进行局部、力所能及的改进，经过 20 余年的积累终于走到了世界领先的地位。

在国家质量提升进程中，行业团体的功能可以概括为三点。第一，质量管理技术的专业研究。行业团体有专业的研究人员，从事对外国先进技术的跟踪研究以及对国外企业经验教训的理论提炼。因为有如此的知识积累，行业团体能够及时为企业引进先进技术和提供专业化的帮助，赢得企业的信赖。第二，信息交流平台的构建。行业团体的培训、评奖等活动实际上是企业之间、技术人员之间交流的平台。通过交流，质量管理的好方法可以得到广泛传播，失败教训可以成为后车之鉴。同时，在这个平台上，行业团体与企业的互动也得到了充分的体现。行业团体在提供服务的同时，也可以掌握企业关于质量管理技术的需求，进而提供更恰当的服务。通过专业团体的活动，企业除了能获取质量管理技术的信息之外，还可以把自己的实践经验分享出来，得到社会的评价和认同。第三，质量管理人才的培养。在行业团体为企业提供的服务中，培训是重要部分，从"二战"后至今一直在实施，培训对象包括高层管理者、技术人员以及基层管理干部等。培训的讲师除了企业专家外，还包括大学教师。

日本有一批行业团体参与了质量提升过程。这些团体从名义上看是社团法人，但实际上与政府有着密切的关系。政府对于社团法人的成立、认定以及运营监管有着管辖权力。与质量管理相关的行业团体大多属经济产业省等部门管辖。政府往往以研究课题、实施项目等名目为这些行业团体提供资金，政府退职官员常到行业团体任主要职务。而行业团体的会员大都是企业,在与企业接触中,行业团体会得到包括技术、经营以及销售在内的信息,这样就可以从中发现企业自身解决不了的困难问题、应该总结推广或制度化的经验等,通过行业团体与政府的特殊关系可以将这些反映到政府决策部门。政府决策部门认可后就会有资金下发,支持行业团体去协助企业解决困难。行业团体的这种亦官亦民的性质为政府和企业之间提供了互动的平台,使得政策的准确性、力度、及时性得到增强,这就促进了税收资源的有效利用,提高了行政效率。以日科技联为代表的行业团体在日本质量提升过程中充分发挥了上通政府、下联企业的作用,极大地推动了外国先进质量管理技术的引进与推广及日本全面质量管理经验的总结与升华。

日本政府在国家质量提升过程中的作用形式,一是尽可能地符合市场经济规律,既不越俎代庖,也不放任自流,把握住了对市场经济干预的程度。日本政府不直接举办培训班、设立质量奖、开展质量评比,或者设立机构进行质量检查,而是通过制定工业标准认证、出口检查、产品设计(禁止抄袭)等法律制度,对民间检查机构进行监督管理,来引导企业投资先进技术,加强质量管理,依靠高质量提高竞争力。二是致力消除社会差距,扶持中小企业。中小企业缺乏资金、技术、人才,与大企业相比在学习质量管理、解决质量问题上有着更大的障碍。日本政府专门制定中小企业政策,对包括质量管理在内的诸多问题给予资金、技术上的援助,提高中小企业的技术水平,使其充分发挥在制造业专业化分工中的作用。

改革开放40余年来,中国已建立了市场经济体制,企业的产品质量在市场竞争中不断提升,但是整体水平不高,与外国企业相比,质量竞争力有着显著的差距。为了促进中国质量的快速提升,可以考虑在主体定位、互动机制和创新方式方面借鉴日本的经验。第一,明确企业、行业团体和政府三个主体在国家质量提升进程中的功能定位。企业致力于提高质量技术,行业团体提供专业化服务,政府构建质量制度环境。其中关键的是,企业应本着理性、客观、科学的原则分析与竞争对手的差距,定点跟踪外国企业的先进技术,在成本竞争力之上构建质量竞争力。同时,政府应不断健全质量法规体系,发挥市场力量对企业提升质量的外部驱动作用。第二,加强企业、行业团体和政府间的信赖协作机制。行业团体一方面要跟踪研究外国技术,积累理论储备,另一方面要深入企业调研,掌握企业实际发展需要,提高专业化服务能力。同时整合大学科研机构等资源,及时总结企业先进经验并进行推广。做这些工作需要大批人才,因此,行业团体要把人才培养放在核心位置。政府则应通过课题等形式在资金上支持行业团体开展科学研究和进行人才培养。第三,开展渐进式创新。作为后起的国家,必须从基础工作做起,在消化吸收外国技术,完整理解、应用的基础上,结合自身情况,从局部入手,持续地改进质量管理中的问题,进而创造出有自己特点的新技术,形成在质量管理方面的核心竞争力。

本章参考文献

[1] 和田正武. 戦後日本の中小企業技術政策——日本の中小企業の技術水準の高さの源泉 [J]. 帝京経済学研究, 2013 (3): 53-75.

[2] 竹内淳一郎. 日本ミシンの品質向上と輸出検査 [J]. 産業学会研究年報,

2002（18）：65 – 76.

［3］竹内淳一郎. 日本カメラの品質向上と輸出検査［J］. 経済科学研究所紀要，2003（33）：163 – 194.

［4］由井浩. 日本型品質管理の特徴としての全員参加（1）—その形成過程［J］. 経営学論集，2009（4）：150 – 160.

［5］由井浩. 日本型品質管理の特徴としての全員参加（2）—その形成過程［J］. 経営学論集，2009（10）：59 – 83.

［6］椿広計. 日本的品質管理活動と統計科学［J］. ECO – FORUM，2017（3）：32 – 41.

［7］国狭武巳. TQMとMOTの歴史に関する研究［J］. 九州情報大学研究論集，2012（3）：95 – 105.

［8］久米均. 戴明奖对日本质量管理的作用［J］. 中国质量，2004（10）：47 – 49.

［9］石川馨. 日本の品質管理は経営の1つの思想革命か？［J］. 品質，1980（10）：3 – 11.

［10］木暮正夫. 日本のTQC［M］. 東京：日科技連，1988.

［11］近藤良夫. 全社的品質管理［M］. 東京：日科技連，1993.

［12］Alan Goldman. Implications of Japanese Total Quality Control for Western Organizations: Dimensions of an Intercultural Hybrid［J］. The Journal of Business Communication，1993（1）：29 – 47.

［13］鈴木秀男，松尾博文，アラウスリタ. 日本の製造企業における品質管理の現状と変化に関する調査研究［J］. 日本経営工学学会論文誌，2009（1）：29 – 39.

［14］中井学，井口芳夫，市川泰憲. 日本製カメラの世界進出の緒——戦後復興期のカメラの品質に関する検討［J］. 技術と文明，2015（1）：21 – 40.

［15］胡金明，韩之俊. 美国与日本质量管理的特点［J］. 现代管理科学，2004（3）：20 – 21.

［16］程虹，沈珺，宁璐. 日本持续性质量管理政策及其借鉴［J］. 国家行政管理学院学报，2017（1）：56 – 59.

［17］张星久，闫帅. 文化传统、制度创新与日本的"质量奇迹"［J］. 宏观质量研究，2013（10）：10 – 18.

［18］万宝君，汤超义. 日本质量文化的创新机制研究［J］. 华中师范大学学报（人文社会哲学版），2011（7）：38 – 48.

［19］小田切宏之，后藤晃. 日本の企業進化［M］. 東京：東洋経済新報社，1998.

［20］理查德·尼尔森. 国家（地区）创新体系比较分析［M］. 北京：知识产权出版社，2012.

［21］日本科学技術連盟. 日科技連創立50年史［R］. 東京：日本科学技術連盟，1997.

［22］内藤勲ほか. 技術と現場組織［R］. 調査と資料，名古屋大学経済学部経済

構造研究センター,1990.

　[23] 森田知義. 品質管理を徹底する自工本社組立工場 [J]. 工場管理,1981 (13): 135-150.

　[24] 岩田憲治,久本憲夫. 生産性向上技術の導入と展開——生産性関西地方本部・創設期のケース- [J]. Graduate School of Economics, Kyoto University Working paper J-60, 2007.

　[25] 门田安弘. 新丰田生产方式（第4版）[M]. 保定: 河北大学出版社, 2012.

　[26] 刘湘丽. 日本的技术创新机制 [M]. 北京: 经济管理出版社, 2011.

第十八章
韩国质量提升经验

20世纪50年代，受到多次战乱的影响，韩国国土创伤遍布，经济百废待兴。但是，经过40余年的努力，韩国竟然成为了新兴工业化国家，世界排名第13，并在1996年加入了经济合作与发展组织（OECD），这标志着韩国已经进入发达国家的行列。韩国之所以取得如此的成就，是社会经济制度、国际形势等各方面因素的合力所致，其中就包括在质量管理方面的企业和政府的努力。

一、韩国质量提升的进程

韩国是一个自然资源缺乏、人口依存率高和工资增长快的国家。据Park（2004）介绍，韩国的重要资源都必须进口。以2000年为例，其玉米、小麦、金属矿物、能源进口额分别为13亿美元、51亿美元、5亿美元和252亿美元，相当于总支出的93%、98%、99%和100%。韩国的人口依存率（总人口与劳动力人口的比例）较高，2003年约为2.2，而发达国家一般低于这一水平。尽管企业在劳动力方面的支出一直增长，但人均国民收入仍然较低。另外，韩国的工资增长率增长较快，20世纪90年代中期以来，制造业工人的平均工资增长快于美国制造业工人的平均工资增长。这意味着劳动力成本优势在快速削弱。面对如此形势，韩国逐渐认识到，要在国际竞争环境下实现经济发展，就必须建立起非价格竞争优势，即不依靠廉价劳动力，而是依靠高于竞争对手的产品质量、附加价值、劳动生产率来推动经济发展。韩国的质量管理就是基于以上认识而形成和发展的。

（一）60年的质量提升过程

从20世纪60年代开始起步算起，韩国的质量管理至今已走过了近60年的发展历程。在这期间，政府在质量提升方面发挥了重要作用，制定了国家整体的质量长期计划。产业界和学界根据国家计划也制定出了各自的计划。作为在全国范围领导质量管理的机构，韩国于1962年成立了韩国标准协会（Korea Standard Association，KSA），并在1965年成立了韩国质量管理协会（Korean Society for Quality Management，KSQM）。协会是由企业会员等组成的行业团体,负责实施国家及韩国标准协会推进的各项质量提升活动。该机构举办了合格产品展示会,向社会宣传高质量产品;还开展了对企业高管的质量管理培训。由于政府的这些措施,关于质量的社会认知开始形成。表18-1描述了20世纪60年代以来的韩国重要质量管理行动。

表18-1 20世纪60年代以来韩国重要的质量管理行动

时间	消费者需求	政府的政策	关键目标	关键词	质量特征
20世纪60年代	●产品无缺陷 ●产品符合功能标准	●建立韩国工业标准 ●举办工业标准合格产品展览会 ●实施质量管理教育	●提高全社会的质量意识 ●建立韩国标准协会与韩国质量管理协会	无缺陷	生产者导向的质量
20世纪70年代	●产品有价格优势 ●产品质量获得政府认证	●制定工业标准10年计划 ●建立质量工程师认证制度 ●建立国家质量奖	●制定国家长期战略 ●推动质量控制运动 ●培育质量管理领导人才	标准	获得消费者信赖的质量
20世纪80年代	●产品具有世界一流质量 ●产品有完美功能	●引进ISO9000认证制度 ●建立国家质量标准（Q标识）	●建立世界一流质量的基础设施 ●促进韩国产品出口	独创性	创建产品声誉的质量
20世纪90年代	●消费者满意 ●日常生活的质量 ●公共部门的质量	●制定5年质量战略 ●引进全面质量管理和波德里奇模式 ●实施100PPM质量创新	●普及世界最优质量文化 ●普及国外先进技能和方法以迎接国际竞争	差异化	满足消费者个性的质量
21世纪初	●服务质量 ●安全与质量	●支援质量管理研究开发 ●建立国际交流关系 ●引进六西格玛方法和扶持创新	●铸就全球竞争力 ●创新韩国质量管理工具与方法	服务质量	满足消费者敏感性的质量
21世纪	●世界最佳产品和服务社会责任	●民营企业牵引质量提升体系 ●建立国际标准大师制度	●促进民营企业在国际标准中发挥领导力量	价值	确保消费者价值的质量

资料来源：Wan Seon Shin 和 Hee Jun Park（2016）.

20世纪60年代,韩国质量提升的主要目标是确保产品性能。政府实施了国家标准化政策,以激励企业提高生产效率。同时制定了韩国质量认证制度,韩国标准协会则为企业提供业务指导和培训服务,帮助企业生产合乎标准的产品。在那个年代,韩国人的质量意识还比较淡薄,因为当时生活物资匮乏,即使产品有质量缺陷也不得不买。消费者的要求就是不出故障、功能完善就行。此时期韩国的质量管理特征被称为生产者导向的质量,即作为生产者的企业采取质量管理措施，保证产品性能良好、不出废品（Shin & Park，2016）。

20世纪70年代，韩国经济进入快速增长期，产业结构的重心向重化工业及出口导向型产业转变。重化工业的质量管理要求企业实施严格的过程控制；出口导向型产业的质量管理则要求按照国际标准来实施。为了应对经济环境的变化，这一时期韩国的主要行动是制定质量标准。政府编制了工业标准化10年战略，开始在全国推进"提高质量以建设美好未来运动"，并于1975年在产业发展部（Industrial Advancement Administration，IAA）内成立了国家质量管理推进中心（National Promotion Center，NPC），该中心和韩国标准协会（KSA）一道推动质量管理的发展，由此形成了以强政府（NPC）推动、非政府机构（KSA）领导为特点的国家质量管理体系。这个时期，还设立了质量优秀韩国总统奖，从日本引进了质量管理小组，对优秀质量管理小组的领袖进行表彰和培养。当时已经形成了需要专家的社会共识，从外国聘请了多位知名专家来传授世界先进的质量管理方法。这个时期的消费者不仅要求产品无故障、性能良好，还注重产品价格。因此企业只有在产品合乎标准的基础上进一步降低成本、提高产品性价比才能赢得消费者信赖。所以，这个时期韩国质量提升的特点被称为获取消费者信赖的质量（Shin & Park，2016）。

20世纪80年代，由于国内外经济环境发生变化，导致不确定性增加，韩国经济从高速增长转向稳定增长。企业开始重视产品技术开发和市场开拓，并且尝试着把质量管理和生产经营各环节进行整合。这个时期，日本在质量管理上达到了世界领先的地位，于是，韩国开始以日本企业为标杆，系统学习日本企业的质量管理经验。除了原有的韩国标准认证外，又设立了Q标志认证制度，来进一步提升工业产品的质量。要取得韩国标准认证的企业经营高管，必须每年参加质量管理培训。这些人回到企业后亲自领导质量管理工作，形成了自上而下的学习文化。

随着出口的增多，如何生产符合国际标准的产品成为了紧迫问题，三星、现代等大企业率先引进了国际标准。1987年，ISO9000认证开始在韩国迅速展开，不仅大企业，众多的中小企业也积极投资，整顿以质量管理为中心的管理系统，以与世界质量标准接轨。这个时期的消费者已经不限于国内，韩国产品已经出口到欧美国家，所以质量标准必须能在世界通用，产品必须具备完美无缺的性能。除了企业自身的努力之外，政府对出口商品的质量设定了检测、认证制度，保证产品质量，力图建立韩国产品的"质量形象"。

20世纪90年代，ISO9000认证已经得到全面普及，产业界已不仅仅满足保证质量的质量管理，而要进行质量创新，要在国际市场以自己的高端质量取得竞争优势。这期间，韩国企业在生产各环节中引入了以消费者为导向的全面质量管理（TQM），要求全体员工积极参与。韩国生产性本部开始了100 PPM（Parts Per Million）认证业务，掀起了质量提升的新高潮。韩国标准协会引进了六西格玛方法，向企业推广普及。政府推出了新的质量提升5年战略，目标是构建世界一流的质量文化，要把质量提升扩展到制造业之外的服务业、公共事业。这个时期，质量管理推进组织体系的领导力量进一步增强，非政府组织的韩国标准协会（KSA）和政府部门的产业发展部一道主持了国家质量管理推进组织工作。该组织下设有大企业推进中心、地区推进中心和产业推进中心。大企业推进中心、产业推进中心下又分为若干工作组来开展工作。大企业推进中心有 34 个工作组，产业推进中心有 56 个工作组（Park，2004）。

由于国内外消费者需求的高度化和细分化，企业开始追求各层次消费者的满足，设计不同性能、不同价位的产品，提高消费者日常生活的质量。这个时期，质量提升的特点是满足消费者的个性。1991 年，韩国遭遇到了金融危机，货币大幅贬值，出口严重受阻。人们认为这是国际货币基金组织的阴谋，在汽车上竟出现了"让我们用质量战胜 IMF，韩国新一代站起来！"的标语（Shin & Park，2016）。由此可以看出，在韩国人的意识中质量就是经济战争中求生存的最后武器。

2000 年开始的 10 年间，消费者满意度和服务业质量成为了中心课题。模仿美国和欧洲的方式，韩国又设立了新的质量管理奖。为了使质量可视化、明确企业的质量形象，设立国家消费者满足指数、服务质量指数和产品质量指数并投入使用。韩国于 2000 年开始实施《质量管理和产品安全法》。2002 年还对质量管理推进机构进行了改革，重新界定了政府部门和非政府组织的作用。新机构由韩国标准协会（KSA）全面负责，政府部门（商业、产业与能源部，MOCIE）则退居"二线"，仅负责质量管理基本规划的制定。韩国标准协会下设有 6 个中心，分别是地区推进中心、公共部门推进中心、产业部门推进中心、质量管理主体、研究机构、消费者机构。各中心下又分若干工作组开展工作。2001 年还成立了新质量论坛。这是一个专业化的非政府、非营利性质的机构。它由大学、科研机构和产业界专业人士组成，其目的是不断引进新的质量文化、创造国际一流质量、研究和提出新的质量模式，以促进韩国产业质量的提升。

这一时期，韩国政府还制定了一系列政策来支持中小企业引进先进的质量管理技术。为了在质量管理方面创新，政府对质量管理技术的研发提高了政策支持，鼓励企业在消化吸收外国技术的基础上结合自身特点进行改进。韩国的目标是构建国际竞争实力、开发出自己的质量管理工具和方法。这期间，国内外消费者对安全性的关注日益增长，因此韩国企业以满足消费者敏感度为目标展开了质量提升活动，完善了全面质量管理体系。

2010 年以来，韩国质量提升中出现了新趋势，消费者以世界最优的标准来看待韩国产品，要求企业负起社会责任，不仅产品具备高性能、高质量，还要在环保等方面体现出价值。因此，韩国企业这个时期的质量提升活动的重点是确保消费者的价值，就是通过优秀产品让消费者感觉到方便、有品位以及环保等价值。这时期，政府开始退出对质量管理的领导工作，把它移交给民营企业，政府作用被定位为间接支持。很多企业在此期间增长速度减缓，开始把注意力转向开发能增加产品价值的新技术。

（二）质量提升的关键力量

经过近 60 年的努力，韩国的电子、汽车、化妆品、医药、食品等产品在国际市场上都取得了相当的市场份额，赢得了较好的质量信誉。通过以上分析可以看到，韩国的质量提升是政府、企业和专业团体合力推动的结果。在三者相互作用形成合力的过程中，有三种力量起到了重要作用。一是推动力量，具体指设定国家质量提升目标及方向、促进企业引进、创新质量管理技术的能力；二是系统力量，具体指应用各种技术系统、社会系统的能力；三是知识力量，具体指质量管理的工具、技能和方法的积累和创新能力。

1. 在推动力量方面

韩国政府起到了重要作用，企业通过参与政府设立的质量管理评奖获得了政策支持，增强了质量管理意识。韩国政府将11月定为"质量月"，每年总统颁发的质量奖就有400余项。数以万计的企业参与这些活动，形成了声势浩大的社会运动。韩国建立了各种质量评价指数。企业通过参与评价，可以使自己的质量优势可视化，得到更广泛的社会认知，以强化市场竞争力。韩国的公有企业也被置于质量指数评价之中。每年都实施对公有企业的质量管理评价，考察内容包括领导力、战略、组织运营、主要业务等。以上这些都有力地推动了韩国质量水平的提升，使韩国成为高质量社会。但是，问题还是存在的，如还有一些领域没有建立质量评价指数体系，对政府政策的过度依赖和消极态度等。

2. 在系统力量方面

国际国内质量标准系统、政府监管系统构成了质量提升的坚实基础，在许多领域已经采用了信息网络技术进行质量管理、分析和评价。但是，一些中小型企业在运用信息系统上还存在差距。并且，政府的一些管制限制了企业使用信息技术创建新事业。

3. 在知识力量方面

因为完善的教育体系，韩国在对质量管理的理解和执着上有着固有的优势。韩国的质量提升之所以迅速、有效，就是因为韩国人解决现场质量问题的能力较强。但是现在一些领域开始使用外国工人，这有可能对质量产生影响。政府新建了国家竞争力标准，通过这个系统可以分析阻碍工作效率的问题。众多的质量管理小组都会应用各种质量管理工具，这是巨大的知识力量。

（三）面向未来的战略设想

当前，竞争环境的不确定性增加，为了持续和提升现有的质量竞争力，必须采取新的战略措施。为此韩国分析了自身的质量提升体系，区分了自己的强项与弱项。强项有国家奖励系统、国家标准系统、先进的信息化技术和国际合作平台。弱项包括质量管理人员的职责不明确、对质量专业人员的社会认知度较低、质量管理技术研发的渠道较少、缺少质量政策研究的专门机构。从国内角度看，今后关键任务是提高服务业质量管理水平、使产业整体达到世界级水平、提高韩国人的生活质量、确立专业人士的社会地位。从外部角度看，重点应放在信息收集与处理、城市消费模式、融合的IT平台和知识型应用软件方面。

通过以上分析，韩国提出了面向未来的战略任务：一是成立推进质量政策的专业机构。政府在韩国的质量提升中发挥着重要作用，政府设立专门机构研究政策的构思与实施、推进研发渠道的多样化、汇聚社会力量制定国际质量对策、加强与外国机构的合作交流。二是开发质量绩效可视化的工具和方法。企业、行业以及国家的质量绩效可视化可以加速质量管理业务在各领域展开。具体包括设定世界级水平的衡量办法、运用信息技术测定生活品质、制定信息交流技术以及应用软件的开发战略。三是提高质量专业人士的社会认知度。具体包括专业人员认定制度的升级、培养国际型质量人才、促进产业界的国际交流。并要建立新的资格制度，使专业人才从"错误侦探"向质量分析师转变。四是提升在全球质量界的地位。通过建立质量标准品牌战略、提高质量专业机构的国际知名度等，宣传韩国的质量技术创新，如机场服务质量评价以及各种质量评价等。五是树立先进典型。推进质量管理技术不断进步、创新，需要有典型示范。目前要着重在信息系统融合、智能质量管理平台、健康福利及老龄化等领域树立先进典型。

通过对质量提升系统的改进，实施新的战略对策，韩国期待今后能在国际上获得更好的质量绩效，实现"质量韩国"的梦想。

二、企业的质量提升

在政府质量政策的诱导下，韩国企业开始了引进、消化吸收和创新质量管理技术的活动。实际上，韩国与其他国家一样，企业才是国家质量提升的主体。有了企业在质量管理上的持续努力，才能出现在性能、质量、价格上具有竞争力的产品，这样的产品遍布各个行业，出口到世界各地，才构成了整个国家的质量形象。下面介绍韩国企业质量提升的经验。

（一）现代汽车公司

汽车产业是韩国的支柱产业，现代汽车公司是韩国最大的汽车企业。韩国的汽车产业起步远远落后于美、日等先进国家，但如今却能在全球市场中占有一席之地，表明了现代汽车具有较强的消化吸收和创新技术的能力。而质量管理技术正是使现代汽车从后发成为先进的核心技术。现代汽车在质量提升方面的特点可以说是比对世界一流企业，全力以赴地学习、不懈地改进。

20世纪90年代，韩国的汽车开始向外国出口。与美日的汽车厂商相比，韩国汽车质量市场评价非常差。国际的汽车质量评价指数J. D. Power当时对日本汽车的评价要超过韩国的数倍，如现代汽车与丰田汽车的差距达到2倍以上。在如此严峻的形势下，现代汽车公司竟提出了赶超日本丰田的宏大目标。现代汽车公司对以丰田为首的日本汽车企业的质量管理方式进行了深入细致的研究，比照丰田生产方式对本企业的质量管理进行了全面、持续的改进，并且结合自身实际，创造出了适合韩国国情的质量管理方式。

现代汽车公司引进了以丰田生产方式为基础的全面质量管理，但由于没有日本丰田公司操作工人的条件，于是就采用自己的质量提升方法，那就是在最后的工序设立检查和修理人员对产品进行全面、详细的检查，对不合格产品或修理或废弃，保证出厂的都是合格品。而且，现代汽车公司还积极运用数字技术来提升质量。CAD、CAM等技术能够把隐性知识显性化，非常有利于工人学习技能。于是现代汽车公司大量引进这些技术，使工人的技能得到了快速提升。此外，现代汽车公司还引入了模块化生产方式，要求模块供应商彻底解决质量问题，保证提供优质的零部件，这也使得汽车质量快速提升（具承桓，

2014）。

经过多年不懈的努力，现代汽车公司的质量声誉大幅提高。2017年在 J. D. Power 的汽车质量评价中，起亚牌轿车（现代汽车公司的品牌）高居第一，每100辆车的故障点数仅有72，这是该品牌入榜27年来的最好成绩。排名第二的是 Genesis，也就是现代的高端品牌，故障点数为77，保时捷列第三，故障点数为73[①]。在前三榜单中，韩系汽车就占到了2位。可以说，韩国汽车质量已经跻身世界一流。

韩国政府制定了全国质量奖，通过评选以及宣讲经验、观摩交流等活动，向企业及社会推广质量管理的先进技术，增强社会质量意识。这个活动多年来评出了一大批质量先进企业，在国家质量提升过程中发挥了重要作用。

（二）MS 汽车技术公司

MS 汽车技术公司（MS AUTOTECH）是员工仅有240名的中小企业，该公司生产汽车车体配件。MS 汽车技术公司一直推广六西格玛管理方法和自主改善活动，强化了全员参与意识，实现了从现场职员到经营团队和合作企业的共同参与质量管理的局面。2005年，该公司到日本研修，将丰田公司定为自己的标杆企业，瞄准世界一流，进行标杆管理，提高了其质量管理的水平。

该公司质量管理中的信息技术运用是获奖的重要原因。质量部门以顾客满意为评价标准，从设计阶段到量产阶段都通过 CFT（相互机能组）系统进行追踪管理。并且，开展 APQP（事前产品质量计划）活动，保证新车配件初期质量；在生产阶段开展持续改善活动，以确保产品质量的竞争力。

验收部门与外部协作企业之间通过 SCM 系统进行材料订货，在生产阶段利用 POP 系统管理生产流程和工序进度，对全企业的库存则用自动排次系统（TMS）进行管理，使生产全过程的物流状态信息化，并且这些系统还与企业物资需求计划（ERP）系统连接，这样就可实时掌握物流的整体状况。技术部门使用的是 PDM 系统，对新车配件开发进行日程管理和电子文件管理，可以提高设计开发的效率。为了满足客户高强度、轻量化的要求，技术部门设计出了既环保又能提高稳定性和燃料消费率的高质量车体配件。为了生产此种配件，该公司在高频率热处理、TwB、Hot Stamping 等先进技术的研发上进行了重点投资。

该公司不仅利用信息技术生产出了高质量产品，保证了顾客价值，在提高员工生活质量方面也采用了信息技术和先进的管理方式。该公司对员工业绩首先使用组别成果分析系统进行管理，继而对课长级以上管理者采用平衡计分卡成果测定和报酬制度，并将公司级、组级、个人级的奖罚管理和报酬系统连接，使全体员工的业绩和报酬准确、及时地被公布出来，调动全体员工的工作积极性。

（三）韩国环境资源公社

韩国环境资源公社是国有企业，员工人数1027名。该公司在全国有9个分公司，下

---

① 韩国起亚实现两连冠。转引自 J. D. Power 发布《美国2017年新车质量调查报告》［EB/OL］．［2018－03－09］，http：//www.sohu.com/a/151591274_180520．

属52个事业所。该企业的业务是接收企业的工业垃圾，进行无害化处理。在韩国，非效率性是国有企业的特点。但该企业却积极引进质量管理系统，不仅提高了效率，而且在事业拓展方面取得了进展。

随着韩国社会民主化的成熟和与国际社会接轨，国有企业的服务方式和社会责任受到了社会的关注。韩国环境资源公社以创造出能够符合国民对公共行政期待的企业为目标，开展了质量革新活动。该企业制定了名为"环境资源蓝图"的长期战略计划，引进了多种质量管理方法来推动战略的实施。

该公社先后引进了六西格玛、BSC（平衡计分卡）、CDP（经历管理项目）、KMS（知识管理系统）等各种创新方法，组织力量在公社各个业务领域实施，改善了国有企业特有的非效率性。在创新目标的实现过程中，该公社将再利用为中心的事业结构扩大到抑制废弃物产生、适度处理领域，为"构筑持续可能的资源循环社会"转换了事业结构，成为了国家主要的废弃物综合管理机构。近来以先进国家为中心，环境领域出现了 WEEE、ROHS、REACH 等与贸易相联系的限制制度和合作框架。韩国环境资源公社建立 PCBS 等有毒化学物质管理系统、感染性废弃物 RFID 系统、GLP 试验机构等，促进社会的可持续发展，加强公司力量，积极应对国际环境的变化。

在质量管理思想和技术的推动下，韩国环境资源公社的业绩显著提高。国家废弃物再利用率从 2005 年的 76.5% 上升到 2007 年的 80.5%，废弃物处理系统的企业加入率从 2005 年的 52.8% 上升到 2007 年的 65.2%，顾客满意度由 2005 年的 84.7 分提升为 2007 年的 86.5 分，而问题处理时间则从 2005 年的 8.0 天缩短到 2007 年的 2.6 天，这些都成为其效率提高的表征。

三、公共部门的质量提升

韩国的军事独裁统治一直持续到 20 世纪 80 年代后期，民选总统上台后，意识到政府机构及公共部门存在的无效率、贪污贿赂的严重性，开始进行政府改革（Kim, 2009）。金大中总统时代（1998～2003 年）组建了推进政府改革总统直辖委员会，实施了政府组织重组、管理方式改革、废除部分管制制度、反腐败、整顿公立企业、建设信息化政府的措施。卢武铉总统时代（2003～2008 年）组建了政府创新与分权的总统直辖委员会，旨在建立创新型国家，并设立了高效率政府、高透明度政府、分权化政府、国民参与型政府、服务指向政府五个目标。在民选总统采取的政府改革措施中，有两项是以质量管理为背景的，那就是公共服务承诺和消费者满意度。企业通过质量管理使提供的产品在性能、价格及安全等方面令消费者满意，自己获得利润的同时也给消费者带来使用价值、给国家带来税收价值。而依靠企业及全体纳税人而生存的政府机构，其任务是为国民提供行政服务，应该是清廉高效的组织，但这在军事独裁专制时期的韩国是不可能做到的。建立民主政体后，韩国将质量管理的思想与方法引入政府机构改革，开始在国家与地方政府机构、公立企业学校等进行质量管理。

（一）引进和实施了公共服务宪章制度

韩国在 1998 年实施关于公共服务宪章的大总统令，开始在政府各部门引进公共服务宪章，其目的有三：一是通过改革公共服务提供系统，提高公共服务质量水平；二是通过公开服务内容和标准，改进公共服务质量；三是推进公民参与行政服务的提供过程，实现"顾客第一"原则。韩国政府部门的公共服务宪章包含：公开服务内容和标准，及当服务恶劣时，承诺予以赔偿或明确投诉渠道。首先实施公共服务宪章的部门有 27 个，之后，公共服务宪章在各部门迅速展开。

因为服务的性质、服务的顾客不同，各政府部门、各个服务项目的服务宪章会有所不同。因此，各个部门都根据自身情况制定了切实可行的服务宪章。如某省有 49 个宪章，其中省政府有 35 个、辖属地区政府有 14 个。韩国几乎所有的公立学校都制定有服务宪章，政府部门的服务宪章数量中公立学校超过半数。根据韩国内务部统计，1998 年韩国有 27 项公共服务制定了服务宪章，其中中央政府 10 项、地方政府 17 项。2006 年，制定服务宪章的公共服务的数量增加到 15524 项，其中中央政府 11211 项、地方政府 4313 项（Kim，2009）。由此可见，在不到 10 年的时间里，韩国公共服务质量的制度体系就得到了快速的发展。

韩国政府引进公共服务宪章带来了一些好的影响。最主要的是顾客指向的行政文化已经融入公共服务体系中。换言之，国民主权在中央和地方政府的行政中得到了体现。政府部门都在不断提升国民对服务体系设计、服务提供方式评价的参与水平。为了监督行政部门是否履行服务宪章，韩国政府对政府各部门进行定期的服务满意度调查。服务满意度达标的部门被授以服务宪章标志，标示该部门在行政服务上有优秀表现。据韩国内务部的资料，服务达标满意度水平指数从 2001 年的 66 提高到了 2006 年的 83，表明韩国对行政服务的质量标准在不断提升。

同时，服务宪章运动的实施也存在一些问题。有些部门只是在形式上公布了服务宪章，但缺乏诚意去认真实施；还有的仅选择一些表面业务制定服务宪章，没有把部门的所有服务纳入进去；更有的服务宪章空洞抽象，缺少实际内容和衡量标准。针对这些问题，韩国实行了评价制度。由于评价制度的威力和公务员意识的提高，服务宪章发挥的成效越来越大、范围越来越广。如韩国国有铁路公司以前的服务宪章只是抽象地表示要提供更好的服务，而没有具体规定服务内容，现在明确表示如果高速铁路列车晚点 20 分钟以上，退相当于票价 12.5% 的现金，或给相当于票价 25% 金额的代金券，以后乘车时兑现。并且经过多年努力，很多政府部门都有明确的服务标准，有各种投诉渠道（电话、邮件、网页、投诉表等），政府各部门已经普遍建立了服务宪章监督系统。

（二）建立与运用了行政服务满意度衡量方法

韩国于 2001 年制定了《政府业务评价基本法》，通过设定政府业务评价的基本框架，增强国民对政府业务的信赖，提高政策实施的可衡量性和效率。该法规定政府部门的评价分自我评价和特定评价。自我评价指各部门自己实施的关于主要政策、财务业绩、组织管理、人事管理以及信息公开的评价。特定评价指总理办公室对各政府实施的评价，评价是分内容进行的，有创新管理、政策宣传、守法管理、审批改革、信息公开、反腐败、顾客满意度等。总理办公室会根据需要联合政府业务评价委员会、监察委员会等协同进行特定评价。

顾客满意度是评价中的一个重要标准。所有被评价部门中，达到顾客满意标准的只有10%。顾客满意度的判断由国民利用满意度、政策满意度两个系统的结果导出。国民利用满意度评价的内容包括便利性、速度、准确度、负责程度、公平性等，而对政策满意度则从妥当性、效率、一贯性、透明度、反馈度等方面进行调查和评价。这两个系统由第三方专业调查机构负责运营，从外部和内部顾客中随机选择调查样本进行调查。

根据总理办公室资料，各部门的自我评价委员会平均人数为24人，其中的91%是外部专家。特定评价由15人组成的政府业务评价委员会实施，总理和1位外部专家共同担任主席，成员包括4位部长级官员（负责财政、组织、人事和政策评价的部级干部），其余成员都是外部专家。评价每年进行1次。评价的结果不全部公开，但其中的顾客满意度评价结果向社会公布，各部门的顾客满意度状况按优秀、一般、不达标等级公开。因为评价制度的威力，各部门在提供公共服务时就更加用心了，可以说国民接受的行政服务质量比以前提高了。《政府业务评价基本法》第28条规定，评价结果将反映到次年度的预算、人事安排等方面。顾客满意度不达标的部门，次年度的预算削减10%，减少或取消人员晋升。

经过多年实施行政服务评价制度，在韩国政治家、公务员和国民中，服务质量的意识已经越来越明晰，提高了韩国的社会生活质量水平。

四、韩国质量提升的经验

韩国在过去的近60年里工业产品质量大幅提升，从推进质量提升的组织方法看有以下五点成功的经验。

第一，实施长期的战略计划。韩国政府制定有5年、10年的质量提升计划，在质量提升过程中发挥着连贯的领导作用，这些战略计划是韩国质量提升的基石，形成了质量文化的核心。

第二，开展全国范围内的评奖、学习活动。要取得标准认证的企业经营高管必须参加每年的培训，这造就了企业"质量第一"的意识。获奖企业有向社会公开自己经验的责任，从而推动了先进经验的普及运用。

第三，培养了大批质量管理人才。韩国设立了"质量大师"称号，颁发给有成就的质量技术人员和管理人员。在每年评出的300个质量管理小组中,有部分人可以获得大师称号。通过这些活动,为提升国家整体质量水平奠定了人力资源基础。

第四,持续地开展质量管理技术研究。韩国政府和企业对专业团体等开发研究进行着持续、充分的投入。研究人员通过分析模型、确立方法、研究案例等,为企业提供了切实可行的技术和信息。

第五,开展广泛的国际交流。韩国不仅与日本、欧美,还与我国大陆和台湾地区保持质量管理方面的交流。通过这些交流,可以获取先进的技术信息,还可以宣传自己的创新实践,以获得国际认可。

从企业的角度看,韩国企业产品得以在国际市场上享有竞争优势,主要是在学习外国先进质量管理技术方面认真、全面,在结合自身特点创新方面执着坚韧。

韩国的质量提升过程还有一个重要特点,就是推动了行政服务的质量水平的提高。这显示了韩国质量文化已经普及到了政府部门和国有企业这些原来与质量无关的领域。可以说正是因为公共部门与民营企业在质量提升过程中的相互刺激、相辅相成,才使得韩国有了如今的质量信誉。

本章参考文献

[1] Wan Seon Shin and Hee Jun Park. Korean Quality – past, Present, and Future [J]. Total Quality Management & Business Excellence, 2016, 27 (7–8): 703–717.

[2] Chae Heung Park. A Study of the Development Process and Characteristics of Korean Quality Management System [J]. Asian Journal on Quality, 2004 (5): 122–131.

[3] Pan Suk Kim. Quality as a Reflection of Innovation? Quality Management in the Korean Government [J]. International Review of Administrative Sciences, 2009, 75 (3): 419–435.

[4] 具承桓. 韓国自動車産業の成長と地域産―グローバリゼーションとローカリゼーションの間で [J]. 東北学院大学経営学論集, 2014 (5): 72–90.

[5] (財) 自治体国際化協会. 韓国の中小企業支援施策について [R]. Clair Report, No. 295, 2006.

[6] 谭功荣: 服务宪章: 欧洲公共行政改革的重要议题 [EB/OL]. [2017-03-09]. http://www.myeducs.cn/mianfeilunwen/cankaolunwen/.

[7] 韩国标准协会(KSA). 2007年韩国全国质量奖获奖企业介绍(十)海洋警察厅: 为了安全,使六西格玛生活化 [J]. 中国质量, 2007 (10): 59.

[8] 韩国标准协会(KSA). 2007年韩国全国质量奖获奖企业介绍(七)星宇高科: 以生活革新活动的生活化,在竞争中持续增长 [J]. 中国质量, 2007 (10): 63.

[9] 韩国标准协会(KSA). 2007年韩国全国质量奖获奖企业介绍(四)韩国环境资源公社: 以各种革新手法改善经营非效率性 [J]. 中国质量, 2007 (10): 65.

[10] 韩国标准协会(KSA). 2007年韩国全国质量奖获奖企业介绍(二)MS汽车技术: 以先进技术确保全球竞争 [J]. 中国质量, 2007 (10): 63.

后 记

本书是中国社会科学院登峰战略《产业经济学》优势学科的阶段成果之一。2016年我们开始启动质量发展问题研究，并得到国家质检总局质量管理司的资助，质量管理司黄国梁司长及其他同志多次邀请课题组参加有关会议，为课题组深入认识质量发展问题给予较大的帮助。特在此致谢！

本书是集体研究成果。中国社会科学院工业经济研究所所长史丹研究员牵头课题研究并设计了研究内容和本书的写作框架，赵剑波作为课题组联络人，做了大量的协调工作。本书各章写作分工如下：史丹撰写第一章总论，统编书稿，并对部分章节进行修改；第二章，李鹏、邓洲、梁泳梅、史丹；第三章，许明、吴利学；第四章，李鹏飞、彭树涛；第五章，姚鹏；第六章，卢彬彬；第七章，袁惊柱；第八章，赵剑波；第九章、第十章，江鸿；第十一章，王海兵；第十二章，邱晔；第十三章，覃毅；第十四章，赵剑波；第十五章、第十六章，黄娅娜；第十七章、第十八章，刘湘丽。

本书从宏观经济、产业、企业以及与质量发展相关的管理方法、品牌建设、法律规章、质量文化、质量教育、质量标准、国际经验等多个层次和角度探讨高质量发展的路径与条件。在项目研究过程中，正值中共十九大召开。中共十九大报告指出："我国经济已由高速增长阶段转向高质量发展阶段，正处在转变发展方式、优化经济结构、转换增长动力的攻关期，建设现代化经济体系是跨越关口的迫切要求和我国发展的战略目标。"报告的相关内容鼓舞了课题组，为课题组的进一步研究指明了方向。此外，课题组成员发表了一些有关高质量发展的中间成果，其中部分成果收录在本书相关章节中。

需要指出的是，本书是课题组关于高质量发展研究的初步成果，一些观点和结论还有待进一步完善，望读者批评指正。

史　丹
2019 年 5 月于北京